Philip Brömer

Informationsverarbeitung bei ambivalenten Einstellungen

Philip Brömer

Informationsverarbeitung bei ambivalenten Einstellungen

Theorie und Forschung, Bd. 593
Psychologie, Bd. 184

S. Roderer Verlag, Regensburg 1999

Die Deutsche Bibliothek - CIP-Einheitsaufnahme

Brömer, Philip:
Informationsverarbeitung bei ambivalenten Einstellungen /
Philip Brömer. - Regensburg : Roderer, 1999
(Theorie und Forschung ; Bd. 593 : Psychologie ; Bd. 184)
Zugl.: Tübingen, Univ., Diss., 1998
ISBN 3-89783-033-7

Inhaltsverzeichnis

Theoretischer Teil

Empirische Untersuchungen

I. Einstellungsbezogene Ambivalenz

1.1 Definition von Einstellungen

Aus der Sicht heutiger sozialpsychologischer Einstellungstheorien wird eine *Einstellung* als Tendenz verstanden, Objekte, Personen oder Verhalten auf einem evaluativen Kontinuum zu bewerten, das sich von sehr negativ bis sehr positiv erstreckt (Eagly & Chaiken, 1993; Fazio, 1995; Fishbein & Ajzen, 1975; Krosnick & Petty, 1995). Die Erwerbsmodi einer Einstellung, die die Erfahrungsgrundlage einer Einstellung bestimmen und die Manifestationsebenen einer Einstellung umfassen dabei kognitive, affektive und verhaltensbezogene Elemente (Eagly & Chaiken, 1993; Fazio, 1995; Zanna & Rempel, 1988). Einstellungen sind gemeinsam mit ihrer Erfahrungsgrundlage im semantischen Gedächtnis repräsentiert und können durch reale oder symbolische Präsenz eines Einstellungsstimulus aktiviert werden (Bargh, Chaiken, Govender & Pratto, 1992; Tourangeau & Rasinski, 1988). Je stärker die assoziative Beziehung zwischen einem Einstellungsobjekt und seiner Bewertung ist, desto leichter ist die Einstellung im Gedächtnis aktivierbar (Fazio, Chen, McDonel & Sherman, 1982; Fazio, Sabonmatsu, Powell & Kardes, 1986).

Die heutige Sichtweise von Einstellungen als *evaluative* Tendenz unterscheidet sich teilweise von früheren Arbeiten zum Einstellungskonstrukt. Der wesentliche Unterschied ist, daß Einstellungen lange Zeit als *affektive* Tendenz oder affektive Reaktion bezeichnet wurden (Allport, 1935; Chaiken & Baldwin, 1981; Rosenberg, 1956; Thurstone, 1928). Der Begriff *affektiv* impliziert jedoch nicht, daß Einstellungen ausschließlich durch affektive Erfahrungen determiniert sind. So nahm beispielsweise Thurstone (1928) an, daß eine Einstellung am besten durch die Verteilung der affektiven Werte relevanter Meinungen beschrieben werden kann. Nach Ansicht von Allport (1935) lassen sich Einstellungen nicht auf eine Erfahrungsdimension reduzieren. Ebenso wie Thurstone (1928) betont Allport (1935), daß Einstellungen ein Konglomerat an Erfahrungen abbilden. Sherif und Hovland (1961) heben die Bedeutung von Wahrnehmungsprozessen bei der Ausformung von Einstellungen heraus.

Die eindimensionale Perspektive von Einstellungen als summarische Bewertung auf einem evaluativen Kontinuum ist sehr eng mit der Messung von Einstellungen verknüpft (Fishbein, 1963; Rosenberg, 1956; Thurstone, 1928; Tourangeau, Rasinski & D'Andrade, 1991). Am deutlichsten wird diese Perspektive bei der Technik des semantischen Differentials (Osgood, Suci & Tannenbaum, 1957). Bei dieser Skalierungsmethode werden mehrstufige, bipolare Dimensionen vorgegeben, deren Endpunkte mit semantisch gegensätzlichen Adjektivpaaren verankert sind, beispielsweise negativ vs. positiv oder unangenehm vs. angenehm. Eine Einstellung wird durch eine bestimmte Position auf einer solchen Skala ausgedrückt. In der Regel werden zu einem Einstellungsobjekt mehrere bipolare Skalen vorgegeben und anschließend der Mittelwert der Skalenwerte als Maß für die Einstellung berechnet.

Das große Interesse am Konzept der Einstellung in der Sozialpsychologie ist in der Annahme begründet, daß durch Einstellungen individuelles Verhalten vorhersagbar ist (Fazio, 1986; Fishbein & Ajzen, 1975) und Einstellungen, auf einer sozialen Ebene, eine mögliche Grundlage für Gruppenkonflikte oder diskriminierendes Verhalten darstellen (Devine, Monteith, Zuwerink & Elliot, 1991; Dovidio & Fazio, 1992). Vor dem Hintergrund dieser psychologisch bedeutsamen Konsequenzen hat man sich seit den Anfängen der Einstellungsforschung für jene Prozesse interessiert, die für die Bildung neuer Einstellungen oder die Veränderung bereits geformter Einstellungen verantwortlich sind. Von der Annahme ausgehend, daß die Erfahrungsbasis einer Einstellung affektive, kognitive und verhaltensbezogene Elemente umfassen kann, werden im folgenden der Einfluß eigenen Verhaltens auf die Einstellung und anschließend affektive Mechanismen kursorisch dargestellt, während die Bildung und Änderung von Einstellungen durch kognitive Verarbeitungsprozesse im Mittelpunkt der hier vorgestellten Arbeit steht.

Es lassen sich wenigstens drei theoretische Erklärungen dafür nennen, warum Einstellungen durch das eigene Verhalten bestimmt werden können. Bereits in den fünfziger Jahren wurde untersucht, ob sich Einstellungen ändern, wenn man in einem Rollenspiel eine *einstellungskonträre* Position einnimmt (Hovland, Janis & Kelley, 1953; Janis & King, 1954; Leippe & Eisenstadt, 1994). Die typische experimentelle Prozedur sieht vor, daß Versuchsteilnehmer entweder gegenüber einem Publikum eine Meinung vertreten, die ihrer eigenen Einstellung widerspricht oder bei anderen Themen selbst die Rolle eines Zuhörers übernehmen. Als wesentliches Ergebnis dieser Untersuchungen ließ sich beobachten, daß Personen, die aktiv eine Position vertraten, ihre Einstellung stärker in Richtung der vorgetragenen Position änderten als Personen, die sich in der passiven Zuhörerrolle befanden. Dieser Unterschied wurde von Hovland et al. (1953) so interpretiert, daß aktives Eintreten für eine einstellungskonträre Position eine Fokussierung auf rollenkongruente Gedanken bewirkt und gleichzeitig rolleninkongruente Aspekte ausgeblendet werden.

Da Hovland und seine Mitarbeiter der lerntheoretischen Tradition zuzurechnen sind, ist aus ihrer Sicht eine Einstellungsänderung als Erlernen einer assoziativen Verknüpfung des Einstellungsobjekts mit positiven oder negativen Konsequenzen zu verstehen. Für eine Einstellungsänderung wesentlich sind nach Ansicht von Hovland et al. (1953) die erwarteten positiven Konsequenzen aus dem konformen Verhalten des Rollenspielenden, während die selektive Fokussierung auf rollenkongruente Gedanken als vermittelnder Mechanismus wirksam ist. Damit liefern Hovland et al. (1953) einerseits eine motivationale Erklärung für Einstellungsänderung und weisen andererseits bereits darauf hin, daß auch kognitive Prozesse bei der Einstellungsänderung beteiligt sein können.

Festinger (1957) lieferte mit seiner Theorie der *kognitiven Dissonanz* eine weitere Erklärung dafür, warum eigenes Verhalten eine Einstellungsänderung herbeiführen kann. Nach Ansicht von Festinger (1957) entsteht kognitive Dissonanz, wenn Inkonsistenzen zwischen kognitiven Elementen wahrgenommen werden. Steht ein gezeigtes Verhalten zu einer Einstellung im Widerspruch, so sollte nach Festinger diese wahrgenommene Inkonsistenz kognitive Dissonanz erzeugen. Kognitive Dissonanz ist ein aversiver intrapersonaler Zustand, der eine Person dazu motiviert, Strategien zu suchen und zu implementieren, die diesen aversiven Zustand verringern oder auflösen. Das typische Dissonanz-Paradigma (*induced compliance*) sieht vor, daß eine Person ein einstellungskonträres Verhalten zeigt (z.B. Festinger & Carlsmith, 1959). Kognitive Dissonanz sollte entstehen, wenn die Person ohne externe Rechtfertigung (z.B. hohe Belohnung) aus eigenem Entschluß heraus ein Verhalten zeigt, das zu ihrer Einstellung konträr ist.

In nachfolgenden Arbeiten zur kognitiven Dissonanz wurden als Randbedingungen für das Entstehen von kognitiver Dissonanz die Wahlfreiheit in bezug auf das gezeigte Verhalten, die Verantwortlichkeit für negative Konsequenzen und die Bedrohung des Selbstkonzepts identifiziert (Aronson, 1969; Cooper & Fazio, 1984). Festinger (1957) unterschied zwei Komponenten der kognitiven Dissonanz, das psychologische Unbehagen (*psychological discomfort*) einerseits und physiologische Erregung (*arousal*) andererseits. Die arousal-Komponente wurde von einigen Autoren mit kognitiver Dissonanz nahezu gleichgesetzt (z.B. Brehm & Cohen, 1962). Cooper und Fazio (1984) postulieren hingegen, daß psychologisches Unbehagen entsteht und Einstellungsänderung motiviert, wenn das undifferenzierte arousal kognitiv negativ interpretiert und intern attribuiert wird. Mit dem Ziel, die erlebte Dissonanz zu verringern, wird die eigene Einstellung an das gezeigte Verhalten angepaßt. Neuere Untersuchungen haben gezeigt, daß die beobachtete Einstellungsänderung tatsächlich auf das psychologische Unbehagen zurückgeht (z.B. Elliot & Devine, 1994).

Sowohl die lerntheoretische Erklärung von Hovland et al. (1953) als auch die motivationale Erklärung von Festinger (1957) wurde durch die Selbstwahrnehmungstheorie von Bem (1972) in Frage gestellt. Nach Ansicht von Bem (1972) ist die beobachtete Kongruenz von Verhalten und Einstellung durch einen einfachen Inferenzprozeß erklärbar. Nach Bem beobachten Personen sich selbst und tendieren dazu, ihr Verhalten intern zu attribuieren, d.h. ursächlich latenten Konstrukten zuzuschreiben. Bei Abwesenheit externer Verhaltensauslöser wird die eigene Einstellung auf der Basis kürzlich ausgeführter oder salienter Verhaltensweisen erschlossen. Dieser Inferenzprozeß sollte vor allem bei Einstellungen zu unvertrauten Objekten auftreten und bei bestehenden Einstellungen um so wahrscheinlicher sein, je schwächer oder ambiger eine Einstellung ist (Bem, 1972; Chaiken & Baldwin, 1981).

Untersuchungen zur Konditionierbarkeit von Einstellungen und zum sogenannten *mere exposure* Effekt haben gezeigt, daß Einstellungen durch affektive Mechanismen beeinflußt werden. Positive Bewertungen neutraler Stimuli können Zajonc (1968) zufolge allein aus einer wiederholten Darbietung der Stimuli resultieren, ohne daß eine kognitive Verarbeitung von Merkmalen stattfindet. Obwohl dieser mere exposure Effekt als robust gilt, gibt es bis heute noch keine hinreichend gesicherte Erklärung dafür. Greenwald und Banaji (1995) sprechen statt dessen von einem impliziten Einstellungseffekt, der vor allem dann auftritt, wenn die Bedingungen der Stimulusdarbietung nicht mehr gut erinnert werden können. Greenwald und Banaji (1995) nehmen an, daß eine positive Bewertung ursprünglich neutraler Objekte infolge wiederholter Darbietung auf eine erleichterte Identifizierung bei nachfolgender Darbietung zurückgeht, die irrtümlicherweise auf Positivität attribuiert wird. Einstellungen können andererseits auch durch klassische oder instrumentelle Konditionierung entstehen (Insko, 1965; Staats & Staats, 1958). Von klassisch konditionierten Einstellungen spricht man, wenn neutrale Stimuli wiederholt mit aversiven oder positiven Ereignissen gekoppelt werden und die vormals neutralen Stimuli dadurch eine positive oder negative Reaktion auslösen.

Experimente zum *subliminalen priming* haben gezeigt, daß selbst bei unterschwelliger Darbietung positiver oder negativer Priming-Stimuli eine positive oder negative Bewertung neutraler Stimuli resultieren kann (Krosnick, Betz, Jussim & Lynn, 1992). Greenwald und Banaji (1995) sprechen auch hier von einem impliziten Effekt, bei dem die Valenz der Priming-Stimuli auf die nachfolgenden Reize attribuiert wird. Bei einer instrumentellen Konditionierung wird die Auftretenswahrscheinlichkeit eines Verhaltens erhöht, wenn ein spontan gezeigtes Verhalten mit einem positiven Stimulus gekoppelt wird und verringert, wenn es mit einem negativen Stimulus gekoppelt wird. Insko (1965) konnte in einer Untersuchung zur instrumentellen Konditionierung von Einstellungen zeigen, daß Personen, deren verbale Aussagen positiv verstärkt werden, eine positive Einstellung herausbilden.

Affektiven oder verhaltensbezogenen Einflüssen auf die Einstellung stehen Ansätze gegenüber, die die kognitive Verarbeitung verbaler Informationen zu einem Einstellungsobjekt akzentuieren. Besitzt man bereits eine Einstellung, wird in diesem Persuasions-Paradigma typischerweise eine einstellungskonträre Kommunikation vorgegeben. Diese Kommunikation wird in der Regel von einem Kommunikator vertreten. Als potentielle Einflußgrößen auf die Einstellung des Rezipienten gelten dabei Merkmale der Kommunikation selbst (z.B. Anzahl und Qualität der Argumente), des Kommunikators (z.B. Expertise), sowie individuelle und situationale Voraussetzungen der Verarbeitung der Inhalte seitens des Rezipienten. Diese sogenannten Prozeßmodelle der Einstellungsänderung werden in einem späteren Abschnitt vorgestellt.

1.2 Definition von Ambivalenz

Zu Beginn des vorhergehenden Abschnitts wurde hervorgehoben, daß eine Einstellung eine Tendenz darstellt, Objekte, Personen usw. *entweder* positiv *oder* negativ zu bewerten. Die Annahme, daß Einstellungen auf einem eindimensionalen evaluativen Kontinuum lokalisiert sind und damit als generalisierter Ausdruck positiver und negativer Bewertung zu verstehen sind, läßt sich bereits in den frühen Arbeiten finden und gilt bis heute als common sense in der Einstellungsforschung (Eagly & Chaiken, 1993; Fazio, 1995). Im Alltag läßt sich jedoch häufig beobachten, daß man einem Einstellungsobjekt oder einer Person *gleichzeitig* positive *und* negative Gefühle entgegenbringt oder bezüglich eines Verhaltens gleichzeitig positive *und* negative Konsequenzen antizipiert. Das Phänomen, ein Einstellungsobjekt gleichzeitig positiv *und* negativ zu bewerten, wird als *Ambivalenz* bezeichnet (Bell,

Esses & Maio, 1996; Cacioppo, Gardner & Berntson, 1997; Kaplan, 1972; Priester & Petty, 1996; Scott, 1966; Thompson, Zanna & Griffin, 1995). Über Methoden der Messung von Ambivalenz wird im nachfolgenden Abschnitt berichtet.

Der Begriff Ambivalenz taucht in der Geschichte der Psychologie bereits sehr früh auf. In den psychodynamischen Ansätzen wird Ambivalenz mit einem unbewußten Konflikt gleichgesetzt, der durch gleichzeitiges Erleben antagonistischer Gefühle, d.h. eines negativen und eines positiven Gefühls gekennzeichnet ist (Bleuler, 1911; Freud, 1926; Klein, 1957; Silverman, 1983). Für Bleuler (1911) ist beispielsweise eine ambivalente Beziehung zu einem Elternteil durch gleichzeitiges Auftreten von Liebe und Haß gekennzeichnet. Klein (1957) hebt hervor, daß frühkindliche positive Erfahrungen mit der Mutter als ernährender Person im Sinne von Sättigung und Wohlbehagen ein positives Gefühl gegenüber der Mutter bewirken, während bei Frustration der elementaren Bedürfnisse ein negatives Gefühl resultiert. Freud (1926) betont, daß diese früh in der Ontogenese entstandenen unbewußten Konflikte für psychische Störungen im Erwachsenenalter verantwortlich sind.

Ambivalenz wurde von Lewin (1951) als motivationaler Konflikt verstanden. Nach Lewin (1951) besteht ein Annäherungs-Vermeidungs-Konflikt, wenn eine Person in einer bestimmten Situation einem Zielobjekt mit sowohl positiver als auch negativer Valenz annähernd gleicher Stärke gegenübersteht (vgl. Miller, 1944). So kann beispielsweise der Wunsch nach Geborgenheit und Nähe für eine Heirat sprechen, während die Angst vor einem Verlust der Selbstbestimmung gegen eine Heirat spricht. Der Annäherungs-Vermeidungs-Konflikt stellt einen von drei denkbaren Konflikttypen dar. Ein Annäherungs-Annäherungs-Konflikt tritt auf, wenn zwei Zielobjekte mit positiver Valenz gegeben sind und ein Vermeidungs-Vermeidungs-Konflikt, wenn zwei Zielobjekte negative Valenz besitzen. Da sich die beiden letztgenannten Konflikttypen auf zwei Zielobjekte, der Annäherungs-Vermeidungs-Konflikt jedoch nur auf ein Zielobjekt bezieht, ist nur dieser Konflikttyp als ambivalente Situation zu interpretieren. Die Stärke des Konflikts hat eine hemmende Auswirkung auf die Lokomotion, d.h. die Fortbewegung im individuellen Lebensraum (Lewin, 1951). Dies gilt für alle Konflikttypen.

Beeinflußt von der psychoanalytischen Sichtweise unterscheiden Ainsworth, Blehar, Waters und Wall (1978) grob drei verschiedene Bindungsstile, die sich in der frühen Ontogenese in Abhängigkeit von dem Verhalten der Eltern gegenüber dem Kind herausbilden. In der frühen Lebensphase ist ein Kind bezüglich der Befriedigung elementarer Bedürfnisse stark von den primären Bezugspersonen abhängig. Aus den sozialen Interaktionen von Eltern und Kind kann entweder ein sicherer, ein vermeidender oder ein ängstlich-ambivalenter Bindungsstil resultieren. Der ängstlich-ambivalente Bindungsstil zeichnet sich durch ein starkes Bedürfnis nach Nähe und gleichzeitige Angst vor Zurückweisung aus. Anders formuliert, besteht eine ambivalente Einstellung gegenüber der Nähe zu einer Bezugsperson. Ambivalenz hat bei diesem Bindungsstil auch eine konative Komponente, da sich das Kind in dem Wunsch nach Nähe zuwendet und aus der Angst vor Zurückweisung abwendet

(Ainsworth et al., 1978). Bowlby (1969) nimmt an, daß der frühe Bindungsstil im späteren Leben als soziale Beziehungsdisposition wirksam bleibt (vgl. Bartholomew & Horowitz, 1991; Hazan & Shaver, 1987; Van Lange, Otten, DeBruin & Joireman, 1997).

Auf der Grundlage der Interdependenztheorie (Kelley & Thibaut, 1978) kann es nach Auffassung von Van Lange, Rusbult, Drigotas, Arriaga, Wittcher und Cox (1997) in festen sozialen Beziehungen zu einem Entscheidungskonflikt zwischen zwei Verhaltensoptionen kommen, wenn der langfristige Nutzen sozialer Interaktionen vom Verhalten beider Interaktionspartner abhängt. Wenn einer der Partner ausschließlich eigene Interessen verfolgt, erhöht dies die Wahrscheinlichkeit, daß sich der andere Partner ebenfalls egoistisch verhält oder die Beziehung beendet. In beiden Fällen ist der gemeinsame, langfristige Nutzen gering. Unter diesem Umstand kann Ambivalenz gegenüber einem selbstdienlichen Verhalten auftreten, da der Aussicht auf persönlichen Nutzen die Angst vor einem langfristigen Verlust gegenübersteht. Umgekehrt kann auch die Einstellung gegenüber einem Opfer ambivalent sein. Opfer zugunsten einer Beziehung können in einem Verzicht auf eigene Interessen bestehen oder aber in einem aktiven Beitrag, der mit Kosten, Zeitaufwand oder Anstrengung verbunden ist. Die Bereitschaft, Opfer zu erbringen, begründet sich in der Erwartung, daß diese vom Partner nicht ausgenutzt werden und sich im Laufe der Zeit ausgleichen. In diesem Fall resultiert die Ambivalenz aus einem kurzfristigen Verzicht und einem langfristigen Gewinn. Ambivalenz in engen sozialen Partnerschaften ist nach Thompson und Holmes (1996) bzw. Braiker und Kelley (1979) als intrapersonaler Konflikt zu verstehen.

Die oben genannte Definition der Ambivalenz als Koexistenz einer positiven und einer negativen evaluativen Tendenz ist darauf ausgerichtet, daß die einer ambivalenten Einstellung zugrundeliegenden kognitiven oder affektiven Elemente evaluativ gegensätzliche Implikationen haben, d.h. *evaluativ inkonsistent* sind. Das bedeutet, daß Ambivalenz entweder evaluativ inkonsistente Meinungen zu einem Einstellungsobjekt oder evaluativ inkonsistente Gefühle zu einem Einstellungsobjekt widerspiegeln kann. Konstellationen, in denen Meinungen evaluativ gegensätzliche Implikationen zu Gefühlen haben, d.h. in denen Komponenten einer Einstellung untereinander evaluativ inkonsistent sind (Lavine, Thomsen, Zanna & Borgida, 1998; MacDonald & Zanna, 1998), werden damit als Ursache von Ambivalenz nicht ausgeschlossen, sind aber eher als Sonderfälle zu betrachten, zumal sich das Konzept der *affektiv-kognitiven Konsistenz* ausdrücklich auf die evaluative Übereinstimmung von Meinungen und Gefühlen bezüglich eines Einstellungsobjekts bezieht (Chaiken, Pomerantz & Giner-Sorolla, 1995).

Wenn evaluative Inkonsistenz das definierende Merkmal ambivalenter Einstellungen ist, stellt sich die Frage, wie sich ambivalente Einstellungen auf einem evaluativen Kontinuum abbilden lassen, wie die Struktur ambivalenter Einstellungen gestaltet ist und wie ambivalente Einstellungen an kognitive Schemata angebunden sind. Einstellungen können mit *Schemata* assoziiert sein, d.h. mit kognitiven Strukturen, die Wissenselemente und deren Beziehungen repräsentieren (Chaiken & Yates, 1985;

Fiske & Taylor, 1991; Liberman & Chaiken, 1991; Maio, Bell & Esses, 1996). Schemata spielen bei der Änderung von Einstellungen eine Rolle. Einstellungsänderung wird nachfolgend ausführlich thematisiert. Schemata können in ihrer Komplexität variieren und in ihrer strukturellen Konsistenz. Demnach könnte man vermuten, daß die mit ambivalenten Einstellungen assoziierten Schemata mehr Dimensionen repräsentieren (Maio et al., 1996) oder aber durch weitgehende Unabhängigkeit (geringe Korreliertheit) der Dimensionen charakterisiert sind (Liberman & Chaiken, 1991).

1.3 Methoden der Ambivalenzmessung

In der Literatur zur einstellungsbezogenen Ambivalenz werden zwei methodische Ansätze der Ambivalenzmessung unterschieden (Bassili, 1996; Cacioppo et al., 1997; Petty & Priester, 1996; Thompson et al., 1995). Der erste Ansatz wird als *direkte* Methode, der zweite als *indirekte* bzw. *operative* Methode bezeichnet. Die Unterscheidung in "direkt" vs. "indirekt" entspringt dabei weniger einer Einteilung in theoretische Kategorien wie etwa die Unterscheidung in "implizit" vs. "explizit" (vgl. Greenwald & Banaji, 1995), sondern dient eher dazu, verschiedene Operationalisierungen der Ambivalenz voneinander abzugrenzen. In dieser Arbeit soll zwischen einer direkten Methode, mit der die *subjektiv erlebte* Ambivalenz erfaßt wird und operativen Methoden unterschieden werden, bei denen die mit einer Einstellung verknüpften kognitiven oder affektiven Determinanten der Ambivalenz durch eine mathematische Operation (Ambivalenzmodell) verknüpft werden.

Es wird im folgenden von *operativen* und nicht von indirekten Methoden gesprochen, da sich indirekte Methoden durch fehlende Transparenz der Meßintention auszeichnen. Als Beispiel für eine indirekte Methode könnte das sogenannte "Maus-Paradigma" von Vallacher, Nowak und Kaufman (1994) betrachtet werden, bei dem ein Objekt wiederholt in der Mitte eines Computerbildschirms dargeboten wird und die Versuchsteilnehmer ihre Bewertung des Objekts durch Bewegen des Mauszeigers auf einer horizontalen Linie ausdrücken. Hier ist nicht unmittelbar einsichtig, daß das Ausmaß, in dem die Bewegungen der Maus zu beiden Seiten des Objekts oszillieren, als Indikator der Ambivalenz dienen könnte. Bei den nachfolgend beschriebenen operativen Methoden ist für die Versuchsteilnehmer jedoch wenigstens teilweise einsichtig, welche Intention sich hinter den Messungen verbirgt. Zudem beruhen direkte und operative Methoden, wie unten ausführlicher diskutiert werden wird, auf derselben theoretischen Definition der Ambivalenz als Stärkeparameter von Einstellungen. Die Unterscheidung in direkt vs. operativ schließt dennoch nicht aus, daß mit verschiedenen Operationalisierungen bestimmte empirische Zusammenhänge unterschiedlich gut nachweisbar sind, wie dies beispielsweise von Bassili (1996) postuliert wird.

1.3.1 Subjektiv erlebte Ambivalenz

Bei der direkten Methode wird Ambivalenz gemessen, indem Personen über einen Einstellungsgegenstand aussagen, wie stark er mit dem Eindruck subjektiv erlebter Ambivalenz verbunden ist. Dazu werden semantische Differentiale (Osgood et al., 1957) vorgegeben, deren Endpunkte verbal so benannt werden, daß sie völlige Abwesenheit bzw. maximale Stärke der Ambivalenz widerspiegeln. So sollten beispielsweise die Versuchsteilnehmer bei Thompson et al. (1995) zu zehn Aussagen (z.B. "I have strong mixed emotions both for and against donating my organs, all at the same time") auf einer 9-stufigen Skala von -4 (*extremely uncharacteristic to my attitude*) bis +4 (*extremely characteristic to my attitude*) angeben, wie charakteristisch die Aussage für ihre Einstellung zum Organspenden ist. Wenn eine Person bei dieser beispielhaften Aussage angibt, daß sie extrem charakteristisch für ihre Einstellung sei (+4), dann drückt sie damit eine (maximal) hohe erlebte Ambivalenz aus. Thompson et al. (1995) erfaßten zu zwei verschiedenen Einstellungsobjekten auf diese Weise die erlebte Ambivalenz und berichten eine mittlere Reliabilität der zehn Items umfassenden Skala von Alpha = .88.

Priester und Petty (1996) erfaßten die erlebte Ambivalenz zu sieben verschiedenen Einstellungsobjekten jeweils mit drei Items. Die Versuchsteilnehmer gaben auf jeweils drei 11-stufigen Skalen mit den Endpunkten 0 (*feel no conflict at all/completely one-sided reactions/feel no indecision at all*) und 10 (*feel maximum conflict/completely mixed reactions/feel maximum indecision*) an, inwiefern ihre Reaktionen gegenüber den verschiedenen Einstellungsobjekten "conflicted", "mixed" bzw. "indecisive" sind. Dabei wurden die Endpunkte verbal so verankert, daß jeweils ein Item an einen Aspekt der Basis einer Einstellung anknüpft (siehe "tripartite model", Zanna & Rempel, 1988). Priester und Petty (1996) berichten eine mittlere Reliabilität von Alpha = .60. Bassili (1996) verwendete lediglich ein Item zur Messung der erlebten Ambivalenz. Die Versuchsteilnehmer gaben bezüglich der Frage "How much conflict do you feel about the good and bad aspects of employment quotas for women?" das Ausmaß erlebter Ambivalenz auf einer 4-stufigen Skala (*extreme conflict, strong conflict, mild conflict, no conflict at all*) an.

Ähnlich wie Bassili (1996) und Priester und Petty (1996) verwendeten Cacioppo et al. (1997) unipolare Items zur Messung der erlebten Ambivalenz. Die Versuchsteilnehmer bei Cacioppo et al. (1997) sollten auf 5-stufigen Skalen mit den Endpunkten 1 (*very slightly or not at all*) und 5 (*extremely*) zu sechs Adjektiven angeben, wie treffend sie ihre Reaktion gegenüber dem Einstellungsobjekt widerspiegeln ("muddled", "divided", "tense", "contradictory", "jumbled" und "conflicted"). Diese sechs Items wurden gemeinsam mit 16 unipolaren Differentialen, die die positive (z.B. "favorable") bzw. negative Bewertungstendenz (z.B. "undesirable") erfaßten, einer Faktorenanalyse unterzogen. Die Faktorenanalyse ergab drei Faktoren (Positivität, Negativität und Ambivalenz), wobei der Faktor Negativität die größte, der Faktor Positivität die zweitgrößte und der Faktor Ambivalenz die drittgrößte Varianzaufklärung leistete. Die sechs Ambivalenzitems wiesen erwartungsgemäß die höchsten Faktorladungen auf dem Ambivalenzfaktor auf.

1.3.2 Operative Methoden der Ambivalenzmessung

Im folgenden werden operative Methoden der Ambivalenzmessung vorgestellt. Ihnen ist gemeinsam, daß es für die befragte Person nicht unmittelbar einsichtig ist, welcher Ambivalenzwert ihnen auf der Basis ihrer Angaben zugewiesen wird. Diese Methoden beruhen darauf, daß die kognitiven oder affektiven Determinanten der erlebten Ambivalenz durch eine mathematische Operation zu einem Ambivalenzindex verrechnet werden. Sie unterscheiden sich aber darin, wie die Determinanten bestimmt werden und welche psychologischen Aspekte die Determinanten repräsentieren. Priester und Petty (1996) sprechen bezüglich verschiedener mathematischer Operationen von Ambivalenzmodellen. In dieser Arbeit wird deshalb der Begriff *Ambivalenzmodell* verwendet, um verschiedene operative Indizes der Ambivalenz zu kennzeichnen. Der Begriff "Modell" impliziert dabei keine theoretische Definition der Ambivalenz.

Die Mehrzahl der operativen Ansätze macht sich bei der Messung der Ambivalenz die Technik des semantischen Differentials zunutze. Um die positive und die negative Bewertung eines Einstellungsobjekts separat erfassen zu können, teilte Kaplan (1972) ein 7-stufiges bipolares semantisches Differential mit den Endpunkten "sehr negativ" und "sehr positiv" an der mittleren Position auf und erhielt auf diese Weise zwei unipolare Skalen. Die *negative* Bewertung eines Einstellungsobjekts wird erfaßt, indem man auf einer 4-stufigen Skala von 0 (*überhaupt nicht negativ*) bis -3 (*sehr negativ*) angeben soll, wie negativ man die negativen Aspekte des Einstellungsobjekts bewertet. Die *positive* Bewertung eines Einstellungsobjekts wird erfaßt, indem man auf einer 4-stufigen Skala von 0 (*überhaupt nicht positiv*) bis +3 (*sehr positiv*) angeben soll, wie positiv man die positiven Aspekte des Einstellungsobjekts bewertet.

Die Idee der Aufteilung des semantischen Differentials beruht auf Kaplans Feststellung, daß die mittlere Position einer bipolaren Einstellungsskala uneindeutig in bezug auf ihre evaluative Implikation ist. Die mittlere Position (0) auf einem evaluativen Kontinuum kann semantisch entweder "neutral" bzw. "weder negativ noch positiv" oder aber "gleichermaßen negativ wie positiv" bedeuten (vgl. Klopfer & Madden, 1980). Hinzu kommt, daß selbst dann, wenn man die mittlere Position mit "gleichermaßen negativ wie positiv" bezeichnet, die Intensität der Ambivalenz nicht weiter ausdifferenziert werden kann. Deshalb entwickelte Kaplan das Conflicting Reactions Model, um durch eine mathematische Operation die getrennt erhobene negative und positive Bewertung eines Einstellungsobjekts zu einem Ambivalenzindex verrechnen zu können, der es erlaubt, verschiedenen Personen unterschiedliche Ambivalenz zuzuschreiben.

1.3.2.1 *Conflicting Reactions Model, CRM (Kaplan, 1972)*

Kaplan setzt für eine Berechnung der Ambivalenz durch das CRM voraus, daß die positive und die negative Bewertung des Einstellungsobjekts unkorreliert sind. Wenn eine bedeutsame negative Korrelation gegeben ist, bedeutet dies, daß die beiden Bewertungstendenzen nicht unabhängig sind und damit strenggenommen keine Ambivalenz im Sinne zweier koexistierender Bewertungen mit gegensätzlichen evaluativen Implikationen vorliegt. Um die Wahrscheinlichkeit einer negativen Korrelation zu minimieren, kleidet Kaplan die beiden unipolaren Skalen in eine spezielle Instruktion ein, die die Versuchsteilnehmer auffordert, bei der Bewertung der negativen Aspekte mögliche positive Aspekte und bei der Bewertung der positiven Aspekte mögliche negative Aspekte zu ignorieren. Kaplan berichtet eine nicht signifikante, mittlere Korrelation von -.05 zwischen der positiven und der negativen Bewertung, während Thompson et al. (1995) teilweise signifikante negative Korrelationen beobachteten.

Das CRM von Kaplan (1972) definiert Ambivalenz (A) folgendermaßen:

$$A = P+|N| -|P+N| \qquad (1)$$

wobei "P" die positive Bewertung (Komponente) und "N" die negative Bewertung (Komponente) darstellt. Nach Kaplan (1972) ist die Ambivalenz um so höher, je größer die Summe beider Komponenten und je geringer der Unterschied zwischen beiden Komponenten, d.h. je kleiner die Polarisierung ist. Die Ambivalenz hat im CRM einen theoretischen Range von 0 bis 6, wenn P von 0 bis +3 und N von 0 bis –3 kodiert werden. Tabelle 1 gibt die möglichen Ambivalenzwerte des CRM in Abhängigkeit von der Ausprägung der positiven und der negativen Komponente wieder. Um Vergleichbarkeit mit dem Modell von Thompson et al. (1995) herzustellen (siehe unten), wurde P von 1 bis +4 und N von -1 bis -4 kodiert.

Tabelle 1. Ambivalenz im Conflicting Reactions Model (Kaplan, 1972).

	Positive Komponente			
Negative Komponente	*+1*	*+2*	*+3*	*+4*
- 1	2	2	2	2
-2	2	4	4	4
-3	2	4	6	6
-4	2	4	6	8

1.3.2.2 *Similarity-Intensity Model, SIM (Thompson, Zanna & Griffin, 1995)*

Das Similarity-Intensity Model von Thompson et al. (1995) basiert ebenso wie das CRM auf unipolaren 4-stufigen Skalen zur Messung der positiven und negativen Bewertung. Thompson et al. (1995) definieren Ambivalenz als folgende Funktion:

$$A = (P+N)/2 -|P-N| \qquad (2)$$

wobei sowohl P als auch N von 1 bis 4 kodiert werden. Ambivalenz ist im SIM eine lineare Funktion der mittleren Intensität, (P+N)/2 und der Polarisierung, |P-N| der Komponenten. Thompson et al. sprechen anstelle von Polarisierung häufig von der Ähnlichkeit der Komponenten, die das Gegenteil der Polarisierung darstellt, 4-|P-N|.

Tabelle 2. Ambivalenz im Similarity-Intensity Model (Thompson et al., 1995).

	Positive Komponente			
Negative Komponente	*1*	*2*	*3*	*4*
1	1	0.5	0	-0.5
2	0.5	2	1.5	1
3	0	1.5	3	2.5
4	-0.5	1	2.5	4

Die Ambivalenz hat im CRM einen theoretischen Range von –0.5 bis +4. Tabelle 2 gibt die möglichen Ambivalenzwerte des SIM in Abhängigkeit von der Ausprägung der positiven und der negativen Komponente wieder.

1.3.2.3 *Gradual Threshold Model, GTM (Priester & Petty, 1996)*

Analog zu Kaplan (1972) und Thompson et al. (1995) erfassen Priester und Petty (1996) die Stärke der positiven und der negativen Bewertung auf unipolaren Skalen. Priester und Petty verwenden allerdings 11-stufige unipolare Skalen, mit den Endpunkten 0 (*no negative thoughts or feelings/no positive thoughts or feelings*) und 10 (*maximum negative thoughts or feelings/maximum positive thoughts or feelings*). Für jedes Individuum wird dann ermittelt, welche der beiden Komponenten stärker ausgeprägt ist. Die relativ stärkere Komponente wird dabei als *dominante* Reaktion (D) und die relativ schwächere Komponente als *konflikthafte* Reaktion (C) bezeichnet. Wenn beide Komponenten gleich stark ausgeprägt sind, wird der dominanten und der konflikthaften Reaktion derselbe Wert zugewiesen. Der Begriff "konflikthaft" ergibt sich aus der Annahme von Priester und Petty (1996), daß subjektiv erlebte Ambivalenz darauf beruht, daß einer dominanten Reaktion eine Reaktion mit gegensätzlicher evaluativer Implikation entgegensteht.

Im Unterschied zu dem CRM und dem SIM sind bei der Berechnung des Ambivalenzwertes im GTM zwei Kriterien zu berücksichtigen, die als variable Größen in die Berechnung der Ambivalenzwerte eingehen. Zum einen hat ein operatives Ambivalenzmodell nach Ansicht von Priester und Petty (1996) wünschenswerte Eigenschaften, wenn daraus subjektiv erlebte Ambivalenz vorhergesagt werden kann. Je höher die Varianzaufklärung bezüglich der erlebten Ambivalenz ist, desto valider ist das Modell. Zum anderen sollte ein Ambivalenzmodell die (in einer bestimmten Stichprobe) bestehenden Zusammenhänge von C, D und erlebter Ambivalenz adäquat abbilden. Das bedeutet konkret, daß bei der Definition des Modells die folgenden zwei Begebenheiten zu klären und entsprechend zu berücksichtigen sind:

(1) Besteht zwischen der konflikthaften Reaktion und der erlebten Ambivalenz ein linearer, positiv beschleunigter oder negativ beschleunigter Zusammenhang? Die Art des Zusammenhangs wird im

Modell von Priester und Petty durch eine sogenannte *"power function"* beschrieben. Diese power function (p) entspricht der Steigung der Regressionsgeraden, wenn die erlebte Ambivalenz aus C vorhergesagt wird und beide Variablen zuvor logarithmisch transformiert wurden.

(2) Existiert eine *kritische Schwelle* der konflikthaften Reaktion? Eine Moderatorwirkung von C ist gegeben, wenn sich eine signifikante Interaktion von dominanter Reaktion und kritischer Schwelle dergestalt beobachten läßt, daß oberhalb einer bestimmten Stärke der konflikthaften Reaktion *kein* Einfluß der dominanten Reaktion auf die erlebte Ambivalenz mehr besteht, während sich unterhalb der kritischen Schwelle ein negativer Zusammenhang beobachten läßt. Damit ist die Ambivalenz nach dem GTM oberhalb der kritischen Schwelle eine Funktion von C und unterhalb der kritischen Schwelle eine gemeinsame Funktion von C und D. Die kritische Schwelle der konflikthaften Reaktion wird ermittelt, indem für jede Stufe von C die Korrelation von D und subjektiver Ambivalenz berechnet wird. Diese Korrelation sollte ein negatives Vorzeichen aufweisen und um so schwächer werden, je stärker C wird. Die Moderatorwirkung von C wird in dem Modell von Priester & Petty (1996) berücksichtigt, indem die konflikthafte Reaktion ein empirisch zu bestimmendes Gewicht erhält. Das Gewicht entspricht dabei der Differenz der unstandardisierten Regressionskoeffizienten von C und D, die bei der Vorhersage der subjektiv erlebten Ambivalenz *unterhalb* der kritischen Schwelle resultieren. In der Untersuchung von Priester und Petty (1996, Experiment 1) ist Ambivalenz folgendermaßen definiert:

$$A = 5C^{p} - D^{1/C} \qquad (3)$$

wobei 5 das Gewicht für C ist und p einen Wert von .42 annimmt. Eine Darstellung der möglichen Ambivalenzwerte im GTM analog zum CRM und SIM ist nicht sinnvoll, da p und das Gewicht für C unbestimmt sind.

Nach Ansicht des Verfassers dieser Arbeit müssen zumindest vier Punkte des GTM kritisch betrachtet werden. Erstens hängt die Bestimmung einer kritischen Schwelle für die konflikthafte Reaktion von der Stichprobengröße ab, da die Signifikanz der Korrelationen von D und erlebter Ambivalenz als Kriterium für die Schwelle dient. Zweitens hängt die power function (p) von der Reliabilität der Messungen von C und erlebter Ambivalenz ab. Die power function wird um die Meßungenauigkeit von C und erlebter Ambivalenz unterschätzt. Drittens hängt die Bestimmung des Gewichts für die konflikthafte Reaktion von der Existenz einer kritischen Schwelle ab. Wenn keine kritische Schwelle nachweisbar ist, kann das Gewicht nicht bestimmt werden. Viertens hängt eine Bestimmung der kritischen Schwelle von der Varianz der dominanten Reaktion ab. Wenn die dominante Reaktion nicht variiert (konstant ist), kann keine Korrelation von D und erlebter Ambivalenz berechnet werden.

1.3.2.4 *Evaluative Space Model, ESM (Cacioppo, Gardner & Berntson, 1997)*

Das Evaluative Space Model von Cacioppo et al. (1997) bzw. Cacioppo und Berntson (1994) liefert keine Formel für die Bestimmung von Ambivalenz, sondern für die Bestimmung einer Einstellung, bietet jedoch einen theoretischen Rahmen für spezifische Vorhersagen zur Ambivalenz. Deshalb soll das ESM hier unter den operativen Methoden kursorisch dargestellt werden. Die wesentliche Annahme von Cacioppo et al. (1997) besteht darin, daß die Aktivierung positiver und negativer Bewertungstendenzen, als "Positivität" und "Negativität" bezeichnet, entweder nach dem Prinzip der *Reziprozität* oder der *Koaktivation* erfolgen kann. Nach Ansicht von Cacioppo et al. (1997) wird durch die Präsenz eines Einstellungsstimulus sowohl Positivität als auch Negativität aktiviert. Bei der reziproken Aktivierung üben die Positivität und die Negativität antagonistische Effekte auf die Einstellung bzw. auf das Verhalten aus. Dieser Antagonismus (oder "stochastische Abhängigkeit") kommt in einer negativen Korrelation von Positivität und Negativität zum Ausdruck (vgl. Kaplan, 1972). Bei der Koaktivation üben Positivität und Negativität einen (stochastisch) unabhängigen Einfluß auf die Einstellung bzw. auf das Verhalten aus.

Cacioppo et al. (1997) kritisieren, daß die Messung von Einstellungen anhand von bipolaren semantischen Differentialskalen notwendigerweise zu einer reziproken Aktivierung von Positivität und Negativität führt. Aus diesem Grund sollte bei hoher Ambivalenz, d.h. bei gleichzeitiger Aktivierung einer positiven und einer negativen Bewertungstendenz eine Einstellung mit hoher Wahrscheinlichkeit eine mittlere Position auf einem bipolaren evaluativen Kontinuum (semantischen Differential) einnehmen. Diese mittlere Position ist aber nach Auffassung von Cacioppo et al. (1997) uneindeutig in bezug auf das motivationale oder verhaltensbezogene Substrat einer Einstellung. Um der Möglichkeit der Koaktivierung Rechnung zu tragen, definieren Cacioppo et al. (1997) eine Einstellung (E) als folgende Funktion:

$$E = Pf(i)+c - Ng(j)+I(ij)+e \qquad (4)$$

wobei:

i = aktivierte Positivität

j = aktivierte Negativität

$f(i) = i^k$ (mit $k < 1$), Aktivierungsfunktion für die Positivität

$g(j) = j^m$ (mit $m < 1$), Aktivierungsfunktion für die Negativität

P = Gewicht der Positivität

N = Gewicht der Negativität

c = Konstante (Ordinatenabschnitt der Positivität, "positivity offset")

$I(ij)$ = non-additive Effekte

e = Fehlerterm.

Die Parameter in Gleichung (4) sind empirisch nicht ohne weiteres bestimmbar und wurden bisher nur in Computersimulationen definiert. Für die Vorhersage der Ambivalenz sind jedoch zwei Aspekte wesentlich, zum einen ein "positivity offset" und zum anderen ein "negativity bias". Unter einem "positivity offset" ist nach Cacioppo et al. (1997) zu verstehen, daß bei geringer Aktivierung beider Bewertungstendenzen die Annäherungsmotivation größer ist als die Vermeidungsmotivation, d.h. daß bei einer Aktivierung der Negativität durch einen Einstellungsstimulus zumindest eine minimale Aktivierung der Positivität auftritt, aber nicht umgekehrt. Daraus folgt, daß die Ambivalenz größer ist, wenn ausschließlich die Negativität aktiviert wird, im Vergleich zu einer ausschließlichen Aktivierung der Positivität. Ein positivity offset wird in Gleichung (4) dadurch berücksichtigt, daß die Konstante c zur gewichteten Aktivierungsfunktion der Positivität addiert wird. Unter einem "negativity bias" ist zu verstehen, daß die Ambivalenz mit zunehmender Aktivierung stärker durch die Negativität als durch die Positivität bestimmt wird. Dies kann in Gleichung (4) entweder durch ein stärkeres Gewicht für die Negativität oder durch eine steilere Aktivierungsfunktion der Negativität berücksichtigt werden. Als Beleg für ein negativity bias betrachten Cacioppo et al. (1997) den Befund, daß der extrahierte Negativitätsfaktor (siehe oben) höher mit dem Ambivalenzfaktor korrelierte (.43) als der Positivitätsfaktor (-.08).

1.3.2.5 *Methode der offenen Antworten (Bell, Esses & Maio, 1996)*

Bell et al. (1996) bzw. Maio et al. (1996) beschreiben eine operative Methode der Ambivalenzmessung, die auf dem SIM (Thompson et al., 1995) beruht, aber andere Determinanten der Ambivalenz einsetzt. Bell et al. (1996) gehen davon aus, daß Ambivalenz bezüglich ethnischen Einstellungen durch stereotype, symbolische und affektive Meinungen über die jeweilige ethnische Gruppe determiniert wird. Diese spezifischen Meinungen werden in Form offener Antworten erhoben (vgl. Eagly, Mladinic & Otto, 1994; Esses, Haddock & Zanna, 1993). Bei der Erhebung offener Antworten schreiben die Versuchsteilnehmer zunächst die einzelnen, idiosynkratischen Meinungen in kurzen Sätzen in vorgegebene Antwortfelder, deren Anzahl begrenzt ist (z.B. auf 12 pro Meinungstyp bei Bell et al., 1996). Anschließend wird zu jeder einzelnen Meinung durch die Versuchsteilnehmer selbst auf einer Skala von –3 (*sehr negativ*) bis +3 (*sehr positiv*) ihre Bewertung angegeben. Die Summen der positiven Bewertungen (P) und der negativen Bewertungen (N) stellen die Determinanten der Ambivalenz dar, die im SIM (Thompson et al. 1995) zu einem Ambivalenzindex integriert werden:

$$A = (P+N)-2|P-N| + c \qquad (5)$$

wobei eine Konstante c addiert wird, um negative Werte zu vermeiden. Die Konstante c entspricht der maximalen Summe aller Bewertungen. Die Summe der negativen Bewertungen geht ohne das negative Vorzeichen ein. Da Gleichung (5) vollständig in Gleichung (2) überführbar ist, entspricht das Ambivalenzmodell von Bell et al. (1996) dem SIM von Thompson et al. (1995). Wenn beispielsweise maximal 12 Meinungen genannt werden können und alle 12 Meinungen maximal positiv bewertet werden (+3), dann resultiert ein minimaler Ambivalenzwert von Null. Wenn hingegen sechs Meinungen maximal negativ (-3) und sechs Meinungen maximal positiv (+3) bewertet werden, resultiert ein maximaler Ambivalenzwert von 72. Bell et al. (1996) haben auf diese Weise zu jedem der drei Meinungstypen (stereotype, symbolische und affektive) den Ambivalenzindex berechnet und anschließend die drei Indizes gemittelt. Die Methode von Bell et al. (1996) kann ohne weiteres auf andere Einstellungsgegenstände als ethnische Einstellungen übertragen werden. Ebenso kann die Zahl der erhobenen Meinungen variieren.

1.3.3 Diskussion der operativen Methoden

Im Hinblick auf die Unterscheidung von direkten und operativen Methoden sollte klargeworden sein, daß operative Indizes zwar insofern eine direkte Messung einschließen, als sie auf selbstberichteten Einschätzungen entweder auf unipolaren (CRM, SIM) oder bipolaren (Bell et al., 1966) Skalen beruhen, aber auch als indirekt bezeichnet werden könnten, da die Bestimmung der individuellen Ambivalenzwerte durch die mathematischen Operationen nicht unmittelbar einsichtig ist.

Im vorangehenden Abschnitt wurden nicht alle existierenden Ambivalenzmodelle beschrieben. Nicht dargestellt wurden das Positive Acceleration Model (PAM) von Scott (1966) und das Cross Product Model (CPM) von Katz und Hass (1988). Der Grund hierfür ist, daß dem Modell von Scott (1966) in der Literatur kein großer Wert beigemessen wird (Priester & Petty, 1996) und das Modell von Katz und Hass (1988) speziell für ethnische Einstellungen entwickelt wurde und auf den PAAQ (Pro-Black and Anti-Black Attitude Questionnaire) angewiesen ist, der nicht ohne weiteres auf andere soziale Gruppen oder in andere Kulturen übertragbar ist.

Ein Vergleich der verschiedenen Ambivalenzmodelle wird durch die teilweise unterschiedliche Terminologie etwas erschwert. Deshalb soll zunächst versucht werden, eine Vereinheitlichung zu erreichen. Ein Vergleich der operativen Methoden muß sich auf die expliziten Annahmen über die "Genese" von Ambivalenz konzentrieren. Als mögliches Werkzeug für eine einheitliche Terminologie könnten dabei die von Breckler (1994) diskutierten Kriterien dienen. Breckler (1994) beschreibt drei Eigenschaften, die seiner Auffassung nach Ambivalenzmodelle aufweisen sollten, damit sie subjektive Ambivalenz adäquat abbilden. Der Begriff "Wert" bezieht sich dabei auf die Position auf einer unipolaren Skala:

1. Wenn der größere der beiden Werte konstant gehalten wird, sollte die Ambivalenz zunehmen, wenn der kleinere Wert zunimmt und maximal sein, wenn beide Werte gleich sind.
2. Wenn der kleinere Wert konstant gehalten wird, sollte die Ambivalenz abnehmen, wenn der größere Wert zunimmt und minimal sein, wenn der größere Wert den maximalen Wert erreicht.

3. Sind beide Werte gleich, dann sollte die Ambivalenz zunehmen, wenn beide Werte zunehmen.

Nach diesen drei Kriterien schneidet das SIM von Thompson et al. (1995) besser als das CRM von Kaplan (1972) ab, da das SIM alle drei Kriterien erfüllt, während das CRM nur das erste und das dritte Kriterium erfüllt. Um das GTM anhand dieser Kriterien beurteilen zu können, werden diese in die Terminologie von Priester und Petty (1996) übersetzt, da die Begriffe "kleinerer" und "größerer" Wert mit "C" bzw. "D" identisch sind:

1. Bei konstantem D ist Ambivalenz eine positive Funktion von C.
2. Bei konstantem C ist Ambivalenz eine negative Funktion von D.
3. Bei Gleichheit von C und D ist Ambivalenz eine lineare Funktion von C und D.

Daraus wird erkennbar, daß das GTM die ersten beiden Kriterien erfüllt. Das dritte Kriterium wird nur erfüllt, wenn C unterhalb einer kritischen Schwelle liegt. Es kann vom GTM ohnehin nur bedingt erfüllt werden, da die Funktion nicht linear sein muß. Die Kriterien von Breckler (1994) eignen sich also nur sehr bedingt für einen Vergleich der Modelle, zumal die Kriterien von Breckler nach Ansicht des Verfassers lediglich ein weiteres Ambivalenzmodell darstellen.

In der Terminologie von Priester und Petty (1996) lautet das CRM von Kaplan (1972) A = F(C). Ambivalenz im CRM ist demnach als lineare Funktion der konflikthaften Reaktion (C) definiert. Das SIM lautet hingegen A = F (3C-D)/2.[1] Daraus ist erkennbar, daß die Ambivalenz im SIM eine lineare, positive Funktion von C ist, wenn D konstant gehalten wird und eine lineare, negative Funktion von D, wenn C konstant gehalten wird. Das ESM von Cacioppo et al. (1997) läßt sich nicht direkt in die Terminologie von Priester und Petty überführen. Diese Vereinheitlichung der operativen Modelle hat den Vorteil, daß bestimmte Annahmen leichter zu vergleichen sind. So ist beispielsweise leichter erkennbar, daß das postulierte negativity bias im ESM (Cacioppo et al., 1997) Ähnlichkeit mit der Annahme von Priester und Petty (1996) aufweist, wonach die erlebte Ambivalenz oberhalb einer kritischen Schwelle eine Funktion der konflikthaften Reaktion ist.

1.3.4 Validität operativer Methoden

Sowohl Thompson et al. (1995) als auch Priester und Petty (1996) gehen davon aus, daß sich die externe Validität operativer Methoden der Ambivalenzmessung durch substantielle Korrelationen mit Maßen der subjektiv erlebten Ambivalenz belegen läßt. Dies setzt zum einen voraus, daß subjektiv erlebte Ambivalenz verläßlich erfaßt werden kann und zum anderen, daß eine Messung der subjektiv erlebten Ambivalenz nicht durch Reaktivität oder Aufforderungscharakteristika beeinflußt wird (vgl.

[1] Priester und Petty (1996) geben die Funktion A = F(3C-D) an. Eine Division durch 2 ist aber notwendig, wenn man die Ambivalenzwerte erhalten möchte, die Thompson et al. (1995) angeben.

Greenwald & Banaji, 1995). So vermutet beispielsweise Bassili (1996), daß die subjektiv erlebte Ambivalenz sehr leicht durch den Erhebungskontext beeinflußt werden kann, weil seiner Ansicht nach direkt erfaßte Ambivalenz kognitiv nicht in gleicher Weise wie eine Einstellung repräsentiert ist, sondern im Zuge der Einstellungsmessung beispielsweise aus der kognitiven Zugänglichkeit der Einstellung und anderen strukturellen Merkmalen der Einstellung erschlossen werden kann, während operative Maße auf derselben kognitiven oder affektiven Erfahrungsgrundlage wie die entsprechende Einstellung beruhen und deshalb weniger kontextsensitiv sind. Die suggerierte zeitliche Instabilität direkter Maße würde jedoch ihre Tauglichkeit als externes Validitätskriterium in Frage stellen.

Nach Ansicht des Verfassers dieser Arbeit wird zu wenig Augenmerk auf die Anbindung der Ambivalenzmessung an die Messung von Einstellungen und die "Natur" von Einstellungen gerichtet. So ist beispielsweise aus der Literatur zu Einstellungs-Verhaltens Modellen wie beispielsweise der Theorie überlegten Handelns (Fishbein & Ajzen, 1975) bekannt, daß die verhaltensbezogenen Meinungen nur einen Teil der Varianz in bezug auf die Einstellung zum Verhalten aufklären. Deshalb wäre z.B. bei der Methode offener Antworten (Bell et al., 1996) trotz des "rationalen" Vorgehens zu erwarten, daß die (stereotypen, symbolischen oder affektiven) Meinungen keine perfekten Determinanten subjektiv erlebter Ambivalenz darstellen.

Es gibt bisher nur wenige Untersuchungen, die Korrelationen zwischen operativen und direkten Maßen der Ambivalenz berichten. Thompson et al. (1995) haben eine mittlere Korrelation (acht Einstellungsobjekte) von .40 zwischen dem SIM und subjektiv erlebter Ambivalenz erhalten. Priester und Petty (1996) berichten eine mittlere Korrelation (sieben Einstellungsobjekte) des GTM mit einem Maß der erlebten Ambivalenz von .42 und eine mittlere Korrelation des SIM mit erlebter Ambivalenz von .44. Bassili (1996) fand hingegen wesentlich geringere Korrelationen des SIM mit einem Maß der erlebten Ambivalenz (.01 und .11). Diese geringen bis moderaten Zusammenhänge lassen sich zumindest bei Thompson et al. (1995) und Priester & Petty (1996) nicht durch eine geringe Reliabilität der verwendeten direkten Maße erklären. Eine andere Erklärung besteht darin, daß die Annahmen der operativen Ambivalenzmodelle nicht oder nur teilweise zutreffend sind. Die Annahmen über das subjektive Pendant operativer Modelle sind teilweise intuitiv formuliert oder beruhen auf Analogien zur Konfliktforschung (siehe Breckler, 1994; Cacioppo et al., 1997). Dieser Punkt wird im nachfolgenden Abschnitt ausführlicher diskutiert.

Eine weitere, mögliche Erklärung dafür, warum nur moderate Beziehungen zwischen direkten und operativen Messungen beobachtet werden, besteht darin, daß direkte und operative Messungen auf unterschiedlichen kognitiven Prozessen beruhen. Wie bereits angedeutet wurde, könnte sich der kognitive Prozeß bei der direkten Messung auf einfache Inferenzen beschränken. Beispielsweise postuliert Bassili (1996), daß die Sicherheit der Einstellung stark von der kognitiven Zugänglichkeit der Einstellung abhängt. Wenn eine Einstellung hoch zugänglich ist, könnte eine Person daraus schließen, daß die Einstellung zutreffend ist. Demnach wäre die subjektive Sicherheit der Einstellung ein "Begleitphänomen“ kognitiver Zugänglichkeit. Analog dazu könnte man subjektiv erlebte Ambivalenz als “kognitives Gefühl“ (*cognitive feeling*, Schwarz & Clore, 1996) bezeichnen, das spontan aus der introspektiven Frage “*How do I feel about this?*“ resultiert und davon abhängig ist, welche kognitiven, affektiven oder verhaltensbezogenen Erfahrungen kognitiv leicht verfügbar sind.

Im Gegensatz zur direkten Messung sind bei der operativen Messung, zumindest bei der Methode der offenen Antworten, kognitive Prozesse erforderlich, die mit mehr geistiger Anstrengung verbunden sind, beispielsweise die Erinnerung (*retrieval*) an bisheriges Verhalten oder verhaltensbezogene Meinungen und Gefühle. Da jedoch retrieval-Prozesse selektiv bzw. schemageleitet sein können, ist nicht sicher, daß die erinnerten Meinungen eine repräsentative Stichprobe der gesamten Erfahrungsbasis darstellen (vgl. Erber, Hodges & Wilson, 1995; Fazio, 1995; Tesser, 1978; Wilson & Hodges, 1992). Aus diesem Grund wäre zu erwarten, daß der Zusammenhang zwischen operativen Methoden, die auf unipolaren Skalen beruhen und jener Methode, die auf offenen Antworten beruht, ebenfalls nur moderat ausfällt (bisher sind hierzu keine Daten veröffentlicht).

Einige Einstellungsforscher (z.B. Fazio, 1995; Wilson & Hodges, 1992) gehen davon aus, daß sich Einstellungen darin unterscheiden, wie stark die im semantischen Gedächtnis repräsentierte Assoziation zwischen einem Einstellungsobjekt und seiner Bewertung ist. Je schwächer diese Assoziation ist und je heterogener die Erfahrungsbasis (insbesondere Meinungen und Gefühle) einer Einstellung im Hinblick auf die evaluativen Implikationen ihrer Elemente ist, desto stärker wird die Einstellung bei ihrer Messung davon beeinflußt, welche kognitiven oder affektiven Elemente kognitiv leicht verfügbar sind und um so stärker wird eine Einstellung über mehrere Meßzeitpunkte hinweg oszillieren. Deshalb erscheint die Annahme plausibel, daß direkte und operative Methoden vor allem dann einen bedeutsamen Zusammenhang aufweisen, wenn alle kognitiven oder affektiven Elemente kognitiv leicht verfügbar sind oder zumindest repräsentative Stichproben davon. Diese Bedingung ist bei der Bildung neuer Einstellungen gegeben, d.h. wenn zu einem unvertrauten Einstellungsobjekt eine Einstellung auf der Basis vorgegebener, relevanter Informationen zu dem Einstellungsobjekt geäußert werden soll (vgl. Jonas, Diehl & Brömer, 1997). Wenn die Komplexität der relevanten Informationen begrenzt ist und Gelegenheit zur kognitiven Elaboration besteht, dann sollte die mittels direkter und operativer Methoden erfaßte Ambivalenz hoch korrelieren.

Möglicherweise vielversprechender als die Strategie, die externe Validität operativer Methoden an der Vorhersage subjektiv erlebter Ambivalenz festzumachen, ist der Versuch, durch Ambivalenz psychologische Konstrukte vorherzusagen, die auf einer theoretischen Grundlage mit Ambivalenz in Zusammenhang stehen sollten. Eine solche Strategie wurde beispielsweise von Hass, Katz, Rizzo, Bailey und Moore (1992) verfolgt. Hass et al. (1992) variierten die Salienz der Ambivalenz, indem sie ihren Versuchsteilnehmern entweder ein Interview, welches das relevante Einstellungsthema kontrovers darstellte (saliente Bedingung) oder aber ein irrelevantes Interview vorspielten. Anschließend erfaßten sie die augenblickliche Stimmung der Versuchsteilnehmer. Hass et al. (1992)

konnten zeigen, daß die Stimmung in der salienten Bedingung negativer ausfiel als in der nicht-salienten Bedingung. Zudem korrelierte Ambivalenz nur in der salienten Bedingung signifikant mit der Stimmung, in dem Sinne, daß die Stimmung um so negativer ausfiel, je höher die Ambivalenz war. Da die Ambivalenz in dieser Untersuchung anhand des PAAQ operationalisiert wurde, sagt dieses Ergebnis jedoch wenig über generelle Zusammenhänge der oben beschriebenen Methoden der Ambivalenzmessung und Stimmung aus.

Dennoch stellt erlebter negativer Affekt ein externes Kriterium für die Validierung von Ambivalenzmaßen dar. Katz, Wackenhut und Hass (1986) postulieren in ihrer *theory of racial ambivalence*, daß ein negativer Affekt (negative Stimmung) durch Ambivalenz ausgelöst wird, weil zueinander in Konflikt stehende Meinungen weißer Amerikaner gegenüber Schwarzen, die jeweils an verschiedene Werthaltungen (Egalitarismus vs. protestantische Arbeitsethik) angeknüpft sind, das Selbstbild einer Person bedrohen. Katz et al. (1986) bzw. Hass et al. (1992) sehen die negativere Stimmung ambivalenter Personen als Hinweis auf psychologisches Unbehagen (*psychological discomfort*), das aus einer Bedrohung des Selbstkonzepts resultiert. Demnach fühlt sich eine Person mit ambivalenter Einstellung gegenüber Schwarzen "schlecht", weil ihre negativen Meinungen mit der egalitären Werthaltung und ihre positiven Meinungen mit der protestantischen Arbeitsethik unvereinbar sind. Als Beleg für diese Annahme kann die Untersuchung von Monteith (1996) betrachtet werden, in der gezeigt wurde, daß Ambivalenz mit einer negativen Selbstwahrnehmung korrelierte. Je höher die Ambivalenz ausfiel, desto negativer wurde das eigene Selbstkonzept eingeschätzt.

Nach Ansicht des Verfassers dieser Arbeit kann die Hypothese, daß Ambivalenz, sofern sie bewußt erlebt wird, mit einem psychologischen Unbehagen oder negativem Affekt einhergeht, auf alle möglichen Einstellungen ausgedehnt werden, unabhängig davon, ob eine Einstellung mit dem Selbstkonzept oder bestimmten Werthaltungen assoziiert ist oder nicht. Einen ersten Schritt in Richtung einer Generalisierung haben Maio et al. (1996) unternommen. Maio et al. (1996) erfaßten Einstellung und Ambivalenz gegenüber chinesischen Immigranten in Kanada, verzichteten allerdings auf eine Messung des psychologischen Unbehagens. MacDonald und Zanna (1998) gehen einen Schritt weiter und sprechen sich dafür aus, auf den Katz'schen "Überbau" von Selbstkonzept und Werthaltungen zu verzichten. MacDonald und Zanna (1998) sprechen stattdessen von einer kreuz-dimensionalen (*cross dimensional*) Ambivalenz, die dadurch zustande kommt, daß man einem Einstellungsobjekt (soziale Gruppe) auf zwei relevanten Dimensionen, die antagonistische Einflüsse auf die Einstellung haben, hohe Werte zuschreibt. So nehmen MacDonald und Zanna (1998) an, daß viele Männer Frauen gegenüber zwar wenig Respekt entgegenbringen, sich aber gleichzeitig auf einer emotionalen Ebene zu ihnen hingezogen fühlen.

Nach Ansicht des Verfassers der vorliegenden Arbeit kann psychologisches Unbehagen als externes Kriterium zur Validierung von Ambivalenzmaßen herangezogen werden. Allerdings sollte psychologisches Unbehagen nicht im Sinne einer diffusen Stimmung erfaßt werden, sondern im Hinblick auf spezifische Einstellungen. Als Vorlage hierfür kann die Messung des psychologischen Unbehagens durch Elliot und Devine (1994) verwendet werden. Um eine Abgrenzung zur Theorie der kognitiven Dissonanz (Festinger, 1957) zu erreichen, soll in dieser Arbeit von *einstellungsbezogenem, negativen Affekt* gesprochen werden.

Ein anderes, empirisches Vorgehen um Ambivalenzmaße oder -modelle zu validieren, besteht darin, theoretisch begründete Moderatorwirkungen der Ambivalenz aufzuzeigen. So sollte Ambivalenz beispielsweise die Konsistenz von Einstellung und Verhalten dergestalt moderieren, daß eine Einstellung enger mit entsprechenden Verhaltensweisen korrespondiert, wenn geringe Ambivalenz gegeben ist (Eagly & Chaiken, 1993). Andererseits könnte hohe Ambivalenz eine Polarisierung von Einstellungen infolge erneuten Nachdenkens über die Einstellung verhindern (Liberman & Chaiken, 1991; Rosenberg, 1968; Tesser, 1978). Dabei sollte dasjenige Ambivalenzmaß den Vorzug erhalten, mit dem die meisten postulierten Moderatorwirkungen nachweisbar sind. Wie bereits angedeutet wurde und an späterer Stelle ausführlicher diskutiert wird, müssen dabei unter Umständen bestimmte Randbedingungen identifiziert werden, beispielsweise ob es sich um bereits bestehende oder neu gebildete Einstellungen handelt oder ob eine Einstellung nur auf einer oder auf mehreren Erfahrungsgrundlagen basiert.

1.4 Einstellungsstruktur und Einstellungsstärke

Es wurde im vorhergehenden Abschnitt bereits betont, daß eine Einstellung als Assoziation eines Einstellungsobjekts mit seiner Bewertung verstanden werden kann und als solche im Gedächtnis repräsentiert ist (Fazio et al., 1982). Es ist leicht erkennbar, daß sich Ambivalenz nicht gut in dieses assoziative Konzept von Einstellungen einfügen läßt (Bargh et al., 1992). Bargh et al. (1992) gehen davon aus, daß bei hoher Ambivalenz ein Einstellungsobjekt gleichzeitig (und eventuell gleich stark) mit einer positiven und einer negativen Bewertung assoziiert ist. Diese zweidimensionale Betrachtungsweise ambivalenter Einstellungen findet sich häufig in der Literatur zur Ambivalenz (Kaplan, 1972; Thompson et al., 1995). Nach Ansicht von Bargh et al. (1992) tritt bei der Beantwortung einer Einstellungsfrage ein Antwortwettstreit zwischen der positiven und der negativen evaluativen Tendenz auf, der sich in einer zeitlichen Verzögerung der Antwortabgabe im Vergleich zu nicht-ambivalenten Personen zeigt. Die Interpretation längerer *Antwortlatenzen* ambivalenter Personen bei der Antwortabgabe durch einen Antwortwettstreit ist allerdings nicht die einzig mögliche (siehe unten).

Überlegungen zur Struktur ambivalenter Einstellungen fallen leichter, wenn man sich vor Augen hält, daß Einstellungen ein dynamisches Konzept darstellen (Petty, Jarvis & Evans, 1996; Rosenberg, 1968; Tesser, 1978). Daß sich Einstellungen unter bestimmten Bedingungen verändern, steht nicht im Widerspruch zu der traditionellen Auffassung, daß Einstellungen relativ stabile Dispositionen sind, ein Einstellungsobjekt positiv oder negativ zu bewerten (Allport, 1935; Eagly & Chaiken, 1993; Fishbein & Ajzen, 1975). Fazio (1987) betont, daß man außerhalb des psychologischen Labors nicht allzu häufig gezwungen ist, ein Einstellungsobjekt zu bewerten. Wird man jedoch mit Einstellungsfragen konfrontiert, dann führt deren Beantwortung zu einer Konsolidierung der Bewertungstendenz. Bei der Beantwortung einer Einstellungsfrage lassen sich vier Prozesse unterscheiden (Tourangeau & Rasinski, 1988). Zunächst muß die Einstellungsfrage interpretiert werden (d.h. man muß das Einstellungsobjekt identifizieren). Danach müssen relevante Wissenselemente, in die das Einstellungsobjekt eingebettet ist, aus dem Gedächtnis abgerufen werden. Anschließend muß die verfügbare Information zu einem Urteil verdichtet und auf das Format der Einstellungsskala übertragen werden.

Vor dem Hintergrund dieses Stufenmodells wird das Konzept der assoziativen Verknüpfung eines Einstellungsgegenstands und dessen Bewertung eingängiger. Je häufiger eine Einstellung geäußert wird, desto stärker wird die Assoziation. Besser erkennbar wird auch, daß der von Bargh et al. (1992) postulierte Antwortwettstreit zwischen der dritten und der vierten Stufe lokalisiert ist. Da aber Bargh et al. (1992) die *automatische Aktivierung* von Einstellungen untersucht haben, müssen sie implizit davon ausgehen, daß bereits eine konsolidierte Bewertungstendenz vorhanden ist, die ohne bewußte Anstrengung durch die (symbolische) Präsenz eines Einstellungsstimulus aktiviert wird. In dem Reaktionszeit-Paradigma (z.B. Bargh et al. 1992; Fazio et al., 1986), bei dem Versuchsteilnehmer instruiert werden, so schnell wie möglich anzugeben, ob sie ein Einstellungsobjekt gut oder schlecht finden, wird explizit beabsichtigt, die Stärke einer eventuell bestehenden Assoziation zwischen Einstellungsobjekt und Bewertung zu erfassen. Da in diesem Paradigma ein Einstellungsstimulus beispielsweise in Form eines Worts oder eines Bilds vorgegeben wird und nur zwei Antwortalternativen (gut vs. schlecht) zur Auswahl stehen, entfallen hier die von Tourangeau und Rasinski (1988) postulierten Prozesse der bewußten Erinnerung und Integration von Gedächtnisinhalten.

Im Unterschied dazu besteht bei der Beantwortung von Einstellungsfragen bzw. bei der Äußerung von Einstellungen häufig Gelegenheit, über das Einstellungsobjekt nachzudenken (Tesser, Martin & Mendolia, 1995). Besteht hinreichend Motivation, kognitive Ressourcen zu mobilisieren, dann hängt die geäußerte Einstellung wenigstens teilweise von der Struktur der *Datenbasis* einer Einstellung ab. Unter Datenbasis sind alle mit einem Einstellungsobjekt assoziierten Meinungen, Gefühle und Verhaltensweisen zu subsumieren. Millar und Tesser (1986) konnten zeigen, daß Einstellungen besser instrumentelles Verhalten vorhersagen, wenn zuvor kognitive Elemente der Datenbasis fokussiert wurden und hedonistisches Verhalten, wenn zuvor affektive Elemente der Datenbasis fokussiert wurden. In einer Untersuchung von Wilson, Kraft und Dunn (1989) wurden die Versuchsteilnehmer aufgefordert, über die Gründe nachzudenken, warum sie ein Einstellungsobjekt positiv oder negativ bewerten. Das sogenannte *thinking about reasons* führt dazu, daß bestimmte, evaluativ homogene *subsets* von Meinungen (vgl. Breckler & Wiggins, 1989; Tourangeau et al., 1991) aktiviert werden. Vorausgesetzt, daß Variabilität bezüglich der evaluativen Implikationen einzelner Elemente besteht, ändert sich eine Einstellung in Abhängigkeit davon, welche subsets in einer bestimmten Situation aktiviert werden (Erber et al., 1995; Wilson, 1990; Wilson & Hodges, 1992). Je stärker eine bereits bestehende Assoziation von Einstellungsobjekt und Bewertung ist, desto weniger sollte sich eine Einstellung aufgrund evaluativer Variabilität der kognitiven Elemente ändern (Erber et al., 1995).

So konnten Hodges und Wilson (1993) zeigen, daß *thinking about reasons* die Konsistenz (Korrelation) von Einstellung und Verhalten weniger abschwächte, wenn eine starke Assoziation bestand, d.h. eine hohe kognitive Zugänglichkeit der Einstellung. Die kognitive Zugänglichkeit wird durch die Antwortlatenz einer Einstellung indiziert. Je kürzer die Antwortlatenz ausfällt, desto höher ist die kognitive Zugänglichkeit einer Einstellung. Die kognitive Zugänglichkeit zeigt die Stärke der Assoziation von Einstellungsobjekt und Bewertung an (Fazio et al., 1982). Das Konzept der *Belief-Homogenität* (Erber et al., 1995) ist keinesfalls mit dem der Ambivalenz gleichzusetzen, da Variabilität von Meinungen oder Gefühlen im Hinblick auf ihre evaluativen Implikationen auch dann gegeben ist, wenn sie mehr oder weniger positiv bzw. mehr oder weniger negativ sind und deshalb trotzdem eine eindeutig positive oder negative Einstellung resultieren kann.

Um eine (vorläufige) Antwort auf die Frage zu erhalten, welche Struktur ambivalente Einstellungen haben, ist es hilfreich, sich auf die oben genannten Annahmen zu stützen, daß viele Einstellungen eine Synthese aus einer existierenden Bewertungstendenz und hoch zugänglichen Elementen der Datenbasis sind (Erber et al., 1995; Millar & Tesser, 1986; Wilson & Hodges, 1992). Das bedeutet, daß Einstellungen, zumindest in den Fällen, in denen die Assoziation von Einstellungsobjekt und Bewertung nicht extrem hoch ist, spontan konstruiert werden. Bei dieser Konstruktion geht die aufgrund bisher vorgenommener Bewertungen konsolidierte Assoziation von Einstellungsobjekt und Bewertung ebenso ein wie situativ oder durch Nachdenken über das Einstellungsobjekt aktivierte kognitive oder affektive Elemente der Datenbasis. Die bestehende Bewertungstendenz (*prior evaluation*) ist die überdauernde Komponente der Disposition, ein Einstellungsobjekt positiv oder negativ zu bewerten (Fazio, 1990; Schuette & Fazio, 1995).

Je stärker die evaluative Inkonsistenz der Datenbasis einer Einstellung ist, desto schwächer sollte die Assoziation eines Einstellungsobjekts mit seiner Bewertung sein und desto stärker sollte die geäußerte Einstellung von kognitiv hoch zugänglichen Elementen der Datenbasis abhängen. Wenn eine Einstellung abgegeben werden soll (oder ein situationaler Hinweisreiz eine spontane Einstellungsbildung auslöst, vgl. Fazio, 1987), werden bei evaluativer Inkonsistenz mit größerer Wahrscheinlichkeit als bei evaluativer Konsistenz sowohl positive als auch negative Aspekte der Datenbasis aktiviert. Dies führt dazu, daß ambivalente Einstellungen über mehrere Meßzeitpunkte hinweg stärker fluktuieren und damit instabiler als nicht-ambivalente Einstellungen sind (Vallacher et al., 1994). Dennoch sollten ambivalente Einstellungen in ihrer zentralen Tendenz stabil sein und der Mittelwert aus vielen Messungen einer Einstellung im neutralen Bereich des evaluativen Kontinuums liegen.

Wenn die Annahme stimmt, daß Einstellungen mit einer evaluativ inkonsistenten Datenbasis eher das Resultat einer Integration bisheriger Bewertungen und zugänglicher Elemente sind, dann sollten ambivalente Einstellungen generell eher zur Neutralität tendieren als nicht-ambivalente Einstellungen, d.h. sie sollten weniger extrem sein. Tatsächlich konnte gezeigt werden, daß Ambivalenz negativ mit der *Extremheit* von Einstellungen korreliert (Bargh et al., 1992; Fazio & Powell, 1992, zitiert in Fazio, 1995; Maio et al., 1996). Die Extremheit einer Einstellung läßt sich als Grad der Abweichung des individuellen Einstellungswerts von dem Mittelpunkt der Einstellungsskala (oder vom Mittelwert der Population) bestimmen (Davidson, Yantis, Norwood & Montano, 1985).

Die Extremheit einer Einstellung wird ebenso wie die kognitive Zugänglichkeit einer Einstellung als Merkmal der Stärke einer Einstellung bezeichnet. *Einstellungsstärke* wird als zentrales Konstrukt in der Einstellungsforschung betrachtet und für moderierende Einflüsse verantwortlich gemacht (Abelson, 1988; Krosnick, Boninger, Chuang, Berent & Carnot, 1993; Pomerantz, Chaiken & Tordesillas, 1995; Zuwerink & Devine, 1996). Die Stärke einer Einstellung kann sich in ihrer zeitlichen Beständigkeit (Stabilität) oder in der Stärke ihres Einflusses auf Informationsverarbeitung oder Verhaltensintentionen bzw. Verhalten manifestieren (Petty, Haugtvedt & Smith, 1995). Die Stabilität von Einstellungen und ihr Einfluß auf Verhalten usw. werden als *kausale Indikatoren* der Einstellungsstärke bezeichnet (Krosnick & Petty, 1995). In der Einstellungsliteratur wurden eine Reihe von Stärkemerkmalen identifiziert. Sie lassen sich verschiedenen (zeitlichen oder kausalen) Ebenen zuordnen (Pomerantz et al., 1995). Beispielsweise hängt das Ausmaß, in dem sich eine Einstellung aufgrund neuer Informationen über das Einstellungsobjekt oder aufgrund von Überredungsversuchen ändert, von der *Resistenz* der Einstellung ab (McGuire, 1964). Eine Einstellung sollte aber um so resistenter sein, je *intensiver* die relevanten Informationen kognitiv verarbeitet wurden.

Die bisherigen Bemerkungen über die Struktur ambivalenter Einstellungen dienten vor allem dazu, die Vereinbarkeit von Ambivalenz mit einem eindimensionalen Einstellungskonzept hervorzuheben. Im folgenden wird eine Klassifikation von Stärkemerkmalen von Einstellungen mit dem Ziel erarbeitet, Ambivalenz als eigenständiges Merkmal der Einstellungsstärke zu begreifen und sowohl nachgewiesene als auch denkbare Beziehungen der Ambivalenz mit anderen Stärkemerkmalen zu erhellen. Solche Beziehungen wurden bisher erst am Beispiel der kognitiven Zugänglichkeit und der Extremheit einer Einstellung angedeutet. Die nachfolgende Klassifikation erhebt keinen Anspruch auf Vollständigkeit, sondern liefert typische Beispiele für Stärkemerkmale. Da verschiedene Versuche, anhand von Faktorenanalysen die Zahl postulierter Merkmale auf wenige Dimensionen zu reduzieren, zu uneinheitlichen Ergebnissen geführt haben (Abelson, 1988; Bassili, 1996; Krosnick et al., 1993; Pomerantz et al., 1995), orientiert sich die Klassifikation eher an den vorangegangenen Erläuterungen zur Struktur von Einstellungen. Tabelle 3 gibt einen Überblick über vier Klassen von Einstellungsstärkemerkmalen.

Einstellungen sind keine isolierten kognitiven Strukturen. Einerseits entstehen sie aufgrund von direkten oder indirekten Erfahrungen mit dem Einstellungsobjekt (Converse, 1970; Fazio, 1987) und andererseits können sie allgemeineren Einstellungen hierarchisch untergeordnet oder mit abstrakten Werten verknüpft sein (Eagly & Chaiken, 1995; Katz & Hass, 1988; Liberman & Chaiken,

1991; Rokeach, 1973). Beziehungen einer spezifischen Einstellung zu allgemeineren Einstellungen sollen im folgenden in Anlehnung an Eagly und Chaiken (1995) bzw. Prislin und Ouellette (1996) als Beispiel für *übergeordnete Strukturmerkmale* einer Einstellung betrachtet werden. Eagly und Chaiken (1995) sprechen statt dessen von *inter-attitudinal structure*. Nach Ansicht von Eagly und Chaiken (1995) besteht ein möglicher Weg, eine Einstellung zu bilden darin, daß sie aus einer allgemeineren Einstellung deduziert wird. Eine Deduktion sollte nur erfolgen, wenn die allgemeinere Einstellung für die neue Information oder das unvertraute Einstellungsobjekt relevant ist (Prislin, Pool & Wood, 1998).

Tabelle 3: Klassifikation von Merkmalen der Einstellungsstärke

1. *Übergeordnete Strukturmerkmale*
   - Einstellungsrelevantes Wissen und Schemata
   - Einstellungsrelevante Werte und Normen
2. *Interne Strukturmerkmale*
   - Extremheit
   - Evaluativ-kognitive Konsistenz
   - Evaluativ-affektive Konsistenz
   - Kognitive Zugänglichkeit
3. *Strukturelle Merkmale der Datenbasis*
   - Homogenität von Meinungen oder Gefühlen
   - Evaluative Konsistenz von Meinungen oder Gefühlen
   - Affektiv-kognitive Konsistenz
4. *Phänomenologische Merkmale*
   - Persönliche Involviertheit
   - Sicherheit
   - Ambivalenzerleben

Es wurde bereits angedeutet, daß Einstellungen an kognitive Schemata angebunden sein können. Schemata organisieren einstellungsrelevantes Wissen und lenken unter bestimmten Bedingungen die kognitive Verarbeitung neuer Informationen (Edwards & Smith, 1996; Tesser, 1978). Einstellungsrelevantes Wissen und Schemata stellen ein weiteres Beispiel für übergeordnete Strukturmerkmale von Einstellungen dar. An Schemata ausgerichtete Informationsverarbeitung folgt für gewöhnlich einem Streben nach Konsistenz (Tesser, 1978). *Konsistenzstreben* bedeutet, daß neue, relevante Information mit dem Ziel in die bestehende kognitive Struktur eingebunden wird, evaluative Konsistenz zwischen einzelnen Meinungen herzustellen oder Wissenselemente so zu reinterpretieren, daß sie konsistent erscheinen. Die dabei möglicherweise auftretende kognitive Verzerrung wird als *disconfirmation bias* bezeichnet (Edwards & Smith, 1996; Lord, Ross & Lepper, 1979).

Eine zweite Gruppe von Stärkemerkmalen, die im folgenden als *interne Strukturmerkmale* bezeichnet werden sollen, beschreibt Einstellungen anhand immanenter Eigenschaften. Dazu sind beispielsweise die Extremheit einer Einstellung und ihre kognitive Zugänglichkeit zu rechnen. Die Abweichung vom Mittelpunkt der Einstellungsskala und die Stärke der Assoziation eines Einstellungsobjekts mit ihrer Bewertung kennzeichnen Einstellungen direkt, d.h., daß diese Merkmale nicht separat erfaßt werden müssen. Zu den internen Strukturmerkmalen sind außerdem die evaluativ-kognitive und die evaluativ-affektive Konsistenz zu zählen. Evaluativ-kognitive Konsistenz steht für das Ausmaß an evaluativer Übereinstimmung von Einstellung und kognitiven Elementen bzw. Meinungen und die evaluativ-affektive Konsistenz für das Ausmaß an evaluativer Übereinstimmung von Einstellung und affektiven Elementen bzw. Gefühlen (Chaiken & Baldwin, 1981; Chaiken & Yates, 1985). Evaluativ-kognitive und evaluativ-affektive Konsistenz werden in der hier vorgestellten Klassifikation als strukturelle Merkmale betrachtet, da sie anzeigen, wie gut eine Einstellung die ihr zugrundeliegende Erfahrungsbasis repräsentiert. Eagly und Chaiken (1995) sprechen diesbezüglich von *intra-attitudinal structure*. Um die evaluativ-kognitive und die evaluativ-affektive Konsistenz bestimmen zu können, müssen die einzelnen Meinungen und Gefühle mit ihren evaluativen Implikationen erfaßt werden (Eagly et al., 1994).

Die dritte Klasse von Stärkemerkmalen bezieht sich auf *strukturelle Merkmale der Datenbasis* einer Einstellung. Darunter sind Merkmale einer Einstellung zu verstehen, die das Substrat einer Einstellung, also kognitive, affektive und verhaltensbezogene Erfahrungen beschreiben. Diese multidimensionalen Erfahrungen können jeweils in sich oder zueinander mehr oder weniger evaluativ konsistent sein. Die Variabilität *innerhalb* einzelner Erfahrungsbereiche, genauer gesagt die Homogenität kognitiver oder affektiver Elemente bezüglich ihrer evaluativen Implikationen, läßt sich durch die Belief-Homogenität (Erber et al., 1995) abbilden. Die evaluative Konsistenz kognitiver oder affektiver Elemente wird hingegen durch operative Ambivalenzindizes erfaßt, d.h. durch Ambivalenzmaße, die sich auf die Determinanten der Ambivalenz stützen (Kaplan, 1972; Priester & Petty, 1996; Thompson et al., 1995). Ein Indikator für die evaluative Konsistenz *zwischen* Komponenten ist die *affektiv-kognitive Konsistenz* (Chaiken & Yates, 1985). Die affektiv-kognitive Konsistenz gibt das Ausmaß an evaluativer Übereinstimmung der Meinungen und Gefühle zu einem Einstellungsobjekt wieder. Diese strukturellen Merkmale der Datenbasis setzen ebenso wie manche strukturellen Merkmale der Einstellung eine separate Erfassung der entsprechenden Elemente und deren evaluativer Implikationen voraus. Sie unterscheiden sich aber von strukturellen Merkmalen der Einstellung darin, daß sie die Einstellung selbst nicht mit einbeziehen.

Die vierte Gruppe von Stärkemerkmalen umfaßt subjektiv wahrgenommene Merkmale einer Einstellung, d.h. Merkmale, die einen subjektiven Eindruck *von* einer Einstellung widerspiegeln (Eagly & Chaiken, 1995; Krosnick et al., 1993). Da die Unterscheidung in subjektiv vs. objektiv (vgl. Greenwald & Banaji, 1995) hier nicht ausschlaggebend ist, sollen sie im folgenden als *phänomenologische* Merkmale einer Einstellung bezeichnet werden (vgl. Prislin & Ouellette, 1996). Diese Merkmale werden in jedem Fall separat zur Einstellung erfaßt. Zu ihnen zählt beispielsweise die Sicherheit in die eigene Einstellung, d.h. die Überzeugung, daß eine Einstellung sachlich angemessen ist (Davidson et al., 1985) und die erlebte Ambivalenz (Priester & Petty, 1995; Thompson et al., 1995). Zu den phänomenologischen Merkmalen gehören in erster Linie Konzepte, die auf die persönliche Bedeutsamkeit einer Einstellung bzw. eines Einstellungsobjekts im Hinblick auf das individuelle Selbst fokussieren. Diese Konzepte unterscheiden sich vor allem in ihrer Globalität (Abelson, 1988). Persönlich bedeutsam ist eine Einstellung, wenn sie mit individuell als wichtig erachteten Werten, Zielen oder Bedürfnissen verbunden ist oder für das individuelle Selbstkonzept als bedeutend betrachtet wird. Hierzu zählen beispielsweise *ego involvement* (Sherif & Hovland, 1961), *conviction* (Abelson, 1988), *centrality to self* (Rokeach, 1973), *vested interest* (Crano, 1997) oder *personal relevance* (Petty & Cacioppo, 1990). Diese Merkmale werden in Tabelle 3 unter persönlicher Involviertheit zusammengefaßt.

1.5 Ambivalenz als Stärkemerkmal von Einstellungen

Obwohl das Konzept der Ambivalenz seit etwas mehr als drei Jahrzehnten in der Einstellungsforschung erwähnt wird (Scott, 1966; Kaplan, 1972), wird es erst seit wenigen Jahren als potentielles Stärkemerkmal von Einstellungen betrachtet (Eagly & Chaiken, 1993; Krosnick & Petty, 1995). Prinzipiell bieten sich zwei Methoden an, um zu zeigen, daß Ambivalenz als Stärkemerkmal ernst zu nehmen ist. Zum einen könnte der Nachweis erbracht werden, daß Ambivalenz mit "etablierten" Merkmalen der Einstellungsstärke systematische Zusammenhänge aufweist. Demnach wäre zu erwarten, daß Ambivalenz ähnliche Effekte wie diejenigen Merkmale hat, mit denen sie positiv korreliert und gegenteilige Effekte wie Merkmale, mit denen sie negativ korreliert. Zum anderen könnte der Versuch unternommen werden, direkt bestimmte Effekte der Ambivalenz auf Einstellungen oder auf Variablen, die durch die Einstellung beeinflußt werden (z.B. Verhalten), nachzuweisen. In diesem Abschnitt sollen zunächst empirisch gefundene Zusammenhänge der Ambivalenz mit anderen Merkmalen der Einstellungsstärke berichtet und anschließend mögliche Moderatorwirkungen der Ambivalenz angedeutet werden. Die Rolle der Ambivalenz als Moderatorvariable wird im Anschluß an die Darstellung von Modellen der Einstellungsänderung noch ausführlicher diskutiert.

In bezug auf übergeordnete Strukturmerkmale ist bisher kein direkter Zusammenhang mit Ambivalenz gezeigt worden. Lediglich Katz und Hass (1988) konnten für einen sehr kulturspezifischen Bereich zeigen, daß Ambivalenz indirekt durch bestimmte Werthaltungen beeinflußt wird, sofern diese Werthaltungen mit bestimmten Meinungen über das Einstellungsobjekt unvereinbar sind (siehe Methoden der Ambivalenzmessung). Wesentlich mehr Zusammenhänge mit Ambivalenz sind hingegen für interne Strukturmerkmale berichtet worden. Wie bereits erwähnt, beobachteten Bargh et al. (1992), sowie Fazio und Powell (1992; zitiert in Fazio, 1995) eine signifikant negative Korrelation zwischen Ambivalenz und der kognitiven Zugänglichkeit der Einstellung. Eine negative Korrelation bedeutet, daß die kognitive Zugänglichkeit um so geringer ist, je höher die Ambivalenz ausfällt. Dieser Zusammenhang läßt sich nach Ansicht des Verfassers so erklären (siehe auch den Abschnitt über die Struktur von Einstellungen), daß bei evaluativer Inkonsistenz die Einstellung das Ergebnis eines Integrationsprozesses ist, bei dem eine bereits bestehende Bewertungstendenz und situativ zugängliche Aspekte der Datenbasis in die geäußerte Einstellung eingehen. Allerdings beruhen sowohl die Ergebnisse von Bargh et al. (1992) als auch von Fazio und Powell (1992; zitiert in Fazio, 1995) auf einer Messung der Ambivalenz durch das CRM von Kaplan (1972). Bisher sind jedoch keine Daten veröffentlicht, die einen Zusammenhang von kognitiver Zugänglichkeit und erlebter Ambivalenz belegen.

Mehrere Untersuchungen haben gezeigt, daß hohe Ambivalenz mit einer geringen Extremheit von Einstellungen verbunden ist (Bargh et al., 1992; Liberman & Chaiken, 1991; Maio et al., 1996). Das bedeutet, daß ambivalente Einstellungen zur Neutralität tendieren. Dieser Zusammenhang ist ebenfalls mit der Annahme vereinbar, daß Einstellungen mit einer evaluativ inkonsistenten Grundlage mehr oder weniger spontan konstruiert werden (Wilson & Hodges, 1992). Bei evaluativer Inkonsistenz ist im Vergleich zu evaluativer Konsistenz die Wahrscheinlichkeit höher, daß sowohl positive als auch negative Aspekte zugänglich sind und dadurch eine moderate Einstellung resultiert. Demgegenüber konnten weder für die evaluativ-kognitive Konsistenz noch für die evaluativ-affektive Konsistenz signifikante Zusammenhänge mit Ambivalenz beobachtet werden (Maio et al.,1996).

Der Grad der evaluativen Übereinstimmung einer Einstellung mit ihrer kognitiven oder affektiven Datenbasis stellt deshalb ein von der Ambivalenz unabhängiges Merkmal für Einstellungen dar. Umgekehrt kann vermutet werden, daß eine Einstellung selbst wenn ihre Datenbasis evaluativ inkonsistent ist, diese sehr wohl repräsentieren kann. Auch dieser Zusammenhang kann durch die Annahme erklärt werden, daß viele – und vor allem ambivalente Einstellungen – spontan konstruiert werden. Das Ergebnis von Maio et al. (1996) ist insofern interessant, als die Ambivalenz in dieser Untersuchung durch die Methode der offenen Antworten erfaßt wurde und damit ebenso wie die evaluativ-kognitive und die evaluativ-affektive Konsistenz auf den getrennt erfaßten kognitiven und affektiven Elementen der Datenbasis beruht.

In der Untersuchung von Maio et al. (1996) ließ sich auch kein signifikanter Zusammenhang mit der affektiv-kognitiven Konsistenz beobachten. Die affektiv-kognitive Konsistenz wird von Thompson et al. (1995) als eine Spielart der Ambivalenz im Sinne von evaluativer Inkonsistenz zwischen verschiedenen Komponenten der Einstellungsbasis betrachtet (vgl. Zanna & Rempel, 1988). Dieser fehlende Zusammenhang ist jedoch mit Vorsicht zu betrachten, da bei Maio et al. (1996) lediglich ein Einstellungsobjekt untersucht und nur eine Methode der Ambivalenzmessung angewandt wurde. Es wurde bereits diskutiert, daß das Ausmaß an evaluativer Variabilität innerhalb einer Komponente (Belief-Homogenität, Erber et al., 1995) mit Ambivalenz in Zusammenhang stehen kann, aber nicht muß, da Variabilität allein im positiven oder negativen Bereich auftreten kann. Somit kann Ambivalenz in bezug auf strukturelle Merkmale der Datenbasis einer Einstellung als eigenständiges Merkmal betrachtet werden.

Einige wenige Untersuchungen belegen, daß die Sicherheit in die eigene Einstellung um so geringer ausfällt, je höher die Ambivalenz ist (Fazio & Powell, 1992; zitiert in Fazio, 1995; Jonas et al., 1997).[2] Jonas et al. (1997) konnten zeigen, daß neu gebildete Einstellungen zu einem unvertrauten Einstellungsobjekt mit einer geringeren Sicherheit verbunden sind, wenn die vorgegebenen Informationen zu dem unvertrauten Einstellungsobjekt evaluativ inkonsistent sind, im Vergleich zu evaluativ konsistenter Information. Auf diesen Befund wird in dem Abschnitt über die Bildung neuer Einstellungen detaillierter eingegangen. Die Untersuchung von Thompson und Zanna (1995) kann als Beleg dafür gewertet werden, daß Ambivalenz von der persönlichen Involviertheit der Einstellung abhängt. Die Involviertheit erwies sich dabei als Moderator der Ambivalenzhöhe, im Zusammenhang mit zwei weiteren Persönlichkeitsdimensionen (Need for Cognition, Cacioppo & Petty, 1982 und Personal Fear of Invalidity, Thompson, Naccarato & Parker, 1989). Dabei zeigte sich geringere Ambivalenz bei hohem Need for Cognition und hoher Involviertheit im Vergleich zu hohem Need for Cognition und geringer Involviertheit bzw. höhere Ambivalenz bei hohem Personal Fear of Invalidity und hoher Involviertheit im Vergleich zu hohem Personal Fear of Invalidity und geringer Involviertheit.

Die berichteten Zusammenhänge von Ambivalenz mit anderen Stärkemerkmalen der Einstellung lassen zum einen erkennen, daß Ambivalenz diskriminante Validität besitzt und bestätigen zum anderen, daß Einstellungsstärke ein multidimensionales Konstrukt ist, (Abelson, 1988; Krosnick et al., 1993; Pomerantz et al., 1995). Moderierende Einflüsse der Ambivalenz sollen an dieser Stelle nur beispielhaft dargestellt werden, da hierfür weitere theoretische Annahmen vorauszusetzen sind, die erst im nachfolgenden Abschnitt über Einstellungsänderung dargelegt werden. Moderatorwirkungen der Einstellungsstärke können sich bezüglich einer Reihe von Prozessen oder Effekten zeigen (Petty et al., 1995). So ist beispielsweise für die kognitive Zugänglichkeit von Einstellungen bekannt, daß kognitiv hoch zugängliche Einstellungen zeitlich stabiler (Hodges & Wilson, 1993; Zanna, Fazio & Ross, 1994) und resistenter bezüglich Gegenargumentation sind (Bassili & Fletcher, 1991), eher konsistente Verarbeitung (Tourangeau, Rasinski, Bradburn & D'Andrade, 1989) bzw. intensivere kognitive Verarbeitung bewirken (Fabrigar, Priester, Petty & Wegener, 1998) und besser mit Verhalten korrespondieren (Fazio, 1986) als gering zugängliche Einstellungen.

[2] Fazio und Powell erhoben Ambivalenz anhand des CRM von Kaplan (1972), berichten allerdings keine Korrelation zwischen Ambivalenz und Sicherheit. Nach Fazio (persönliche Mitteilung) ließ sich ein signifikant negativer Zusammenhang beobachten.

Da kognitive Verarbeitung erst nachfolgend detailliert beschrieben wird, soll hier auf der Basis dessen, was bisher über Ambivalenz ausgeführt wurde, nur berichtet werden, daß Ambivalenz den Zusammenhang von Einstellung und Verhaltensintention moderiert. So hat beispielsweise Moore (1980) gezeigt, daß die Beziehung von Einstellung und Verhaltensintention bei hoher Ambivalenz schwächer ist als bei geringer Ambivalenz, während Jonas et al. (1997) zeigen konnten, daß bei der Bildung neuer Einstellungen hohe Ambivalenz mit einer stärkeren Einstellungs-Intentions-Beziehung verbunden ist.

Zusammenfassung

In diesem ersten Abschnitt wurde das Konstrukt der Einstellung eingeführt und die Struktur von Einstellungen dargestellt. Manche Einstellungen sind dabei durch Ambivalenz gekennzeichnet, d.h. durch eine gleichzeitig positive und negative Bewertung eines Einstellungsobjekts. Es wurden verschiedene Methoden der Ambivalenzmessung vorgestellt und es wurde die Validität der entsprechenden Ambivalenzindizes diskutiert. Anhand einer Klassifikation von Merkmalen der Einstellungsstärke wurde beschrieben, welche Beziehungen Ambivalenz zu Merkmalen der Einstellungsstärke hat bzw. haben könnte. Es ließ sich zeigen, daß der Ambivalenz eine eigenständige Rolle als Stärkemerkmal von Einstellungen zukommt.

II. Einstellungsänderung

2.1 Informationsverarbeitungsmodell von McGuire

Für McGuire (1968, 1969) steht die Frage im Vordergrund, unter welchen Bedingungen und durch welchen kognitiven Prozeß persuasive Kommunikationen eine Einstellungsänderung bewirken. Der Ausdruck *persuasive Kommunikation* bezieht sich dabei auf mündlich oder schriftlich präsentierte Informationen über ein Einstellungsobjekt, mit denen sich Rezipienten auseinandersetzen. In bezug auf den kognitiven Prozeß der Einstellungsänderung postuliert McGuire (1968) eine Sequenz von wenigstens fünf Prozessen: Exposition, Aufmerksamkeit, Verstehen, Akzeptanz und Erinnern. Die einzelnen Prozeßstufen sind voneinander abhängig. Eine nachfolgende Prozeßstufe kann nur erreicht werden, wenn die vorhergehenden Prozeßstufen erfolgreich durchlaufen wurden. Die ersten beiden Schritte bestehen in einer Aufnahme der Informationen, die nur erfolgen kann, wenn man Aufmerksamkeit auf die dargebotenen Informationen richtet. Das Verstehen (*reception*) der Inhalte einer Kommunikation und deren Akzeptanz (*yielding*) sind für das Modell von McGuire von zentraler Bedeutung. Verstehen bezieht sich nach McGuire (1968) auf die Enkodierung der Informationen und Akzeptanz auf die Zustimmung zu der Einstellungsposition, die in der Kommunikation vertreten wird. Wenn die kommunizierten Inhalte nicht erinnert werden können, tritt keine stabile Einstellungsänderung auf.

Große Aufmerksamkeit gewann McGuires (1985) vereinfachtes Zwei-Stufen Modell (*reception-yielding model*), bei dem Aufmerksamkeit und Verstehen zu einer Prozeßstufe zusammengefaßt wurden. Danach ist die Einstellungsänderung eine multiplikative Funktion der Rezeption und der Akzeptanz, $p(I) = p(R) \times p(Y)$, wobei $p(I)$ für die Wahrscheinlichkeit eines Einflusses der persuasiven Kommunikation steht, $p(R)$ für die Wahrscheinlichkeit, daß die persuasive Kommunikation adäquat rezipiert wird und $p(Y)$ für die Wahrscheinlichkeit, daß das, was rezipiert wurde, auch akzeptiert wird. Dem *situational-weighting* Prinzip zufolge können die Stufen Rezeption und Akzeptanz je nach Komplexität der persuasiven Kommunikation ein unterschiedliches Gewicht erhalten. McGuire (1985) betont, daß in diesem Zwei-Stufen Modell die Bedeutung der Exposition und des Erinnerns nicht herabgesetzt wird.

McGuire (1957, 1968) nimmt an, daß die Akzeptanz einer Kommunikation um so höher ausfällt, je besser die Rezeption der Kommunikation gelingt. Einen Beleg dafür sieht McGuire in einer positiven Korrelation der Erinnerungsleistung und der Akzeptanz. Die Akzeptanz sollte um so höher ausfallen, je besser die Inhalte einer Kommunikation erinnert werden. Je länger hingegen das Zeitintervall zwischen der Kommunikation und der Messung der Einstellung ist, desto schwächer sollte der Zusammenhang ausfallen. Allerdings konnte die postulierte Beziehung zwischen Erinnerung und Akzeptanz nur selten nachgewiesen werden (Insko, 1964; Miller & Campbell, 1959). Eine mögliche Erklärung für eine geringe oder fehlende Korrelation liegt darin, daß einzelne Inhalte nach der Enkodierung vergessen werden. Eine andere mögliche Erklärung ist, daß moderierende Einflüsse ignoriert werden, beispielsweise die Komplexität oder die Verständlichkeit der persuasiven Kommunikation (Chaiken, Wood, & Eagly, 1996; Eagly, 1974).

Das Modell von McGuire lehnt sich an die Yale-Gruppe um Hovland an (Hovland et al., 1953). Hovland et al. (1953) unterscheiden zwischen Faktoren, die die Einstellung (die Akzeptanz einer Kommunikation) direkt beeinflussen und Faktoren, die sie indirekt über die Prozesse Aufmerksamkeit und Verstehen beeinflussen. Bereits Hovland et al. (1953) bzw. Kelman (1961) hatten beobachtet, daß sich eine Einstellung stärker ändert, wenn die Inhalte durch einen vertrauenswürdigen Kommunikator vertreten werden, im Vergleich zu einem wenig vertrauenswürdigen Kommunikator. Bei einer hohen Vertrauenswürdigkeit sollten Inhalte einer Kommunikation eher gelernt und erinnert werden als bei geringer Vertrauenswürdigkeit (Kelman,1961). Die Vertrauenswürdigkeit eines Kommunikators leitet sich nach McGuire (1968) aus der Motivation ab, Wissen objektiv zu vermitteln. Die Vertrauenswürdigkeit ist einer von fünf sogenannten distalen Faktoren in McGuires Modell, die die Akzeptanz einer Kommunikation beeinflussen können: Merkmale des Kommunikators, der Kommunikation und des Rezipienten, sowie der Modus der Präsentation und die 'Bestimmung', wobei diese fünf Faktoren nach Ansicht von McGuire in ihrem Effekt auf die Einstellung in Wechselwirkung treten können.

In bezug auf die Kommunikation können der Inhalt, die Struktur oder die Abfolge inhaltlicher Aspekte variieren. McGuire (1969) nennt eine Reihe inhaltlicher Einflußvariablen, die die Akzeptanz beeinflussen können, z.B. induzierte Furcht, Verstärkung, Sprachstil oder explizite vs. implizite Schlußfolgerung. In bezug auf die Auswirkungen von Furchtappellen auf die Einstellungsänderung gingen bereits Janis und Feshbach (1953) von der Annahme aus, daß bei hoher Furchtintensität verstärkt Verhaltensweisen auftreten, die mit einer Rezeption der Kommunikation interferieren. Aus diesem Grund sollte sich ein negativer linearer Zusammenhang von Furchtintensität und Einstellungsänderung ergeben und bei mäßiger Furcht die Bereitschaft erhöht sein, einer furchtabwendenden Empfehlung zuzustimmen. Es zeigte sich jedoch häufig eine positive Beziehung von Furchtintensität und Einstellungsänderung (McGuire, 1969).

Neben dem Inhalt einer Kommunikation kann sich auch der Modus, in dem eine Kommunikation präsentiert wird, auf die Einstellungsänderung auswirken. Chaiken und Eagly (1976) gaben eine Kommunikation vor, die entweder leicht oder schwer verstehbar war und variierten zudem den Modus der Präsentation der persuasiven Kommunikation, indem sie entweder eine schriftliche Form, eine Tonband- oder eine Videoaufzeichnung vorgaben. In der schwer verstehbaren Bedingung war die Erinnerungsleistung besser und der Einfluß der persuasiven Kommunikation auf die Einstellung größer, wenn die persuasive Kommunikation in schriftlicher Form vorlag. Nach Chaiken und Eagly (1976) ist für diesen Unterschied die schlechtere Rezeption bei Tonband- bzw. Videoaufzeichnung im

Gegensatz zur schriftlichen Vorgabe verantwortlich. In der leicht verstehbaren Bedingung war der Einfluß der Kommunikation auf die Einstellung bei der schriftlichen Form geringer als bei der Tonband- oder bei der Videoaufzeichnung.

Auf Verstehen und Akzeptanz sollten sich nach Ansicht von McGuire (1968) auch verschiedene Persönlichkeitsmerkmale des Rezipienten auswirken. Zu den untersuchten Persönlichkeitsmerkmalen gehören die verbale Intelligenz und das Selbstwertgefühl. Der Einfluß von Persönlichkeitsmerkmalen kann dabei kompensatorisch sein. Beispielsweise hat die verbale Intelligenz einen positiven Einfluß auf die Rezeption, aber einen negativen Einfluß auf die Akzeptanz. Somit zeigt sich ein kurvilinearer Zusammenhang von verbaler Intelligenz und Akzeptanz bzw. Einstellungsänderung (vgl. Eagly & Warren, 1976).

Neben antezedenten Prozessen der Einstellungsänderung interessierte sich McGuire dafür, wie stabil Einstellungsänderungen sind. Als entscheidendes Merkmal von Einstellungen betrachtete McGuire (1962) die *Resistenz* einer Einstellung, d.h. ihre Stabilität bei Gegenargumentation. Eine Einstellung sollte sich infolge einer einstellungskonträren Kommunikation um so weniger ändern, je resistenter sie ist. Einstellungskonträr bedeutet, daß die in der Kommunikation vertretene Position der Einstellung des Rezipienten widerspricht. In seiner Impfungstheorie formuliert McGuire (1964) Annahmen über die Resistenz von Einstellungen. McGuire (1964) postuliert, daß eine Einstellung gegen neue oder ähnliche, einstellungskonträre Argumente geimpft wird, wenn vor der persuasiven Kommunikation schwache, d.h. leicht widerlegbare Argumente vorgegeben und gleichzeitig entkräftet werden (*refutational defense*). McGuire lehnte sich dabei an eine Untersuchung von Lumsdaine und Janis (1953) über den Einfluß ein- vs. zweiseitiger Kommunikationen auf die Einstellungsänderung an.

Das Impfungs-Paradigma sieht vor, daß in einer ersten Phase die Impfung stattfindet und in einer zweiten Phase eine persuasive Kommunikation vorgegeben wird, die ähnliche oder neue Argumente beinhaltet. Die Zustimmung zur persuasiven Kommunikation wird nach deren Vorgabe erfaßt. Um die Effekte der Impfung abschätzen zu können, wird eine Kontrollbedingung eingeführt, in der keine Impfung stattgefunden hat und lediglich die persuasive Kommunikation vorgegeben wurde. In einer weiteren Kontrollbedingung erfolgt keine persuasive Kommunikation, aber eine Messung der anfänglichen Einstellung. Nach Ansicht von McGuire (1964) eignen sich vor allem Einstellungen für eine Impfung, die selten herausgefordert bzw. hinterfragt werden, z.B. kulturelle Gemeinplätze (*truisms*).

In einer Untersuchung von McGuire und Papageorgis (1961) zeigte sich erwartungsgemäß nur in der Bedingung ohne Impfung eine Einstellungsänderung. Gegenüber der Kontrollbedingung fiel die Resistenz in der Bedingung mit widerlegender Impfung deutlich höher aus. McGuire und Papageorgis (1961) erklären diesen Befund mit einem kognitiven und einem motivationalen Prozeß. Der kognitive Prozeß bezieht sich auf die Übung, die eigene Einstellung zu verteidigen. Der motivationale Prozeß bezieht sich auf eine durch die Argumente ausgelöste Wahrnehmung, daß die eigene Einstellung angreifbar ist. Diese Wahrnehmung bzw. Erfahrung motiviert dazu, zur eigenen Einstellung konsistente Gedanken zu generieren oder neue, konsistente Informationen aufzusuchen.

Trotz bestätigender Befunde muß aus heutiger Sicht an den Untersuchungen zur Impfung von Einstellung kritisiert werden, daß die Prozesse, die die Resistenz determinieren, nicht direkt gemessen wurden (Petty, Ostrom & Brock, 1981). Dabei ist naheliegend, daß die Intensität und die evaluative Richtung der Gedanken, die man sich zu den Inhalten einer Kommunikation macht, die Resistenz einer Einstellung bestimmen (Eagly & Chaiken, 1993). McGuire konzentriert sich ausschließlich auf eine intensive, mit geistiger Anstrengung verbundene kognitive Verarbeitung und hebt die Rezeption als zentralen Prozeß hervor. Nach Auffassung von Chaiken und Stangor (1987) ist die Rezeption in der Regel leicht zu bewerkstelligen und sie spielt nur unter bestimmten Randbedingungen wie Zeitdruck oder Nicht-Ankündigung der Einstellungsmessung eine kritische Rolle. Problematisch an McGuires Modell ist, daß eine kausale Abfolge der einzelnen Prozeßstufen postuliert wird. Dadurch schließt McGuire aus, daß sich bestimmte Variablen, beispielsweise die Vertrauenswürdigkeit eines Kommunikators, direkt auf die Akzeptanz auswirken, ohne daß die Rezeption diesen Einfluß vermittelt. Zudem erlaubt das Modell keine Vorhersagen darüber, unter welchen Bedingungen distale Variablen die Akzeptanz über die Sequenz kognitiver Prozesse beeinflussen, d.h. moderierende Einflüsse anderer Variablen, z.B. der Motivation des Rezipienten, werden ausgeschlossen (Chaiken et al., 1996b).

2.2 Der Cognitive Response Ansatz

Einstellungsänderung hängt nach Ansicht von Vertretern des sogenannten *Cognitive-Response* Ansatzes (z.B. Brock, 1967; Greenwald, 1968; Weiss, 1968) weniger vom Behalten und Erinnern der Inhalte verbaler Kommunikationen ab, sondern von den Gedanken, die sich eine Person zu den Inhalten macht. Diese Gedanken oder *kognitiven Reaktionen* können einzelne Inhalte der Kommunikation entweder unverändert oder modifiziert wiedergeben oder gänzlich neue Aspekte beinhalten (Greenwald, 1968). Während der Rezeption einer Kommunikation wird ihr Inhalt beispielsweise mit bestehenden Einstellungen, Wissenselementen oder Gefühlen verknüpft. Die Anzahl und die evaluativen Implikationen kognitiver Reaktionen werden dabei als Indikatoren der kognitiven Verarbeitung von Kommunikationsinhalten betrachtet.

Um die kognitiven Reaktionen erfassen zu können, wurde die Methode des Gedanken-Protokolls (*thought-listing*) entwickelt (Greenwald, 1968), bei der die Versuchsteilnehmer innerhalb einer bestimmten Zeitspanne (z.B. 2 Minuten) alle Gedanken in kurzen Sätzen aufschreiben sollen, die sie sich zu der Kommunikation gemacht haben. Anschließend sollen sie für jeden einzelnen Gedanken auf einer 3-stufigen Skala von 1 (*eher positiv*) bis 3 (*sehr positiv*) angeben, wie positiv der Gedanke in bezug auf die in der Kommunikation vertretene Einstellungsposition ist. Aus diesem Protokoll läßt sich somit nicht nur die Anzahl kognitiver Reaktionen, sondern auch ein Indikator der Positivität der kognitiven Reaktionen bestimmen, indem von der Summe der positiven Gedanken die Summe der negativen Gedanken subtrahiert wird. Dadurch, daß diese Differenz durch die Anzahl kognitiver Reaktionen dividiert wird, kann die möglicherweise interindividuell schwankende Anzahl an Gedanken kontrolliert werden.

Die Fokussierung auf die kognitiven Reaktionen hat wenigstens zwei Gründe. Anlaß dazu gaben einerseits Untersuchungen, die keine substantielle Beziehung von Akzeptanz und Erinnern aufzeigen konnten (siehe Abschnitt zu McGuire). Beispielsweise beobachteten Mackie und Asuncion (1990) in ihrer Untersuchung, daß ein Maß der Erinnerung nicht mit Einstellungsänderung korrelierte, wohl aber ein Maß für die Positivität kognitiver Reaktionen. Mackie und Asuncion (1990) nehmen an, daß der Einfluß des Erinnerns auf die Einstellungsänderung um so schwächer wird, je intensiver die Inhalte kognitiv verarbeitet werden.

Andererseits deuteten bereits die Überlegungen von Hovland und Mitarbeitern (Hovland et al., 1953) an, daß zustimmende oder ablehnende Gedanken des Rezipienten auf die Inhalte einer Kommunikation bei Einstellungsänderungen mitwirken könnten. Hovland, Lumsdaine und Sheffield (1949) vemuteten, daß Überredungsversuche weniger effektiv sind, wenn Rezipienten Gegenargumente zu der vertretenen Einstellungsposition generieren können. Hovland et al. (1949) konnten zeigen, daß eine zweiseitige Kommunikation zu mehr Einstellungsänderung führte als eine einseitige Kommunikation. Die zweiseitige Kommunikation umfaßte sowohl unterstützende Argumente als auch Gegenargumente, die jedoch gleichzeitig entkräftet wurden (vgl. McGuire & Papageorgis, 1961).

Wesentlich für den Cognitive-Response Ansatz ist die Annahme, daß der Einfluß der kognitiven Reaktionen auf die Einstellung um so größer sein sollte, je mehr sich Personen bei der kognitiven Verarbeitung engagieren (Greenwald, 1968). Die individuellen und situativen Bedingungen, unter denen verstärkt kognitiv elaboriert wird, sind in den frühen Untersuchungen zum Cognitive-Response Ansatz noch unzureichend spezifiziert. Um die vermittelnde Rolle kognitiver Reaktionen bei der Einstellungsänderung zu belegen, wurde in zahlreichen Untersuchungen versucht, die evaluative Richtung (zustimmend vs. ablehnend) oder die Intensität der kognitiven Verarbeitung zu beeinflussen. Theoretische Annahmen und empirische Befunde hierzu werden in den Abschnitten über das Modell der Elaborationswahrscheinlichkeit (ELM, Petty & Cacioppo, 1981; Petty & Cacioppo, 1986) und das Heuristisch-Systematische Modell (HSM, Chaiken, 1980; Chaiken, Liberman & Eagly, 1989) ausführlich dargestellt.

Eine experimentelle Variable, die die evaluative Richtung der kognitiven Reaktionen beeinflußt, ist die *Qualität* der Argumente. Starke Argumente sollten bei Rezipienten eher zustimmende kognitive Reaktionen evozieren und schwache Argumente primär ablehnende kognitive Reaktionen (Petty & Cacioppo, 1986). Die Intensität der kognitiven Verarbeitung kann hingegen beispielsweise durch die Motivation des Rezipienten, Ablenkung oder Wiederholung der Kommunikation beeinflußt werden. Der Cognitive-Response Ansatz ist ebenso wie das Informationsverarbeitungs-Paradigma von McGuire auf einen Verarbeitungsprozeß ausgerichtet, der mit geistiger Anstrengung verbunden ist und implizit voraussetzt, daß Rezipienten motiviert oder fähig sind, diesen kognitiven Aufwand zu betreiben. Zwei-Prozeßmodelle der Einstellungsänderung wie das ELM (Petty & Cacioppo, 1986) oder das HSM (Chaiken, 1980, 1987) nehmen hingegen an, daß sich Einstellungen unter bestimmten Bedingungen auch dann ändern, wenn keine intensive kognitive Verarbeitung abläuft.

2.3 Social Judgment Theorie

Der Social Judgment Theorie (Sherif & Hovland, 1961; Sherif & Sherif, 1967) zufolge bestimmen verzerrte Wahrnehmung und Enkodierung der Position eines Kommunikators Einstellungsänderungen. Diese verzerrte Wahrnehmung beruht nach Sherif und Hovland (1961) auf einer Kategorisierung einstellungsrelevanter Informationen, bei der die eigene Einstellung als Vergleichsstandard herangezogen wird. Dieser Vergleichsstandard wird als *Anker* bezeichnet. Sherif und Hovland (1961) betrachten die eigene Einstellung weniger als eine bestimmte Position, sondern vielmehr als Bereich auf einem evaluativen Kontinuum. Es werden drei Bereiche des evaluativen Kontinuums unterschieden. In den sogenannten Akzeptanzbereich (*latitude of acceptance*) fallen Meinungen, die die eigene Einstellung stützen und in den Ablehnungsbereich (*latitude of rejection*) Meinungen, die mit der Einstellung nicht kongruent sind und deshalb abgelehnt werden. Dazwischen ist der Indifferenzbereich (*latitude of noncommitment*) anzusiedeln, in den Meinungen fallen, die weder akzeptiert noch abgelehnt werden. Akzeptanz- und Ablehnungsbreich sind also nicht komplementär zueinander, solange ein Indifferenzbereich besteht.

Die Social Judgment Theorie nimmt an, daß die Kategorisierung einstellungsrelevanter Informationen in Abhängigkeit von der eigenen Einstellung entweder zu einem Assimilations- oder zu einem Kontrasteffekt führt. Assimilation bedeutet, daß ein Stimulus in größerer Nähe zum Anker liegend wahrgenommen wird als dies objektiv der Fall ist. Ein Kontrasteffekt liegt vor, wenn ein Stimulus als weiter entfernt vom Anker wahrgenommen wird, als dies objektiv der Fall ist. Sherif und Hovland (1961) postulieren, daß Assimilation auftritt, wenn die Position des Kommunikators in den Akzeptanzbereich fällt und ein Kontrasteffekt, wenn die Position des Kommunikators in den Ablehnungsbereich fällt. Je enger der Akzeptanzbereich ausfällt, um so wahrscheinlicher ist es, daß Kontrasteffekte auftreten und je breiter der Akzeptanzbereich ausfällt, um so wahrscheinlicher ist ein Assimilationseffekt bei der Wahrnehmung einstellungsrelevanter Informationen.

Die Stärke von Assimilations- und Kontrasteffekten wird in entscheidendem Maße von der Selbst-Involviertheit (*ego involvement*) bestimmt, da sowohl die Breite des Akzeptanzbereichs als auch die Breite des Ablehnungsbereichs von der Selbst-Involviertheit abhängen. Unter Selbst-Involviertheit ist nach Sherif und Sherif (1967) der Grad zu verstehen, zu dem eine Einstellung mit dem Selbstkonzept einer Person assoziiert ist. Während Sherif und Hovland (1961) postulierten, daß bei hoher Selbst-Involviertheit der Akzeptanzbereich enger und gleichzeitig der Ablehnungsbereich größer wird, nehmen Sherif und Sherif (1967) infolge fehlender empirischer Belege an, daß bei hoher Selbst-Involviertheit der Ablehnungsbereich größer und der Indifferenzbereich kleiner werden, während bei geringer Selbst-Involviertheit der Ablehnungsbereich kleiner und der Indifferenzbereich größer werden.

Das Ausmaß der Einstellungsänderung ist nach Sherif und Sherif (1967) eine Funktion der Diskrepanz von eigener Einstellung und der Position des Kommunikators. Die Social Judgment Theorie postuliert eine umgekehrt U-förmige Beziehung von Diskrepanz und Einstellungsänderung. Bei nicht vorhandener oder geringer Diskrepanz wird eine Einstellung infolge von Assimilation mit zunehmender Diskrepanz positiver, allerdings nur bis zu einem kritischen Punkt (*inflection point*), über den hinaus eine Ablehnung und damit Kontrasteffekte wahrscheinlicher werden. Die Lokalisation dieses kritischen Punkts hängt von der Breite des Akzeptanzbereichs ab. Distale Variablen, wie beispielsweise die Vertrauenswürdigkeit des Kommunikators, bewirken eine Einstellungsänderung, weil sie den Akzeptanzbereich beeinflussen. So sollte eine hohe Vertrauenswürdigkeit des Kommunikators nach Ansicht von Sherif und Hovland (1961) zu einem größeren Akzeptanzbereich führen.

Sherif und Sherif (1967) gehen zudem davon aus, daß die Selbst-Involviertheit motivationale Konsequenzen hat. Bei einer großen Diskrepanz von eigener Einstellung und Kommunikator-Position empfinden hoch involvierte Personen psychologisches Unbehagen, das eine Tendenz aktivieren kann, das eigene Selbst zu schützen. Dieses Motiv führt dazu, daß eine verzerrte Wahrnehmung oder Enkodierung einstellungsrelevanter Informationen wahrscheinlicher wird. Empirische Untersuchungen zur Social Judgment Theorie konnten allerdings nur wenig Belege für die Vorhersagen zu Veränderungen von Akzeptanz- und Ablehnungsbereich, sowie für die vermittelnden Prozesse Assimilation und Kontrast liefern (Eagly & Chaiken, 1993). So konnte beispielsweise die Annahme nicht bestätigt werden, daß eine hohe Vertrauenswürdigkeit des Kommunikators mit einem größeren Akzeptanzbereich zusammenhängt.

2.4 Das Elaboration-Likelihood Modell

Das Elaboration-Likelihood Modell von Petty und Cacioppo (1981, 1986) ist ein Zwei-Prozeß Modell der Einstellungsänderung, das mit der Intention entwickelt wurde, Befunde über Ausmaß und Richtung, sowie die Dauerhaftigkeit von Einstellungsänderungen infolge persuasiver Kommunikationen mit dem Konzept der Elaborationswahrscheinlichkeit einheitlich interpretieren zu können. *Elaborationswahrscheinlichkeit* steht dabei für die Wahrscheinlichkeit intensiver kognitiver Verarbeitung. Im Unterschied beispielsweise zu McGuire (1969) oder Greenwald (1968) nehmen Petty und Cacioppo (1986) an, daß Rezipienten nicht stets die Bereitschaft für eine intensive kognitive Verarbeitung der Inhalte einer persuasiven Kommunikation zeigen.

Vielmehr bestimmen die Motivation und die Fähigkeit des Rezipienten die Wahrscheinlichkeit intensiver kognitiver Verarbeitung. Das ELM postuliert ein Kontinuum der Elaborationswahrscheinlichkeit, dessen Extreme zwei qualitativ verschiedenartige Modi der Einstellungsänderung darstellen. Der sogenannte zentrale Modus (*central route*) beinhaltet eine mit geistiger Anstrengung verbundene Auseinandersetzung mit den Inhalten einer Kommunikation, bei der Rezipienten kognitive Ressourcen mobilisieren, um die dargebotenen Inhalte kritisch zu reflektieren (Petty, Priester & Wegener, 1994):

> "The first, or *central route*, involves effortful cognitive activity, whereby the person draws on prior experience and knowledge to assess and evaluate carefully the central merits of the position put forth in the persuasive message" (p. 88; Hervorhebung im Original).

Zentrale Verarbeitung findet nach Petty und Cacioppo (1986) nur statt, wenn die Elaborationswahrscheinlichkeit hoch ist. In diesem Modus werden relevante Wissenselemente und bestehende Schemata aktiviert und eine Integration neuer Argumente in die bestehende Einstellungsstruktur vorgenommen. Auf der anderen Seite kann eine Einstellungsänderung über einen sogenannten peripheren Modus erfolgen (*peripheral route*), bei dem der Inhalt einer Kommunikation nur in sehr geringem Umfang oder überhaupt nicht elaboriert wird und eine Einstellung statt dessen durch assoziative Prozesse oder leicht ausführbare Inferenzen bestimmt wird.

Dieser periphere Modus tritt nach Ansicht von Petty und Cacioppo (1986) bei einer geringen Elaborationswahrscheinlichkeit auf. Petty und Cacioppo (1986) subsumieren beispielsweise klassische Konditionierung, Selbstwahrnehmung oder die Anwendung von einfachen Heuristiken unter periphere Prozesse. Unter kognitiven *Heuristiken* sind einfache, gelernte Regeln zu verstehen (z.B. "Experten kann man trauen"), durch die auf die Gültigkeit einer Einstellungsposition geschlossen werden kann, ohne daß über die Inhalte einer Kommunikation gründlich nachgedacht werden muß. Auslöser für die Verwendung von Heuristiken sind sogenannte periphere Hinweisreize (*Cues*). Periphere Hinweisreize können Merkmale des Kommunikators sein, beispielsweise Expertisegrad, Ehrlichkeit, Sympathie oder Attraktivität (Petty, Cacioppo & Goldman, 1981; Petty, Cacioppo & Schumann, 1983; Priester & Petty, 1995), oder Merkmale der Kommunikation, beispielsweise die Modalität oder die Anzahl der Argumente (Petty & Cacioppo, 1984). Stimmungen können ebenfalls durch einen einfachen Attributionsprozeß auf das Einstellungsobjekt übertragen werden (Wegener & Petty, 1996).

Der zentrale und der periphere Modus der Einstellungsänderung sind, wie oben angedeutet, als Endpunkte eines Elaborationskontinuums zu betrachten. Petty und Cacioppo (1986) postulieren, daß zentrale und periphere Verarbeitung nicht gleichzeitig bzw. parallel ablaufen. Das ELM expliziert Bedingungen, unter denen eher eine zentrale oder eine periphere Verarbeitung wahrscheinlich sind. Die Wahrscheinlichkeit zentraler Verarbeitung ist hoch, wenn die Motivation und die Fähigkeit des

Rezipienten hoch ausgeprägt sind. Die Motivation und die Fähigkeit werden ihrerseits durch situative Variablen und individuelle Dispositionen determiniert.

Von zentraler Bedeutung für das ELM ist die Annahme, daß die Richtung und das Ausmaß der Einstellungsänderung durch drei Typen von Variablen beeinflußt werden. Petty und Cacioppo (1986) postulieren, daß diese Variablen entweder als Argument, als peripherer Hinweisreiz oder als Determinante der Elaborationswahrscheinlichkeit wirken. Die Rolle von Hinweisreizen ist prinzipiell nicht auf den peripheren Modus beschränkt. Bei hoher Elaborationswahrscheinlichkeit werden Hinweisreize unter Umständen vergleichbar zu Argumenten elaboriert werden. Beispielsweise kann die Anzahl an Argumenten bei geringer Elaborationswahrscheinlichkeit als peripherer Hinweisreiz auf die Einstellung wirken, während diese Information (Anzahl an Argumenten) bei hoher Elaborationswahrscheinlichkeit eine zusätzliche inhaltliche Information darstellt und auf zentralem Wege eine Einstellung beeinflussen kann.

Die Variation der Qualität der Argumente ist für eine empirische Überprüfung des ELM von zentraler Bedeutung, da die Qualität der Argumente die Richtung der Einstellungsänderung bestimmt, wenn die Elaborationswahrscheinlichkeit hoch ist. Starke Argumente zeichnen sich dadurch aus, daß sie positive kognitive Reaktionen evozieren und schwache Argumente dadurch, daß sie negative kognitive Reaktionen evozieren (Petty & Cacioppo, 1986). Das typische Untersuchungsdesign sieht eine Bedingung mit schwachen Argumenten und eine Bedingung mit starken Argumenten vor. Zusätzlich und orthogonal zur Argumentqualität wird eine weitere unabhängige Variable (Treatment-Variable) eingesetzt, von der vermutet wird, daß sie die Intensität der zentralen Verarbeitung determiniert. Wenn sich eine signifikante Wechselwirkung zwischen der Argumentqualität und dieser Treatment-Variable zeigt, sehen Petty und Cacioppo (1986) dies als Beleg dafür an, daß die Treatment-Variable die Elaborationswahrscheinlichkeit beeinflußt. Bei hoher Elaborationswahrscheinlichkeit sollten starke Argumente zu mehr Zustimmung führen als schwache Argumente, während bei geringer Elaborationswahrscheinlichkeit kein Einfluß oder nur ein geringer Einfluß der Argumentqualität auf die Einstellung zu beobachten sein sollte.

Auf analoge Art läßt sich nach Petty und Cacioppo (1986) ein peripherer Einfluß auf die Zustimmung zur Kommunikation oder auf die Einstellung nachweisen. Orthogonal zu einem peripheren Hinweisreiz (z.B. Experte vs. Laie) wird eine Variable eingesetzt, die die Elaborationswahrscheinlichkeit bestimmen soll. Wenn sich eine signifikante Wechselwirkung zwischen dem Hinweisreiz und der Treatment-Variable zeigt, sehen Petty und Cacioppo (1986) dies als Beleg für einen Einfluß der Treatment-Variable auf die Elaborationswahrscheinlichkeit an, da bei geringer Elaborationswahrscheinlichkeit einem Experten eher zugestimmt werden sollte als einem Laien, während sich bei hoher Elaborationswahrscheinlichkeit kein Einfluß des Hinweisreizes auf die Zustimmung oder die Einstellung zeigen sollte.

Nach Ansicht von Petty und Cacioppo (1986) ist die persönliche Relevanz des kommunizierten Inhalts die wichtigste situative Determinante der Motivation, zentral zu verarbeiten. Unter persönlicher Relevanz verstehen Petty und Cacioppo (1990) die subjektive Bedeutsamkeit eines Einstellungsobjekts. Ein Einstellungsobjekt ist dann persönlich relevant, wenn es mit persönlichen Werten oder Zielen, also selbst-relevanten Konzepten verknüpft ist. Je bedeutsamer ein Einstellungsobjekt ist, desto eher ist man bereit, kognitive Anstrengungen zu leisten und über die in einer Kommunikation enthaltenen Argumente gründlich nachzudenken. In einer Untersuchung von Petty und Cacioppo (1979) wurden die persönliche Relevanz des Einstellungsobjekts und die Qualität der Argumente variiert. Es zeigte sich, daß in der Bedingung mit hoher persönlicher Relevanz und starken Argumenten mehr positive kognitive Reaktionen generiert wurden als bei hoher persönlicher Relevanz und schwachen Argumenten. In der Bedingung mit geringer persönlicher Relevanz ließ sich hingegen kein Effekt der Argumentqualität auf die Elaboration beobachten.

Neben der persönlichen Relevanz bestimmen auch Persönlichkeitsvariablen die Motivation zu zentraler Verarbeitung. Cacioppo und Petty (1982) haben in Anlehnung an die Überlegungen von Cohen (1957) eine Skala zur Messung des Need for Cognition konstruiert (Engagement und Freude bei Denkaufgaben; Bless, Wänke, Bohner, Fellhauer & Schwarz, 1994). Bei einer hohen Ausprägung dieser Eigenschaft ist eine zentrale Verarbeitung generell wahrscheinlicher als bei einer geringen Ausprägung. Bei Personen mit hohem Need for Cognition sollte sich die Qualität von Argumenten auf die Einstellung auswirken, während sich bei geringem Need for Cognition eher periphere Hinweisreize auswirken sollten (Cacioppo & Petty, 1984).

In bezug auf die Fähigkeit zu zentraler Verarbeitung lassen sich ebenfalls situative und differentielle Einflußvariablen unterscheiden. So erleichtert z.B. eine hohe allgemeine Intelligenz die kognitive Auseinandersetzung mit den Inhalten einer Kommunikation. In gleicher Richtung wirkt sich themenbezogenes Wissen aus. Je mehr Wissen über einen Einstellungsgegenstand verfügbar ist, desto eher sollte kognitiv elaboriert werden. Situative Einflüsse auf die Fähigkeit sind beispielsweise Ablenkung oder Wiederholung der Kommunikation. Petty, Wells und Brock (1976) variierten sowohl die Qualität der Argumente als auch den Grad der Ablenkung. In der Bedingung mit schwachen Argumenten wurde der Kommunikation bei starker Ablenkung eher zugestimmt als bei geringer Ablenkung. In der Bedingung mit starken Argumenten zeigte sich hingegen bei starker Ablenkung eine geringere Zustimmung als bei schwachen Argumenten. Ablenkung führt bei schwachen Argumenten zu mehr und bei starken Argumenten zu weniger Einstellungsänderung, da Ablenkung bei schwachen Argumenten das Generieren von Gegenargumenten erschwert und bei starken Argumenten das Generieren von positiven kognitiven Reaktionen. In bezug auf die Wiederholung einer Kommunikation zeigte sich, daß eine mittlere Frequenz der Wiederholung eine zentrale Verarbeitung begünstigt, da auf diese Weise die Enkodierung der Inhalte gewährleistet wird (Cacioppo & Petty, 1979).

Ebenso kann Vorwarnung der Rezipienten in bezug auf den Inhalt einer Kommunikation die Fähigkeit erhöhen, Gegenargumente zu einer einstellungskonträren Kommunikation zu generieren. In der Untersuchung von Petty und Cacioppo (1977) wurden die Versuchsteilnehmer in einer Bedingung bezüglich der inhaltlichen Position des Kommunikators vorgewarnt und in einer zweiten Bedingung nicht vorgewarnt. Die Hälfte der Versuchsteilnehmer sollte nach dieser Vorwarnung alle aktuellen Gedanken aufschreiben, die sie sich in den letzten drei Minuten gemacht hatten, die andere Hälfte hingegen Gedanken, die sich explizit auf den Inhalt der erwarteten Kommunikation bezogen. Petty und Cacioppo (1977) konnten zeigen, daß nicht vorgewarnte Versuchsteilnehmer nur dann dieselbe Resistenz in bezug auf ihre Einstellung aufwiesen wie Versuchsteilnehmer in der Bedingung mit Vorwarnung, wenn sie themenspezifische kognitive Reaktionen aufschreiben sollten, da sie nur in dieser Bedingung dieselbe Anzahl an Gegenargumenten aufwiesen wie vorgewarnte Versuchsteilnehmer.

In einer Untersuchung von Petty und Cacioppo (1984) wurde die persönliche Relevanz, die Qualität und die Anzahl der Argumente variiert. Es zeigte sich eine dreifache Wechselwirkung dieser unabhängigen Variablen auf die Einstellung. Bei geringer persönlicher Relevanz fiel die Einstellung unabhängig von der Qualität der Argumente bei neun Argumenten positiver aus als bei drei Argumenten. Dieser Haupteffekt für die Anzahl der Argumente belegt nach Ansicht von Petty und Cacioppo (1984), daß bei unmotivierten Rezipienten die Anzahl der Argumente als peripherer Hinweisreiz die Einstellung beeinflußte. In der Bedingung mit hoher persönlicher Relevanz fiel die Einstellung bei neun Argumenten positiver aus als bei drei Argumenten, wenn es sich um starke Argumente handelte und negativer bei neun Argumenten als bei drei Argumenten, wenn es sich um schwache Argumente handelte. Diese Wechselwirkung von Anzahl und Qualität der Argumente bei hoher Motivation belegt eine zentrale Verarbeitung. Friedrich, Fetherstonhaugh, Casey und Gallagher (1996) manipulierten ebenso wie Petty und Cacioppo (1984) die persönliche Relevanz des Einstellungsobjekts und - im Unterschied zu Petty und Cacioppo (1984) - jeweils die Anzahl starker und die Anzahl schwacher Argumente. Auf diese Weise wurden Bedingungen realisiert, in denen bei konstanter Anzahl starker Argumente die Zahl der schwachen Argumente variierte. Bei hoher persönlicher Relevanz zeigte sich, daß die Einstellung weniger positiv ausfiel, wenn zu neun starken Argumenten schwache Argumente hinzukamen (*suppression effect*).

Wie oben bereits ausgeführt, ist die Manipulation der Argumentqualität eine Methode um zentrale oder periphere Verarbeitung indirekt nachzuweisen. Ein direkter Nachweis dafür, daß eine Einstellung tatsächlich auf zentraler Verarbeitung beruht, wäre nach Petty et al. (1994) eine signifikante Korrelation zwischen der Positivität der kognitiven Reaktionen und der Einstellung. Bei peripherer Verarbeitung sollte keine oder nur eine schwache Korrelation zwischen der Positivität der kognitiven Reaktionen und der Einstellung zu beobachten sein. In der Untersuchung von Petty und Cacioppo (1979) zeigte sich erwartungsgemäß unter hoher Elaborationswahrscheinlichkeit eine engere

Beziehung zwischen der Positivität der kognitiven Reaktionen und der Einstellung als unter geringer Elaborationswahrscheinlichkeit. Friedrich et al. (1996) konnten anhand einer Pfadanalyse zeigen, daß die Positivität der kognitiven Reaktionen die Einstellung beeinflußte, selbst wenn die Anzahl starker und schwacher Argumente statistisch kontrolliert wurde. Je mehr starke Argumente die Kommunikation enthielt, desto positiver fielen kognitive Reaktionen und Einstellung aus und desto negativer, je mehr schwache Argumente die Kommunikation enthielt. Die signifikante Beziehung zwischen der Positivität der kognitiven Reaktionen und der Einstellung, bei gleichzeitiger Kontrolle der Anzahl starker und schwacher Argumente, belegt, daß den kognitiven Reaktionen bei zentraler Verarbeitung eine vermittelnde Rolle zukommt (vgl. Areni & Lutz, 1988; Romero, Agnew & Insko, 1996).

Es wurde bereits angedeutet, daß einige Einflußvariablen bei geringer Elaborationswahrscheinlichkeit peripher auf die Einstellung wirken und bei hoher Elaborationswahrscheinlichkeit die zentrale Verarbeitung beeinflussen (Petty et al., 1994). In der Untersuchung von Petty und Cacioppo (1980) wurde die Qualität der Argumente, die persönliche Relevanz des Themas und die Attraktivität des Kommunikators variiert. Entgegen der Erwartung von Petty und Cacioppo (1980) hatte die Attraktivität sowohl bei hoher als auch bei geringer persönlicher Relevanz einen positiven Einfluß auf die Einstellung, obwohl das ELM postuliert, daß periphere Variablen bei hoher Elaborationswahrscheinlichkeit keinen Einfluß auf die Einstellung haben sollten. Ein weiteres Beispiel für multiple Funktionen von vermeintlich peripheren Einflußvariablen liefert die Untersuchung von Petty, Schumann, Richman und Strathman (1993). In dieser Untersuchung wurde gezeigt, daß Stimmungen unter bestimmten Bedingungen die Richtung der zentralen Verarbeitung beeinflussen können.

Ursprünglich nahmen Petty und Cacioppo (1986) an, daß Stimmungen als peripherer Mechanismus der Einstellungsänderung wirken. Allerdings konnten Bless, Bohner, Schwarz und Strack (1990) zeigen, daß in negativer Stimmung eher zentral verarbeitet wird als in positiver Stimmung. In der Untersuchung von Petty et al. (1993) ließ sich bei hoher Elaborationswahrscheinlichkeit beobachten, daß Stimmung einen Einfluß auf die Positivität der kognitiven Reaktionen hatte. Petty et al. (1993) erklären diesen Befund so, daß eine positive Stimmung das Abrufen positiver Gedächtnisinhalte erleichtert oder das Abrufen negativer Gedächtnisinhalte hemmt. Bei geringer Elaborationswahrscheinlichkeit tritt dieser selektive Retrieval-Effekt hingegen nicht auf, da kaum auf Gedächtnisinhalte zurückgegriffen wird. Ein Einfluß der Stimmung auf die Positivität der kognitiven Reaktionen ließ sich bei geringer Elaborationswahrscheinlichkeit nicht beobachten. Bei geringer Elaborationswahrscheinlichkeit hatte eine positive Stimmung einen direkten und somit peripheren Einfluß auf die Einstellung. Die Ergebnisse dieser Untersuchung zeigen, daß sich Stimmung nicht immer als peripherer Einfluß auf die Einstellung auswirkt, sondern - gerade bei hoher Elaborationswahrscheinlichkeit - zu einer Verzerrung der zentralen Verarbeitung führen kann.

Die Annahmen des ELM in bezug auf zentrale und periphere Verarbeitung gelten nach Petty und Cacioppo (1986) vor allem für die Extreme des Kontinuums der Elaborationswahrscheinlichkeit, d.h. bei geringer vs. hoher Elaborationswahrscheinlichkeit. Außerhalb des psychologischen Labors muß nach Ansicht von Petty und Cacioppo (1986) hingegen oftmals von einer uneindeutigen oder mittleren Elaborationswahrscheinlichkeit ausgegangen werden. Petty und Cacioppo (1984) nehmen an, daß periphere Variablen bei mittlerer Elaborationswahrscheinlichkeit von Rezipienten dahingehend genutzt werden, zu entscheiden, mit wieviel kognitivem Aufwand auf eine Kommunikation reagiert wird. So sollte man sich nach Ansicht von Petty und Cacioppo (1986) z.B. bei einem vertrauenswürdigen Kommunikator eher dafür entscheiden, kognitive Ressourcen auf die Kommunikation zu verwenden als bei einem wenig vertrauenswürdigen Kommunikator. Damit fällt peripheren Variablen bei mittlerer Elaborationswahrscheinlichkeit die Rolle von Entscheidungs-Heuristiken zu.

Petty und Cacioppo (1986) sind wie Festinger (1950; zitiert in Petty & Cacioppo, 1986) der Auffassung, daß Menschen grundsätzlich bestrebt sind, Einstellungen zu erwerben, die die Realität angemessen widerspiegeln, d.h. sachlich richtig sind. Dieses sogenannte *Accuracy*-Motiv wird im ELM quasi als vorherrschend betrachtet, auch wenn Petty et al. (1994) sowie Petty et al. (1996) in neueren Arbeiten mittlerweile annehmen, daß bei Rezipienten andere Motive aktiviert werden können. Vor dem Hintergrund eines Accurracy-Motivs ist nach Ansicht von Petty und Cacioppo (1986) zu erwarten, daß Rezipienten eine persuasive Kommunikation in objektiver Weise zentral verarbeiten. Bestimmte Determinanten der Elaborationswahrscheinlichkeit wie beispielsweise Need for Cognition oder Ablenkung beeinflussen die Wahrscheinlichkeit objektiver zentraler Verarbeitung. Einen Beleg für objektive zentrale Verarbeitung sehen Petty und Cacioppo (1986) in einer symmetrischen Interaktion von Argumentqualität und Variablen, die die Elaborationswahrscheinlichkeit beeinflussen (z.B. Petty et al., 1981; Petty et al., 1976).

Nach Auffassung von Petty und Cacioppo (1986) können aber bestimmte Variablen zu einer verzerrten zentralen Verarbeitung führen. Verzerrte zentrale Verarbeitung bedeutet, daß bei hoher Elaborationswahrscheinlichkeit der Unterschied im Einfluß starker und schwacher Argumente geringer ausfällt, als dies bei objektiver Verarbeitung zu erwarten wäre. Nach Petty und Cacioppo (1986) zeigt sich bei verzerrter zentraler Verarbeitung eine asymmetrische Interaktion von Elaborationswahrscheinlichkeit und Argumentqualität. Eine Verzerrung kann sowohl in positiver als auch in negativer Richtung erfolgen. Eine positive Verzerrung sollte nach Petty und Cacioppo (1986) bei starken Argumenten wahrscheinlicher sein als bei schwachen Argumenten, da es für Rezipienten schwieriger ist, auf schwache Argumente zustimmende kognitive Reaktionen zu generieren als auf starke Argumente. Umgekehrt sollte eine negative Verzerrung bei schwachen Argumenten wahrscheinlicher sein als bei starken Argumenten, da es bei starken Argumenten schwieriger ist, ablehnende kognitive Reaktionen zu generieren, als bei schwachen Argumenten.

Petty und Cacioppo (1986) nehmen an, daß Rezipienten, die verzerrt verarbeiten, entweder speziell motiviert oder fähig sind, sich bestimmte Gedanken zu machen, die entweder dazu dienen, die eigene Einstellung zu untermauern oder Gegenargumente zu entkräften. Zu den möglichen Determinanten der Elaborationswahrscheinlichkeit, die eine verzerrte zentrale Verarbeitung bewirken können, zählen Petty und Cacioppo (1986) beispielsweise spezifisches Wissen über den Einstellungsgegenstand, Einstellungsschemata oder die persönliche Relevanz eines Einstellungsgegenstands. Einen Beleg für die Annahme, daß spezifisches Wissen die Fähigkeit erhöht, die eigene Einstellung gegen Gegenargumente zu schützen, liefert beispielsweise die Untersuchung von Wood (1982). Darin zeigte sich, daß Personen mit umfangreichem Wissen über Umweltschutz mehr negative kognitive Reaktionen auf Argumente generierten, die gegen Umweltschutz sprachen, als Personen mit geringem Wissen.

Untersuchungen zur Vorwarnung von Rezipienten in bezug auf eine persuasive Absicht oder in bezug auf den Inhalt einer Kommunikation belegen nach Ansicht von Petty und Cacioppo (1986), daß hohe persönliche Relevanz eine verzerrte Verarbeitung auslösen kann, die dazu dienen soll, die eigene Einstellung zu verteidigen (Cialdini & Petty, 1981; Petty & Cacioppo, 1979). Hohe persönliche Relevanz sollte vor allem dann eine verzerrte Verarbeitung wahrscheinlich machen, wenn eine gewisse Bedrohung des Selbstwerts wahrgenommen wird (Brehm, 1966; zitiert in Petty et al., 1994), ein hohes Maß an Bindung zur Einstellung besteht (Tetlock, Skitka & Boettger, 1989) oder das Bestreben nach kognitiver Konsistenz groß ist (Cialdini, Trost & Newsom, 1995; Festinger, 1957).

Ein wesentlicher Verdienst des ELM gegenüber den in den vorhergehenden Abschnitten diskutierten Modellen, insbesondere McGuires Modell der Informationsverarbeitung und dem Cognitive-Response Ansatz, ist darin zu sehen, daß es neben kognitiver Verarbeitung relevanter Inhalte periphere Prozesse der Einstellungsänderung einbezieht. Zudem erlaubt die Annahme, daß eine zentrale Verarbeitung sowohl Motivation als auch hinreichende Fähigkeiten voraussetzt, klare Vorhersagen darüber, unter welchen Umständen periphere Prozesse einen Effekt auf die Einstellung ausüben. Eine bedeutsame Rolle spielt im ELM die Qualität der Argumente, da es diese Variable erlaubt, die Richtung der kognitiven Verarbeitung zu beeinflussen. Problematisch am Konzept der Argumentqualität ist allerdings, daß kein theoretisches Kriterium vorliegt, um starke und schwache Argumente zu differenzieren, sondern auf empirischem Weg ermittelt wird, ob Argumente stark oder schwach sind. Hinzu kommt, daß sich in den meisten Untersuchungen zum ELM starke von schwachen Argumenten in ihrem Inhalt *und* in ihrer Valenz unterscheiden (Eagly & Chaiken, 1993).

So haben z.B. Petty et al. (1981) bei der Konstruktion starker Argumente andere Inhalte verwendet als bei der Konstruktion schwacher Argumente. Zudem war das Einstellungsobjekt bei starken Argumenten mit positiveren Attributen assoziiert als bei schwachen Argumenten. Damit ist eine Konfundierung von Inhalt und Valenz gegeben. Areni und Lutz (1988) schlagen vor, in bezug auf persuasive Argumente den Inhalt und die Valenz zu unterscheiden. Die Stärke eines Arguments sollte analog zu einer verhaltensbezogenen Meinung bei Fishbein und Ajzen (1981) als wahrgenommene Wahrscheinlichkeit definiert werden, mit der einem Einstellungsobjekt bestimmte Attribute zugeschrieben werden. Die Valenz eines Arguments sollte demgegenüber als Bewertung eines Attributs definiert werden (Eagly & Chaiken, 1993).

Ein weiterer kritischer Punkt bezieht sich auf die Annahme von Petty und Cacioppo (1986), daß zentrale und periphere Verarbeitung als qualitativ verschiedenartige Prozesse zu betrachten sind, die nicht parallel ablaufen sollten. Parallel bedeutet, daß beide Modi der Verarbeitung entweder additiv oder interaktiv zusammenwirken. Befunde über verzerrte zentrale Verarbeitung legen allerdings nahe, daß zentrale und periphere Prozesse in ihrem Einfluß auf die Einstellung miteinander interagieren können. Diesem Einwand begegnen Petty und Cacioppo (1986) mit der Annahme, daß einzelne Variablen multiple Funktionen ausüben können (z.B. Petty & Cacioppo, 1980) und daß vor allem bei mittlerer Elaborationswahrscheinlichkeit periphere Cues darüber entscheiden, ob kognitive Ressourcen mobilisiert werden oder nicht. Das Konzept multipler Funktionen birgt die Gefahr, daß keine eindeutige Vorhersage bezüglich des Einflusses peripherer Variablen mehr möglich ist. So hat sich in einigen Untersuchungen gezeigt, daß gerade bei hoher persönlicher Relevanz periphere Variablen die Richtung der zentralen Verarbeitung beeinflussen (Cialdini & Petty, 1981; Petty et al., 1993; Wood, 1982). Obwohl Petty und Cacioppo (1986) postulieren, daß Personen bestrebt sind, eine korrekte Einstellung zu erwerben, wurde mittlerweile eingeräumt, daß verschiedene Motive bzw. Ziele der Verarbeitung wirksam sein können (z.B. Petty et al. 1996). Allerdings werden die Bedingungen unter denen andere Motive als Accuracy verfolgt werden nicht explizit genannt, auch wenn Petty und Cacioppo (1986) vermuten, daß beispielsweise bei hoher persönlicher Relevanz und einem gewissen Grad der Bedrohung des Selbstkonzepts eine verzerrte Verarbeitung wahrscheinlicher wird.

Eine weitere Kritik am ELM (und anderen Prozeßmodellen der Einstellungsänderung) richtet sich auf die Annahme, daß eine signifikante Korrelation zwischen der Positivität kognitiver Reaktionen und der Einstellung einen Beleg dafür bieten soll, daß die Einstellung auf zentraler Verarbeitung beruht. Ein kausaler Einfluß kognitiver Reaktionen auf die Einstellung des Rezipienten wird von einigen Autoren bezweifelt (Areni & Lutz, 1988; Killeya & Johnson, 1998; Romero et al. 1996). So wenden beispielsweise Romero et al. (1996) ein, daß substantielle Korrelationen zwischen der Positivität kognitiver Reaktionen und der Einstellung ebenso bedeuten können, daß Rezipienten bestrebt sind, ihre Einstellung zu rechtfertigen. Die Manipulation der Qualität der Argumente vermeidet wohlgemerkt die Frage der Kausalität.

2.5 Das Heuristisch-Systematische Modell

Das Heuristisch-Systematische Modell von Chaiken (1980, 1987) ist ebenso wie das ELM (Petty & Cacioppo, 1981, 1986) ein Zwei-Prozeß Modell der Einstellungsänderung. Das HSM unterscheidet sich jedoch vom ELM in mehreren Punkten, die im folgenden herausgearbeitet werden.

Chaiken (1980) konzipierte das HSM anfänglich unter der Annahme, daß Personen bestrebt sind, zu einer sachlich richtigen Einstellung zu gelangen. Aus diesem sogenannten *Accuracy*-Motiv heraus bemüht man sich, die Gültigkeit einer kommunizierten Einstellungsposition (*conclusion*) zu beurteilen. Diesem Accuracy-Motiv, das in den ersten Darstellungen des HSM dominierte (Chaiken 1980, 1987), wurden später (Chaiken et al., 1989) zwei weitere Motive gegenübergestellt, die die Art und Weise der Verarbeitung einstellungsrelevanter Informationen beeinflussen können. Unter *Defense*-Motivation ist das Bedürfnis zu verstehen, die eigene Einstellung zu schützen (Biek, Wood & Chaiken, 1996; Liberman & Chaiken, 1992). Dieses Motiv sollte dann aktiviert werden, wenn eine Einstellung in das Selbstkonzept einer Person eingebunden ist. Eine *Impression*-Motivation wird hingegen ausgelöst, wenn soziale Aspekte der Situation salient sind und Rezipienten mit ihrer Einstellung soziale Konsequenzen verbinden (Chaiken, Giner-Sorolla & Chen, 1996). Unabhängig davon, welches Motiv in einer bestimmten Situation dominiert, kann grundsätzlich sowohl *systematische* als auch *heuristische* Verarbeitung dem Ziel dienen, eine sachlich richtige, selbstdienliche oder sozial-adaptive Einstellung auszuformen (Chaiken et al., 1996a).

Eine *systematische* Verarbeitung, die ein Mindestmaß an Motivation und Fähigkeit des Rezipienten voraussetzt, schließt nach Chaiken et al. (1989) kognitive Prozesse ein, die dazu dienen, alle für die eigene Einstellung relevant erscheinenden Informationen kritisch zu beleuchten und ihrer Bedeutung entsprechend bei der Bildung oder Änderung der Einstellung einzubeziehen:

> "... a comprehensive, analytic orientation in which perceivers access and scrutinize all informational input for its relevance and importance to their judgment task, and integrate all useful information in forming their judgments" (p. 212).

Bei einer *heuristischen* Verarbeitung werden hingegen weniger die Inhalte einer Kommunikation reflektiert, sondern einfache Entscheidungsregeln oder kognitive Heuristiken angewendet, um die Gültigkeit einer Schlußfolgerung zu beurteilen (Chaiken, 1980). Nach Chaiken et al. (1989) hängt die Einstellung von Rezipienten bei heuristischer Verarbeitung davon ab, welche Implikationen externe Hinweisreize für die Gültigkeit einer Schlußfolgerung haben:

> "... people focus on that subset of available information that enables them to use simple inferential rules, schemata, or cognitive heuristics to formulate their judgments and decisions" (p.213).

Nach Chaiken (1987) werden Heuristiken durch entsprechende Hinweisreize aktiviert, die entweder dem Kommunikator oder der Kommunikation zugeordnet werden können. Heuristiken können sich beispielsweise auf den Expertisegrad des Kommunikators oder die Sympathie mit dem Kommunikator beziehen (*"people agree with people they like"*). Auch kontextbezogene Hinweisreize können einfache Entscheidungsregeln aktivieren, die Implikationen für die eigene Einstellung aufweisen, beispielsweise *Konsensus*-Information (“*if other people think the message is correct then it is probably valid*“) oder die Anzahl an Argumenten einer Kommunikation (“*length implies strength*“).

Es wurde bereits angedeutet, daß Rezipienten über kognitive Heuristiken verfügen müssen, damit heuristische Verarbeitung überhaupt erfolgen kann. Darüber hinaus erhöht sich die Wahrscheinlichkeit mit der kognitive Heuristiken verwendet werden, je salienter oder auffälliger die heuristischen Hinweisreize sind, mit denen kognitive Heuristiken assoziiert sind (Chaiken, 1987). So haben beispielsweise Chaiken und Eagly (1983; zitiert in Chaiken, 1987) die Salienz eines Sympathie-Hinweisreizes in bezug auf den Kommunikator variiert, indem der Kommunikator entweder in einem Video bzw. auf einem Tonband (saliente Bedingungen) oder in schriftlicher Form (nicht-saliente Bedingung) dargestellt wurde. In dieser Untersuchung zeigte sich, daß in den salienten Bedingungen ein sympathischer Kommunikator mehr Zustimmung zur Kommunikation auslöste als ein unsympathischer, während dieser Effekt der Sympathie-Heuristik in der nicht-salienten Bedingung nicht auftrat. In den salienten Bedingungen machten sich die Rezipienten zudem mehr Gedanken über den Kommunikator als in der nicht-salienten Bedingung. Chaiken (1987) resümiert allerdings, daß nur wenige bestätigende Befunde zu einem Einfluß der Salienz von Hinweisreizen auf die tatsächliche Verwendung der entsprechenden Heuristiken vorliegen.

Eine systematische Verarbeitung relevanter Informationen wird nach Chaiken et al. (1989) nur dann initiiert, wenn Rezipienten sowohl hinreichend motiviert als auch hinreichend fähig sind. Demgegenüber sollte eine heuristische Verarbeitung vor allem dann erfolgen, wenn Rezipienten unmotiviert sind, da die Verwendung von Heuristiken mit einem geringeren kognitiven Aufwand verbunden ist als systematische Verarbeitung (Chaiken, 1980):

> “A functional perspective suggests that recipients will employ a systematic strategy when reliability concerns outweigh economic concerns, and a heuristic strategy when economic concerns predominate“ (p. 754).

Diese ökonomisch-funktionale Sichtweise betont, daß Personen im allgemeinen dazu tendieren, für bestimmte Aufgaben so wenig geistigen Aufwand wie nötig zu betreiben. Wenn jedoch entweder der Einstellungsgegenstand persönlich bedeutsam ist oder Rezipienten bedeutsame Konsequenzen mit einer Einstellung assoziieren, sollten sich Rezipienten für eine systematische Strategie der Verarbeitung entscheiden (Chaiken, 1980). Nach Chaiken (1980) ergibt sich die Wahl der Verarbeitungsstrategie aus einem Vergleichsprozeß, bei dem der Beweggrund, kognitive Ressourcen ökonomisch einsetzen zu wollen und das Streben nach einer hinreichenden Verläßlichkeit der Einstellung gegeneinander abgewogen werden. Chaiken et al. (1989) haben die motivationalen Voraussetzungen für systematische und heuristische Verarbeitung mit ihrem sogenannten *Suffizienz*-Prinzip präzisiert (vgl. Bohner, Moskowitz & Chaiken, 1995).

Dieses Prinzip besagt, daß Personen bestrebt sind, einen hinlänglichen Grad an Sicherheit in bezug auf die eigene Einstellung zu erreichen. Da es nach Auffassung von Chaiken et al. (1989) unrealistisch ist, eine völlige Sicherheit in bezug auf Einstellungen zu erreichen, spiegelt die*angestrebte* Sicherheit der Einstellung einen Wert wider, der subjektiv als hinlänglich empfunden wird. Dieser angestrebten Sicherheit steht die *tatsächliche*, d.h. in einer bestimmten Situation empfundene Sicherheit bezüglich der eigenen Einstellung gegenüber, die nach Ansicht von Chaiken et al. (1989) als unabhängig von der angestrebten Sicherheit zu betrachten ist. Nach dem Suffizienzprinzip ist eine Person motiviert, systematisch zu verarbeiten, wenn die tatsächliche Sicherheit die angestrebte Sicherheit unterschreitet. Ist die tatsächliche Sicherheit jedoch höher als die angestrebte Sicherheit, so fällt die Motivation zu systematischer Verarbeitung gering aus, da bereits ein hinlänglicher Grad an Sicherheit in bezug auf eine Einstellung gegeben ist. Die Motivation zu systematischer Verarbeitung ist demnach eine Funktion der Diskrepanz von angestrebter und tatsächlicher Sicherheit.

Die Annahme, daß die Motivation zu systematischer Verarbeitung von dem Verhältnis der angestrebten und tatsächlichen Sicherheit abhängt, erlaubt es, verschiedene situative und differentielle Einflüsse auf die Motivation zu systematischer Verarbeitung unter ein Konzept zu subsumieren. Chaiken et al. (1989) postulieren, daß sich beispielsweise durch eine hohe persönliche Bedeutsamkeit eines Einstellungsgegenstands oder durch hohes Need for Cognition (Cacioppo & Petty, 1982) die angestrebte Sicherheit erhöht und damit die Diskrepanz von angestrebter und tatsächlicher Sicherheit vergrößert wird. Auf der anderen Seite sollte sich die Motivation erhöhen, wenn die tatsächliche Sicherheit der Einstellung aufgrund bestimmter Umstände niedrig ausgeprägt ist.

In der Untersuchung von Maheswaran und Chaiken (1991) wurde die Hypothese überprüft, daß Personen, für die ein Einstellungsgegenstand nur eine geringe persönliche Relevanz hat, bei *Inkongruenz* von Konsensus-Information und Argumenten eher zu systematischer Verarbeitung motiviert sein sollten als bei Kongruenz, da bei Inkongruenz die tatsächliche Sicherheit der Einstellung geringer sein sollte als bei Kongruenz. Inkongruenz wurde bei Maheswaran und Chaiken (1991) erzeugt, indem positiven Argumenten zu einem unvertrauten Einstellungsobjekt (Anrufbeantworter) der heuristische Hinweis gegenübergestellt wurde, daß nur eine Minderheit von Konsumenten (3%) mit dem Produkt zufrieden sei bzw. negative Argumente mit dem Hinweis verknüpft wurden, daß die Mehrheit (81%) mit dem Produkt zufrieden sei. Maheswaran und Chaiken (1991) konnten zeigen, daß *unmotivierte* Personen bei Inkongruenz eine geringere tatsächliche Sicherheit der Einstellung aufwiesen als bei Kongruenz und relevante Argumente intensiver verarbeiteten.

Bei der Bildung neuer Einstellungen zu unvertrauten Einstellungsobjekten konnte gezeigt werden, daß die tatsächliche Sicherheit der Einstellung bei evaluativer *Inkonsistenz* relevanter Attribute geringer ausfällt als bei evaluativer Konsistenz (Jonas et al., 1997). In der Studie von Jonas et al. (1997) wurde ein fiktives Haarshampoo anhand von vier Attributen beschrieben. In der evaluativ inkonsistenten Bedingung waren zwei der vier Attribute positiv ausgeprägt (z.B. "sehr gute Wirksamkeit") und zwei Attribute negativ (z.B. "Allergen Kathon enthalten"). In der konsistent-positiven Bedingung waren hingegen alle vier Attribute positiv und in der konsistent-negativen Bedingung alle vier Attribute negativ ausgeprägt. In der inkonsistenten Bedingung wurden relevante Attribute intensiver verarbeitet als in den beiden konsistenten Bedingungen. Über die drei Bedingungen hinweg zeigte sich zudem eine signifikante Korrelation zwischen der Diskrepanz von angestrebter und tatsächlicher Sicherheit und den kognitiven Reaktionen auf die Attribute.

Chaiken et al. (1989) betonen, daß systematische und heuristische Prozesse parallel ablaufen können und sich nicht gegenseitig ausschließen. Das bedeutet, daß Personen, die aufgrund einer Diskrepanz von angestrebter und tatsächlicher Verarbeitung motiviert sind, nicht notwendigerweise auf heuristische Verarbeitung verzichten. Aus dem Suffizienzprinzip folgt vielmehr, daß eine heuristische Verarbeitung stattfindet, solange durch sie ein erwünschter Grad an Sicherheit in bezug auf eine Einstellung erreicht werden kann. Wenn jedoch für eine Person erkennbar ist, daß durch heuristische Verarbeitung allein keine subjektiv hinreichende Sicherheit der Einstellung erreicht werden kann, sollte systematische Verarbeitung initiiert werden (Chaiken et al., 1989):

> "The sufficiency principle implies that if a less effortful mode of processing does not afford a sufficiently confident judgment, a more effortful mode will be invoked. It therefore suggests the validity-seeking message recipients will engage in greater amounts of systematic processing when heuristic processing cannot occur, or, more importantly, when heuristic processing confers insufficient judgmental confidence" (p.221).

Aus der Annahme, daß die Motivation zu systematischer Verarbeitung eine Funktion der Diskrepanz von angestrebter und tatsächlicher Sicherheit der Einstellung ist, läßt sich nach Ansicht von Chaiken et al. (1989) ableiten, daß eine systematische Verarbeitung um so wahrscheinlicher wird, je stärker die tatsächliche Sicherheit die Suffizienzschwelle unterschreitet, da systematische Verarbeitung mit einer höheren Wahrscheinlichkeit als heuristische Verarbeitung dazu führt, daß der angestrebte Grad an Sicherheit erreicht wird. Wenn beispielsweise die persönliche Bedeutsamkeit eines Einstellungsobjekts hoch ist, wird die Suffizienzschwelle entsprechend höher liegen und die daraus resultierende Diskrepanz kann Chaiken et al. (1989) zufolge eher durch systematische Verarbeitung verringert werden. Eine Einstellung sollte hingegen eher durch heuristische Verarbeitung beeinflußt werden, wenn die Diskrepanz gering ist. Je geringer die Diskrepanz ausfällt, desto wahrscheinlicher ist es, daß allein durch heuristische Verarbeitung die angestrebte Sicherheit erreicht wird.

Wie bereits gesagt wurde, setzt systematische Verarbeitung nicht nur hinreichende Motivation voraus, sondern auch die dafür notwendigen Fähigkeiten. Deshalb ist bei geringen Fähigkeiten zu erwarten, daß eher heuristisch verarbeitet wird. Chaiken (1987) nennt zwei Gründe dafür, warum Heuristiken eine Einstellung bei geringer Fähigkeit in stärkerem Maße beeinflussen als bei hoher Fähigkeit. Zum einen sollten Einflüsse, die die Fähigkeit zu systematischer Verarbeitung verringern (z.B. Ablenkung) nicht notwendigerweise verhindern, daß Heuristiken durch Hinweisreize aktiviert werden, da heuristische und systematische Verarbeitung parallel ablaufen können. Zum anderen könnten sich Rezipienten mit geringer Fähigkeit bewußt für eine heuristische Strategie entscheiden, da sie grundsätzlich bestrebt sind, die Gültigkeit einer Schlußfolgerung einzuschätzen (Chaiken, 1987).

Mögliche Gründe für eine geringe Fähigkeit zu systematischer Verarbeitung können nach Chaiken (1987), neben situativen Einflüssen wie Ablenkung, in einem geringen Wissen über einen Einstellungsgegenstand liegen (vgl. Wood, 1982). In einer Untersuchung von Wood, Kallgren und Preisler (1985) wurden die Versuchsteilnehmer in bezug auf ihre Fähigkeit, relevante Wissenselemente aus dem Gedächtnis aktivieren zu können (*working knowledge*), in zwei Gruppen mit wenig vs. viel Wissen unterteilt. Manipuliert wurde außerdem die Qualität von Argumenten sowie die Anzahl an Argumenten (Hinweisreiz). In der Untersuchung von Wood et al. (1985) zeigte sich entsprechend der Vorhersage aus dem HSM, daß die Einstellung von Personen mit wenig Wissen durch den heuristischen Hinweisreiz beeinflußt wurde, nicht aber durch die Qualität der Argumente, während es sich bei Personen mit viel Wissen umgekehrt verhielt.

Obwohl Chaiken et al. (1989) betonen, daß prinzipiell sowohl der systematische als auch der heuristische Modus in den Dienst eines der drei postulierten Motive gestellt werden kann und der heuristische Modus unter bestimmten Bedingungen ebenso effektiv wie der systematische Modus sein kann, haben eine Reihe von Untersuchungen ergeben, daß heuristische Effekte auf die Einstellung oftmals durch systematische Verarbeitung dramatisch abgeschwächt werden. Diese Abschwächung (*attenuation*) ist nach Chaiken et al. (1989) jedoch kein Beleg gegen die Annahme parallel ablaufender Modi. Wenn Heuristiken dieselbe Einstellung implizieren wie kognitive Reaktionen, können heuristische und systematische Verarbeitung additive Effekte auf die Einstellung haben. Einen solchen additiven Effekt konnten beispielsweise Maheswaran und Chaiken (1991) nachweisen. In dieser Untersuchung wurde neben der Kongruenz von Argumenten und heuristischem Hinweisreiz (Konsensus-Information) auch die Involviertheit, d.h. die Motivation der Rezipienten manipuliert. Bei hoher Involviertheit und Kongruenz trat neben dem Einfluß der systematischen Verarbeitung ein Effekt der Konsensus-Information auf, aber nicht bei hoher Involviertheit und Inkongruenz. Maheswaran und Chaiken (1991) nehmen an, daß bei Kongruenz eine heuristische Strategie ebenso dem Ziel dient, zu einer sicheren Einstellung zu gelangen, während bei Inkongruenz die Heuristik weniger verläßlich ist als die systematische Verarbeitung.

Um den unterschiedlichen Einfluß von systematischer und heuristischer Verarbeitung auf die Einstellung besser nachvollziehen zu können, ist es nach Chaiken (1987) wichtig, den Unterschied zwischen einer Zustimmung zu der Schlußfolgerung einer Kommunikation (z.B. "Solarstrom ist besser als Atomstrom") und einer Zustimmung zu einzelnen Argumenten (z.B. "Solarstrom birgt weniger Risiken für die Gesundheit, weil keine radioaktive Strahlung auftritt") hervorzuheben. Bei der systematischen Verarbeitung ändert sich eine Einstellung in Abhängigkeit davon, wieviel zustimmende kognitive Reaktionen auf die in einer Kommunikation enthaltenen Argumente erfolgen. Deshalb führen starke Argumente zu einer positiveren Einstellung als schwache Argumente, vorausgesetzt, daß hinreichend Motivation und Fähigkeit für eine systematische Verarbeitung vorhanden sind. Bei der heuristischen Verarbeitung beeinflussen Variablen wie die Vertrauenswürdigkeit des Kommunikators hingegen direkt die Bereitschaft, die Schlußfolgerung zu akzeptieren (Chaiken, 1987). Aus diesem Grund sollte die Qualität der Argumente unter dem heuristischen Modus keinen Effekt auf die Einstellung haben.

Sowohl additive als auch attenuative Effekte belegen ein paralleles Operieren des heuristischen und des systematischen Modus. Eine weitere mögliche Spielart, in der diese beiden Modi zusammenwirken können, ist verzerrte Verarbeitung (Chaiken & Maheswaran, 1994; Chen, Shechter & Chaiken, 1996; Giner-Sorolla & Chaiken, 1997). Verzerrte Verarbeitung einstellungsrelevanter Informationen kann prinzipiell bei jedem der drei Motive (Accuracy, Defense und Impression) auftreten. Verzerrung bedeutet, daß die systematische Verarbeitung die Einstellung oder die Zustimmung zu einer persuasiven Kommunikation in einer bestimmten Richtung verändert, so daß sie von einer Einstellung abweicht, die infolge objektiver Verarbeitung zu erwarten wäre (Chaiken et al., 1989). Für eine verzerrte Verarbeitung können sowohl kognitive als auch motivationale Faktoren verantwortlich sein.

In der Untersuchung von Chaiken und Maheswaran (1994) wurde die Hypothese untersucht, daß ein heuristischer Hinweisreiz unter dem Accuracy-Motiv die systematische Verarbeitung verzerrt, wenn einstellungsrelevante Informationen zu einem unvertrauten Objekt uneindeutig in bezug auf Einstellung sind. Chaiken und Maheswaran (1994) sprechen in diesem Fall von ambiger Information. Ambig bedeutet demnach, daß das Einstellungsobjekt sowohl positive als auch negative Attribute aufweist. Jedes einzelne Attribut weist eine eindeutige evaluative Implikation auf, aber zusammengenommen sind sie uneindeutig in bezug auf die Einstellung. Chaiken und Maheswaran (1994) variierten die persönlichen Bedeutsamkeit des Einstellungsobjekts (Motivation: niedrig vs. hoch), die Vertrauenswürdigkeit des Kommunikators (gering vs. hoch) und die Ambiguität der Attribute (nicht-ambig-schwach, nicht-ambig-stark und ambig). In Pfadanalysen zeigte sich, daß nur in der Bedingung mit hoher Motivation und ambiger Information die Vertrauenswürdigkeit des Kommunikators einen signifikanten Einfluß auf die Positivität der kognitiven Reaktionen hatte. Dieses Ergebnis belegt den verzerrenden Einfluß des heuristischen Hinweisreizes auf die systematische Verarbeitung und stellt ein Beispiel für eine kognitiv verursachte Verzerrung dar.

Eine motivational bedingte Verzerrung kann hingegen auftreten, wenn Personen bestrebt sind, eine hohe Sicherheit der eigenen Einstellung zu erreichen und die Einstellung gleichzeitig in einer persönlich bevorzugten Richtung auszuformen oder zu bewahren. Dieses Defense-Motiv sollte zu einer Verzerrung der systematischen Verarbeitung führen, wenn man sich mit neuen oder zur eigenen

Einstellung inkonsistenten Informationen oder Argumenten auseinandersetzt (Chaiken et al., 1996). Giner-Sorolla und Chaiken (1997) variierten die Kongruenz eines heuristischen Hinweisreizes (Meinungsumfrage) mit der bestehenden Einstellung zu schriftlichen Examensprüfungen. Bei Kongruenz deckte sich das Ergebnis der Meinungsumfrage mit der bestehenden Einstellung und bei Inkongruenz stand das Ergebnis der Meinungsumfrage im Widerspruch zu der bestehenden Einstellung (ein Teil der Versuchsteilnehmer wies eine neutrale Einstellung auf). Alle Versuchsteilnehmer wurden mit einer schriftlichen Kommunikation konfrontiert, die sowohl Pro- als auch Kontra-Argumente beinhaltete.

Giner-Sorolla und Chaiken (1997) nehmen an, daß der heuristische Hinweisreiz bei Kongruenz einen signifikanten Einfluß auf die Einstellung haben sollte, während bei Inkongruenz die Einstellung allein von der systematischen Verarbeitung abhängen sollte. Es zeigte sich zum einen, daß bei Inkongruenz die Verläßlichkeit des Hinweisreizes geringer eingeschätzt wurde als bei Kongruenz und die Einstellung bei Inkongruenz durch die kognitiven Reaktionen beeinflußt wurde, nicht aber durch den Hinweisreiz. Entgegen der Hypothese beeinflußte die wahrgenommene Verläßlichkeit des Kommunikators in der kongruenten Bedingung die Einstellung nicht signifikant. Zum anderen zeigte sich, daß bei einer positiven anfänglichen Einstellung die kognitiven Reaktionen im Vergleich zu einer neutralen Einstellung positiver ausfielen und bei einer negativen anfänglichen Einstellung negativer. Obwohl diese Untersuchung keinen Beleg dafür erbrachte, daß Hinweisreize unter dem Defense-Motiv die (geänderte) Einstellung bestimmen, wenn sie gleichsinnig wie die anfängliche Einstellung sind, bestätigt diese Untersuchung, daß die systematische Verarbeitung Bemühungen widerspiegeln kann, die bestehende Einstellung zu schützen.

Die Untersuchung von Chen et al. (1996) liefert Evidenz dafür, daß unter dem Impression-Motiv systematische Verarbeitung verzerrt sein kann. Chen et al. (1996) nehmen an, daß das Bedürfnis, sich sozial-adaptiv zu geben oder zu verhalten (vgl. Katz, 1960), zu einer motivational bedingten Verzerrung der systematischen Verarbeitung führen kann. In dieser Untersuchung (Experiment 2) wurde entweder das Accuracy-Motiv oder das Impression-Motiv durch eine priming-Prozedur aktiviert und die Einstellung eines potentiellen Interaktionspartners variiert (Pro- vs. Kontra). Unter dem Impression-Motiv zeigte sich, daß die Positivität der kognitiven Reaktionen und die Einstellung durch die Einstellung des Interaktionspartners bestimmt wurde, während die Einstellung des Interaktionspartners unter dem Accuracy-Motiv keinen Effekt auf die Einstellung hatte. Pfadanalysen getrennt nach Motiven belegen direkt, daß die Einstellung des Interaktionspartners nur unter dem Impression-Motiv die Positivität der kognitiven Reaktionen beeinflußte und letztere die Einstellung.

Einen Beleg dafür, daß kognitive und motivationale Faktoren gemeinsam für eine verzerrte Verarbeitung verantwortlich sein können, liefert die Untersuchung von Biek et al., (1996). In dieser Untersuchung wurden die Versuchsteilnehmer daraufhin unterschieden, wieviel relevantes Wissen sie zu einem Einstellungsthema (AIDS-Prävention) hatten und wie stark ihre Angst vor AIDS war. Den

Versuchsteilnehmern wurden vier schriftliche Szenarien zu Risikoverhalten vorgegeben, die jeweils von zwei fiktiven Forschern als wenig bzw. sehr riskant beurteilt wurden. Eine verzerrte Verarbeitung der Szenarien ließ sich erwartungsgemäß nur in der Bedingung mit viel Wissen und hoher Angst beobachten. Die Verzerrung äußerte sich darin, daß in dieser Bedingung im Vergleich zu den anderen Bedingungen das Risiko höher eingeschätzt wurde, wenn die Einstellung zur AIDS-Prävention positiv war und geringer, wenn die Einstellung negativ war. Biek et al. (1996) betrachten dieses Ergebnis als Beleg dafür, daß Angst das Bedürfnis aktiviert, die eigene Einstellung zu schützen und diese Defense-Motivation im Zusammenspiel mit umfangreichem Wissen über den Einstellungsgegenstand tatsächlich zu einer selbstdienlichen, verzerrten Verarbeitung führen kann.

Zusammenfassung

In diesem Kapitel wurden zunächst Modelle der Einstellungsänderung vorgestellt, die sich auf eine kognitive Verarbeitung konzentrieren, die mit geistiger Anstrengung verbunden ist und zumindest implizit hinreichende Motivation und Fähigkeit voraussetzt. Die vermittelnde Rolle kognitiver Reaktionen bei der Änderung von Einstellungen wurde dabei herausgearbeitet. In den späteren Zwei-Prozeßmodellen der Einstellungsänderung wird zwischen einer zentralen bzw. systematischen und einer peripheren bzw. heuristischen Verarbeitung unterschieden. Der periphere bzw. heuristische Modus wird bedeutsam, wenn die Motivation oder die Fähigkeit des Rezipienten gering ist. Unter diesem Modus wirken sich Einflüsse wie beispielsweise die Vertrauenswürdigkeit des Kommunikators direkt auf die Einstellung aus. Als Beleg für eine zentrale bzw. systematische Verarbeitung kann der Einfluß der Qualität von Argumenten einer persuasiven Kommunikation auf die Einstellung betrachtet werden. Ein solcher Einfluß sollte vor allem bei hoher Motivation und hoher Fähigkeit auftreten. Es wurden verschiedene Motive beschrieben, die zu einer objektiven oder verzerrten Verarbeitung einstellungsrelevanter Informationen führen können.

III. Sozial-Kognitive Theorie

In den Abschnitten über Modelle der Einstellungsänderung wurden Annahmen über die Motivation zu zentraler bzw. systematischer Verarbeitung einstellungsrelevanter Informationen dargestellt. Die sozial-kognitive Theorie von Bandura (1977, 1986, 1997) behandelt motivationale Konzepte, aus denen die Aktivierung, Intensität und Aufrechterhaltung von Verhalten vorhergesagt werden können. Mit der Darstellung der sozial-kognitiven Theorie wird das Ziel verfolgt, mögliche motivationale Einflüsse auf die kognitiven Prozesse bei der Bildung und Änderung von Einstellungen aufzuzeigen.

3.1 Selbstregulation des Verhaltens

Nach Ansicht von Bandura (1986) unterliegt eine Vielzahl von Verhaltenweisen kognitiver Selbstregulation. Selbstregulation ist als aktiver Prozeß zu verstehen, bei dem Verhaltensdomänen ausgewählt, Handlungsentwürfe vorgenommen, erwünschte und unerwünschte Verhaltenskonsequenzen antizipiert und persönliche Standards definiert werden (Bandura, 1992). Die Bandbreite des Verhaltens, das prinzipiell durch Selbstregulationsprozesse beeinflußbar ist, reicht von dysfunktionalem Verhalten (Phobien, Sucht) über somatische Prozesse (physiologisches Arousal, Schmerztoleranz) hin zu zielgerichtetem Verhalten (schulische, berufliche oder sportliche Leistungen).

Grundlegend für eine Reihe von Motivationstheorien ist die Unterscheidung von Verhalten und Verhaltenskonsequenzen, sowie die Annahme, daß Verhalten unter interner und externer Kontrolle stehen kann. Motivation wird in den sogenannten Wert-Erwartungs-Ansätzen (Atkinson, 1964; Feather, 1982; Vroom, 1964) als multiplikative Funktion der subjektiven Erwartung, daß ein Verhalten zu bestimmten Konsequenzen führt und der subjektiven Bewertung dieser Konsequenzen betrachtet. Die Wahrscheinlichkeit, mit der bestimmte Konsequenzen infolge eines Verhaltens eintreten, darf nicht mit der Bewertung dieser Konsequenzen gleichgesetzt werden. Unter der Wertkomponente ist die subjektive Bewertung einer Konsequenz zu verstehen (Eagly & Chaiken, 1984; Feather, 1959; Fishbein & Ajzen, 1975; Maddux, Norton & Stoltenberg, 1986).

Die Unterscheidung von Erwartung und Bewertung sei an einem Beispiel verdeutlicht. Beim Hochsprung bezieht sich die *Ergebniserwartung* auf die subjektive Wahrscheinlichkeit, mit der bei einem Sprung über zwei Meter eine Medaille gewonnen wird. Die Bewertung des Ergebnisses "Medaille gewinnen“ ist von dieser Erwartung unabhängig. Eine positive Bewertung dieses Ergebnisses könnte darauf begründet sein, daß mit dem Gewinn der Medaille soziales Prestige, Preisgeld und Werbeeinnahmen verbunden sind. Je höher die subjektive Wahrscheinlichkeit und je positiver die Bewertung des Ergebnisses ist, desto höher ist die Motivation.

Mit dem Konzept der *Kontrollüberzeugung* beschreibt Rotter (1966) die subjektive Überzeugung, daß ein bestimmtes Verhalten unter interner oder externer Kontrolle steht. Interne Kontrollüberzeugung bedeutet, daß ein Individuum glaubt, mit seinem Verhalten das Eintreten oder Ausbleiben von Verhaltenskonsequenzen kontrollieren zu können. Eine externe Kontrollüberzeugung spiegelt hingegen die Überzeugung wider, daß externe Ursachen für Eintreten oder Ausbleiben von Verhaltenskonsequenzen verantwortlich sind. Für die Selbstregulation ist eine interne Kontrollüberzeugung entscheidend.

Nach Bandura (1986) ist eine Selbstregulation des Verhaltens um so erfolgversprechender, je eher die Konsequenzen als verhaltensabhängig wahrgenommen werden. Selbstreferenzielle Prozesse wie die Bewertung des eigenen Verhaltens im Zusammenhang mit selbstgesetzten Zielen oder Standards wirken auf die Motivation, indem Zufriedenheit, Erfolgserleben usw. an das Erreichen von Zielen und Standards bzw. das erfolgreiche Ausführen eines Verhaltens geknüpft werden. Die Aktivierung und die Aufrechterhaltung eines Verhaltens hängen entscheidend davon ab, ob man sich selbst in der Lage sieht, ein bestimmtes Verhalten erfolgreich ausüben zu können.

3.2 Wahrgenommene Selbstwirksamkeit (self-efficacy)

Ob und mit welcher Intensität ein bestimmtes Verhalten ausgeführt und wie lange es aufrechterhalten wird, hängt nach Ansicht von Bandura (1977) entscheidend von der wahrgenommenen Selbstwirksamkeit (*self-efficacy*) ab. Unter *wahrgenommener Selbstwirksamkeit* oder auch Wirksamkeitserwartung ist die Überzeugung zu verstehen, daß man ein bestimmtes Verhalten erfolgreich ausführen kann (Bandura, 1977, p. 193): "...the conviction, that one can successfully execute the behavior required to produce the outcomes." Der motivationale Einfluß der wahrgenommenen Selbstwirksamkeit besteht vor allem darin, daß bei hoher wahrgenommener Selbstwirksamkeit mehr Anstrengung in die Verhaltensausführung investiert wird, vorausgesetzt, daß notwendige Fertigkeiten tatsächlich vorhanden sind (Bandura & Cervone, 1983; Locke & Latham, 1990). Zudem werden bei hoher wahrgenommener Selbstwirksamkeit höhere persönliche Ziele gesetzt als bei geringer Selbstwirksamkeit (Locke, Frederick, Lee, & Bobko, 1984).

Die *Höhe* der wahrgenommenen Selbstwirksamkeit kann innerhalb einer Person in bezug auf ein bestimmtes Verhalten variieren (Bandura, 1977). Bei einer geringen Aufgabenschwierigkeit, z.B. im Weitsprung über drei Meter zu springen, wird die wahrgenommene Selbstwirksamkeit höher ausfallen als bei einer hohen Aufgabenschwierigkeit, (z.B. über neun Meter zu springen). Die *Stärke* der wahrgenommenen Selbstwirksamkeit bezüglich eines bestimmten Verhaltens hängt von der Häufigkeit ab, mit der die erfolgreiche Ausführung des Verhaltens gelang. Mißerfolge infolge einer Überschätzung der wahrgenommenen Selbstwirksamkeit sollten zu einer entsprechenden Korrektur führen (Bandura, 1977). Bei der standardmäßigen Operationalisierung der wahrgenommenen Selbstwirksamkeit wird zwischen der Höhe und der Stärke der wahrgenommenen Selbstwirksamkeit differenziert.

Zu verschiedenen Schwierigkeitsgraden (Höhe) eines bestimmten Verhaltens wird der Grad der Überzeugung (Stärke) erfragt. Bezüglich jeder Schwierigkeitsstufe muß angegeben werden, wie sicher man sich ist, in der Lage zu sein, dieses Verhalten erfolgreich ausführen zu können (Bandura & Cervone, 1983; Locke et al., 1984). Die wahrgenommene Selbstwirksamkeit wird anschließend als Mittelwert der Einschätzungen berechnet (Lee & Bobko, 1994). Dies sei an einem Beispiel verdeutlicht. Wenn das Verhalten z.B. darin besteht, sich einem phobischen Objekt anzunähern, variiert die Schwierigkeit dieser Aufgabe entsprechend der Entfernung zum Objekt (z.B. 10 Meter = leicht, 5 Meter = mittel, 1 Meter = schwer). Bezüglich jeder Schwierigkeitsstufe soll auf einer Skala von *sehr unsicher* bis *sehr sicher* angegeben werden, wie sicher man sich ist, sich bis auf 10 (5 oder 1) Meter an das Objekt annähern zu können.

In der Forschung zur Korrespondenz von Einstellung und Verhalten wird die wahrgenommene Selbstwirksamkeit als mögliche Determinante der Verhaltensintention betrachtet (Terry & O'Leary, 1995). Im Rahmen der Theorie des geplanten Verhaltens (Ajzen, 1988; Ajzen & Madden, 1986) konnten Terry und O'Leary (1995) zeigen, daß die wahrgenommene Selbstwirksamkeit in bezug auf sportliche Aktivität ein signifikanter Prädiktor der Verhaltensintention war, sportliches Verhalten auszuführen. Die wahrgenommene Selbstwirksamkeit wurde für ein bestimmtes Verhalten mit verschiedenen Skalen erfaßt, beispielsweise auf einer Skala von 1 (*sehr leicht*) bis 7 (*sehr schwer*) bezüglich der Aussage "Mir persönlich wird es ... fallen, in den nächsten 14 Tagen wenigstens dreimal pro Woche für mindestens 20 Minuten Sport zu treiben".

Ein wichtiges Prinzip bei der Vorhersage des Verhaltens ist die Kongruenz von wahrgenommener Selbstwirksamkeit und Verhalten. Unter Kongruenz ist zu verstehen, daß die wahrgenommene Selbstwirksamkeit in bezug auf eine bestimmte Verhaltensweise, also verhaltensspezifisch konzipiert wird. Wenn beispielsweise das Verhalten Hochsprung ist, sollte sich die wahrgenommene Selbstwirksamkeit nicht auf Leichtathletik, sondern den Hochsprung beziehen (Bandura, 1986). Das Prinzip der Kongruenz entspricht im wesentlichen dem Korrespondenzprinzip bei Ajzen und Fishbein (1977). Eine enge Beziehung von wahrgenommener Selbstwirksamkeit und Verhalten ist nur zu erwarten, wenn die für eine Verhaltensausführung erforderlichen Fertigkeiten vorhanden sind, die Konsequenzen durch das Verhalten beeinflußbar sind und die wahrgenommene Selbstwirksamkeit verhaltensspezifisch erfaßt wird (Bandura, 1989).

Im wesentlichen lassen sich vier Einflüsse auf die wahrgenommene Selbstwirksamkeit unterscheiden: Eigene direkte Erfahrung, stellvertretende Erfahrung, verbale Überredung und emotionale Erregung (Bandura, 1977, 1986). Die konkrete Erfahrung, ein bestimmtes Verhalten erfolgreich ausgeführt zu haben, stellt nach Bandura (1986, 1989) die wichtigste Quelle der wahrgenommenen Selbstwirksamkeit dar. Erfolgserlebnisse erhöhen die wahrgenommene Selbstwirksamkeit und Mißerfolge verringern sie. Eine Einschätzung von Erfolg oder Mißerfolg ist allerdings nur möglich, wenn entweder durch Selbstbeobachtung oder durch Rückmeldung anderer Personen Informationen über die Verhaltensausführung vorliegen. Stellvertretende Erfahrung bezieht sich auf die beobachtete Verhaltensausführung durch andere Personen. Stellvertretende Erfahrung dürfte vor allem bei neuen, bisher nicht selbst ausgeübten Verhaltensweisen die wahrgenommene Selbstwirksamkeit beeinflussen (Bandura, 1986).

Unter verbale Überredung fallen suggestive Einflüsse anderer Personen auf die wahrgenommene Selbstwirksamkeit. So kann z.B. ein Therapeut einem Phobiker suggerieren, daß er in der Lage sei, das angstbesetzte Verhalten bis zu einem gewissen Grad auszuführen. Diese Überredung durch den Therapeuten sollte die wahrgenommene Selbstwirksamkeit des Klienten in bezug auf sein Coping-Verhalten erhöhen (Bandura & Adams, 1977). Bandura, Reese und Adams (1982) konnten zudem zeigen, daß sich die Angst bzw. die emotionale Erregung um so mehr verringert, je höher die wahrgenommene Selbstwirksamkeit in bezug auf das Coping-Verhalten ist.

Wahrgenommene Selbstwirksamkeit ist als kognitive, intervenierende Variable bei der Vorhersage von Verhalten zu betrachten (Bandura, 1997). Bandura und Jourden (1991) konnten in einer Simulation organisatorischer Entscheidungen zeigen, daß in den ersten Phasen das bisherige Verhalten ein guter Prädiktor für das künftige Verhalten war, während nach einer gewissen Erfahrung das Verhalten durch die wahrgenommene Selbstwirksamkeit und nicht länger durch das bisherige Verhalten vorhergesagt werden konnte. Trotzdem besteht prinzipiell immer eine wechselseitige Beziehung von Verhalten und wahrgenommener Selbstwirksamkeit. Das bedeutet, daß die wahrgenommene Selbstwirksamkeit nachfolgendes Verhalten determiniert und ihrerseits durch die erfolgreiche oder erfolglose Verhaltensausführung beeinflußt wird (Bandura, 1992).

3.3 Ergebniserwartung (outcome-expectancy)

Bandura (1977) versteht unter der Ergebniserwartung die subjektive Wahrscheinlichkeit, mit der ein Verhalten zu bestimmten Konsequenzen führt (vgl. Atkinson, 1964; Vroom, 1964). Die Ergebniserwartung wird nach Bandura (1986) analog zu verhaltensbezogenen Meinungen in der Einstellungsforschung operationalisiert (Fishbein & Ajzen, 1975). Zu jeder Konsequenz soll auf einer Skala von *sehr unwahrscheinlich* bis *sehr wahrscheinlich* angegeben werden, für wie wahrscheinlich man es hält, daß diese Konsequenz eintritt, wenn das entsprechende Verhalten erfolgreich ausgeführt wird. Bei mehreren Konsequenzen wird der Mittelwert der subjektiven Wahrscheinlichkeiten als Maß für die Ergebniserwartung berechnet.

Welche Konsequenzen eines Verhaltens antizipiert werden, hängt jedoch weitgehend von der wahrgenommenen Selbstwirksamkeit ab. Menschen neigen dazu, Ergebnisse als kontingent zur Verhaltensausführung zu betrachten (Bandura, 1986). Beispielsweise wird ein (subjektiv) unsicherer Autofahrer einen möglichen Unfall oder Verletzungen antizipieren, während ein (subjektiv) sicherer Autofahrer Fahrspaß erwartet. Bezüglich Verhaltensweisen, bei denen Konsequenzen dem Verhalten inhärent oder aufgrund sozialer Regeln sehr eng an das Verhalten gekoppelt sind, lassen sich die wahrgenommene Selbstwirksamkeit und die Ergebniserwartung nur sehr bedingt voneinander trennen (Bandura, 1986). Diese Abhängigkeit hat zur Folge, daß bei der Vorhersage des Verhaltens die Ergebniserwartung über den Einfluß der wahrgenommenen Selbstwirksamkeit hinaus keinen nennenswerten Beitrag leisten wird. Ein zusätzlicher, über die wahrgenommene Selbstwirksamkeit hinausgehender Beitrag der Ergebniserwartung ist hingegen zu erwarten, wenn die Güte einer Verhaltensausführung nur locker mit bestimmten Ergebnissen verbunden ist oder wenn bestimmte Ergebnisse mit einem Minimum an Verhaltensgüte verbunden sind (Bandura, 1986).

Abbildung 1 stellt die Unterscheidung von wahrgenommener Selbstwirksamkeit und Ergebniserwartung dar.

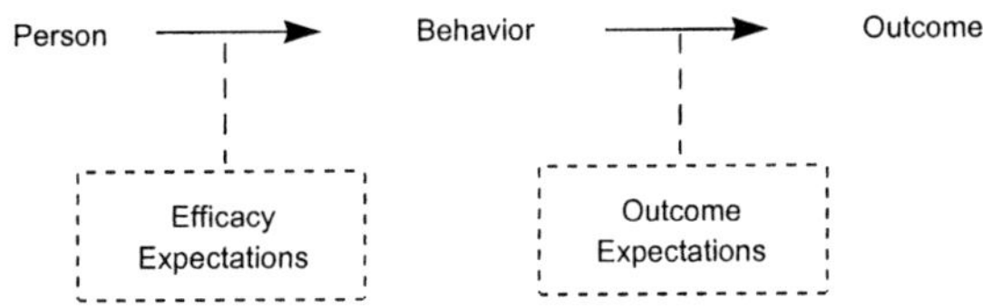

Abbildung 1. Schematische Unterscheidung der wahrgenommenen Selbstwirksamkeit und der Ergebniserwartung nach Bandura (1977).

3.4 Selbstwirksamkeit und kognitive Verarbeitung

Untersuchungen im Bereich kognitiver Aufgaben (Mathematik, Problemlösen, Kreativität) haben gezeigt, daß Personen mit hoher wahrgenommener Selbstwirksamkeit mehr Anstrengungen investieren und eine höhere Leistung zeigen als Personen mit geringer Selbstwirksamkeit (Bandura & Cervone, 1983; Lent, Brown & Gore, 1997; Locke et al., 1984; Sanna & Pusecker, 1994). Untersuchungen im pädagogischen Bereich haben ergeben, daß bei hoher wahrgenommener Selbstwirksamkeit häufiger anspruchsvollere Lernstrategien, sowie Mnemo-Techniken beim Lernen eingesetzt werden als bei geringer wahrgenommener Selbstwirksamkeit (Bandura, 1997).

Im Bereich der Einstellungsforschung konnten Bohner, Rank, Reinhard, Einwiller und Erb (1998) zeigen, daß bei hoher Involviertheit und hoher wahrgenommener Selbstwirksamkeit ein größeres Interesse an Informationen zum Einstellungsgegenstand (Tierversuche in der medizinischen Forschung) besteht als bei geringer wahrgenommener Selbstwirksamkeit. Bohner et al. (1998) variierten zudem die Qualität von Argumenten (stark vs. schwach) und konnten anhand multipler Regressionen belegen, daß die Einstellung nur bei hoher wahrgenommener Selbstwirksamkeit durch die Qualität der Argumente beeinflußt wurde. Bohner et al. (1998) manipulierten die wahrgenommene Selbstwirksamkeit über falsche Rückmeldung (*bogus feedback*). Bandura (1977) betont, daß Informationen über die eigene Verhaltensausführung wesentlich für die Einschätzung der eigenen Selbstwirksamkeit sind.

So konnte beispielsweise Bouffard-Bouchard (1990) zeigen, daß positive Rückmeldung die Selbstwirksamkeit erhöht und negative Rückmeldung die Selbstwirksamkeit verringert.

Die Versuchsteilnehmer erfuhren in der Untersuchung von Bohner et al. (1998) zunächst, daß sie zwei verschiedene Aufgaben (Einstellungsgegenstände) bearbeiten sollen. Danach bearbeiteten die Versuchsteilnehmer einen Persönlichkeitstest (37 Fragen) und erhielten anschließend in der Bedingung mit hoher wahrgenommener Selbstwirksamkeit die Rückmeldung, daß ihre Fähigkeiten für eine der nachfolgenden Aufgaben (relevante Aufgabe) sehr hoch seien, während ihre Fähigkeiten für die andere (irrelevante) Aufgabe unterdurchschnittlich seien. In der Bedingung mit geringer wahrgenommener Selbstwirksamkeit war die Rückmeldung bei der relevanten Aufgabe negativ und bei der irrelevanten Aufgabe positiv. Gemessen wurde die wahrgenommene Selbstwirksamkeit mit der Frage, welche der beiden Aufgaben (relevant vs. irrelevant) die Versuchsteilnehmer glauben besser lösen zu können.

Die mögliche Einbindung der wahrgenommenen Selbstwirksamkeit in Modelle der Einstellungsänderung wird von Chaiken (1987) bzw. Chaiken et al. (1989) angedeutet. Chaiken (1987) nimmt an, daß eine geringe Selbstwirksamkeit die Motivation verringern sollte, intensiv über einstellungsrelevante Informationen nachzudenken. Negative Einflüsse fähigkeitsbezogener Faktoren auf die Motivation sollten durch die wahrgenommene Selbstwirksamkeit vermittelt werden (Chaiken et al., 1989). Allerdings definieren Chaiken et al. (1989) wahrgenommene Selbstwirksamkeit abweichend von Bandura (1977), in dem Sinne, daß sie sie mit einer Ergebniserwartung in bezug auf die Sicherheit der Einstellung gleichsetzen: "...people's beliefs that systematic processing can increase judgmental confidence (p.224)."

Wie bereits erläutert wurde, postuliert das HSM (Chaiken et al., 1989), daß systematische Verarbeitung nur dann erfolgen sollte, wenn sowohl Fähigkeit als auch Motivation gegeben sind. Mit der Annahme, daß wahrgenommene Selbstwirksamkeit die Motivation zu systematischer Verarbeitung beeinflussen könnte, wird dem Suffizienzprinzip eine weitere motivationale Variable beigeordnet. Motivationale Effekte der wahrgenommenen Selbstwirksamkeit sollten nicht durch die Diskrepanz von angestrebter und tatsächlicher Sicherheit vermittelt werden, sondern einen zusätzlichen Beitrag zur Vorhersage systematischer Verarbeitung leisten (Chaiken et al., 1989).

IV. Bildung neuer Einstellungen

Es kommt im Alltag häufig vor, daß aus eigenem Antrieb heraus oder infolge einer Aufforderung neue Einstellungen gebildet werden. Unter einer *neuen* Einstellung ist dabei ganz allgemein die Bewertung eines unvertrauten Einstellungsobjekts auf einem evaluativen Kontinuum zu verstehen. Unvertraut bedeutet, daß man über die spezifischen Merkmale oder Attribute des Einstellungsobjekts bisher nichts wußte und keine Erfahrungen mit dem Einstellungsobjekt gemacht hat. Mit der Frage, wie neue Einstellungen zu unvertrauten Objekten entstehen, beschäftigt sich unter anderem die Konsumentenpsychologie (z.B. Fazio, Powell & Williams, 1989; Haugtvedt & Petty, 1992; Maheswaran, Mackie & Chaiken, 1992; Wänke, Bohner & Jurkowitsch, 1997).

Im folgenden soll ein Modell dargestellt werden, das den *kognitiven* Prozeß der Bildung neuer Einstellungen beschreibt. Dieses Modell ist als Synthese verschiedener theoretischer Ansätze zu verstehen, die die Struktur von Einstellungen, sowie die Verarbeitung und die Integration einstellungsrelevanter Informationen beschreiben. Insofern bezieht es Annahmen ein, die bereits in den vorhergehenden Abschnitten erläutert wurden. Annahmen, die nicht aus anderen Modellen oder Theorien übernommen sind, werden besonders hervorgehoben, ebenso die Vorhersagen, die sich aus diesem Modell ergeben. Diese Vorhersagen beziehen sich insbesondere auf mögliche Effekte im Hinblick auf die kognitive Verarbeitung evaluativ inkonsistenter Informationen zu unvertrauten Einstellungsobjekten. Das Modell soll vornehmlich für Situationen gelten, in denen ein Einstellungsobjekt durch mehrere relevante Informationen beschrieben wird. Das Modell ist in Abbildung 2 dargestellt.

Ausgangspunkt der Bewertung eines unvertrauten Einstellungsobjekts ist die *Neutralposition* (A_0, von *a*ttitude) eines zunächst in positiver und negativer Richtung offenen evaluativen Kontinuums. Abweichungen von dieser Neutralposition bedeuten eine positive oder negative Bewertungstendenz. Die Neutralposition zeichnet sich dadurch aus, daß die Wahrscheinlichkeit einer Abweichung in positiver oder negativer Richtung gleich wahrscheinlich ist (Brendl & Higgins, 1996). Im Gedächtnis repräsentierte Informationen über ein Einstellungsobjekt bilden den *Einstellungsinhalt* (A_C, von *c*ontent). Der Einstellungsinhalt (Ostrom & Upshaw, 1968) umfaßt potentiell alle Merkmale eines Einstellungsobjekts, die kognitiver Verarbeitung zugänglich sind. Er ist zunächst unstrukturiert und dynamisch. Unstrukturiert bedeutet, daß diese Merkmale encodiert und eventuell in konzeptuell homogene Cluster organisiert werden (Tourangeau et al., 1991), jedoch noch keine Beziehungen zu allgemeinen Wissenselementen hergestellt und diese Merkmale noch nicht kognitiv elaboriert wurden (etwa im Sinne einer Gewichtung der Merkmale). Dynamisch bedeutet, daß jederzeit neue Elemente hinzukommen können.

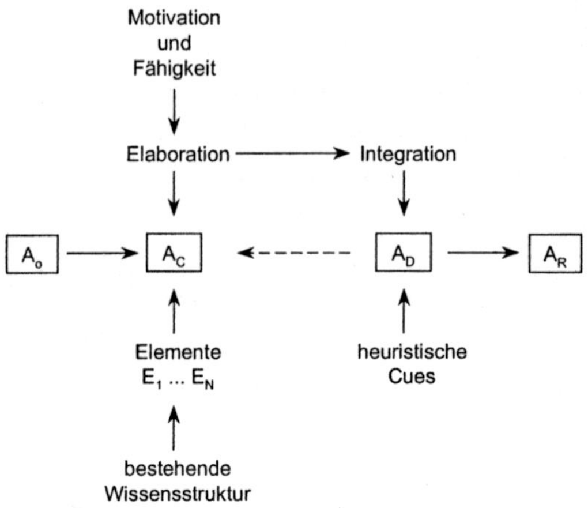

Abbildung 2: Schematische Darstellung der Bildung einer neuen Einstellung. A_0 = Neutralposition, A_C = Einstellungsinhalt, A_D = Vorläufige Einstellung, A_R = Geäußerte Einstellung.

Um zu einer Einstellung zu gelangen, müssen die absoluten Informationen über das Einstellungsobjekt in sogenannte *Skalenwerte* übersetzt werden. Skalenwerte entsprechen einer bestimmten Position auf einem evaluativen Kontinuum. Dies sei an einem Beispiel verdeutlicht. Wenn ein Shampoo ein bestimmtes Allergen enthält, sollte dieser Information ein negativer Skalenwert zugewiesen werden. Wenn andererseits die Umweltverträglichkeit des Shampoos hoch ist, sollte dieser Information ein positiver Skalenwert zugewiesen werden (vgl. Jonas et al., 1997). Die negative Bewertung des Allergens könnte sich aus dem Ziel ergeben, die eigene Gesundheit schützen zu wollen, während sich die positive Bewertung der Umweltverträglichkeit aus dem Ziel ergeben könnte, die Umwelt schonen zu wollen (zum Begriff "Ziel" siehe Brendl & Higgins, 1996). Positivität oder Negativität kann sich auch aus dem Grad der Erfüllung von Einstellungsfunktionen ergeben (Katz, 1960; Petty & Wegener, 1998; Smith, 1947). Die subjektiv denkbar positivste und denkbar negativste Bewertung eines Einstellungsobjekts bilden die Endpunkte eines evaluativen Kontinuums. Die Endpunkte, oder *Anker*, begrenzen den Maximalbereich eines (zunächst offenen) evaluativen Kontinuums.

Der nächste Schritt, um von einem unstrukturierten Einstellungsinhalt zu einer Einstellung zu gelangen, erfordert eine Integration der Elemente auf der Basis ihrer Skalenwerte. Der Integrationsprozeß erfordert ein Mindestmaß an kognitiver Kapazität und Motivation. Er kann in mehreren Schritten erfolgen und im mathematischen Sinne in einer Addition oder Mittelwertsbildung bestehen

(Anderson, 1991; Fishbein & Ajzen, 1975). Die Annahme, daß hinreichend Fähigkeit und Motivation vorhanden sein muß, läßt sich beispielsweise aus dem ELM und dem HSM ableiten (Chaiken et al., 1989; Petty & Cacioppo, 1986). Das Ergebnis dieser Integration stellt die vorläufige Einstellung dar (A_D, von a*d*aption level), solange die kognitive Verarbeitung noch nicht abgeschlossen ist. Diese vorläufige Einstellung kann jederzeit neu überdacht oder korrigiert werden (vgl. Petty et al., 1996). Die endgültig geäußerte Einstellung (A_R, von attitude *r*esponse) ergibt sich aus einem Transformationsprozeß, bei dem die Einstellung auf ein bestimmtes Format einer Einstellungsfrage übertragen wird (vgl. Tourangeau & Rasinski, 1988). Eine solche Transformation ist nicht erforderlich, wenn eine Einstellung verbal geäußert wird (vgl. Jarvis & Petty, 1996).

Nach Ansicht des Verfassers dieser Arbeit sollte der Integrationsprozeß um so länger dauern und subjektiv als um so schwieriger erlebt werden, je umfangreicher der Einstellungsinhalt ist und je inkonsistenter die Elemente zueinander sind. So deuten beispielsweise Judd und Brauer (1995) an, daß bei Ambivalenz zwei entgegengesetzte evaluative Tendenzen vorhanden sind, die sich jeweils auf eine Gruppe evaluativ konsistenter Elemente zurückführen lassen und daß man bei hoher Ambivalenz kaum in der Lage ist, die inkonsistenten Elemente miteinander in Einklang zu bringen. Im Unterschied zu Judd und Brauer (1995) wird im folgenden jedoch angenommen, daß der Integrationsprozeß bei Inkonsistenz möglich ist, aber mehr kognitive Ressourcen und mehr Zeit in Anspruch nehmen sollte und nur erfolgreich bewerkstelligt werden kann, wenn eine intensive kognitive Verarbeitung erfolgt. Das Aussöhnen evaluativ gegensätzlicher Informationen sollte subjektiv als schwierig erlebt werden. Intensive Verarbeitung setzt allerdings hinreichende Motivation voraus (siehe Abbildung 2).

Die Motivation wird einerseits durch individuelle Dispositionen determiniert. Hierzu zählen beispielsweise Need for Cognition (Cacioppo & Petty, 1982) oder Need for Cognitive Closure (Kruglanski, Webster & Klem, 1993; Webster & Kruglanski, 1994). Personen mit hohem Need for Cognition sollten eher bereit sein, sich viele Gedanken über das Einstellungsobjekt zu machen, während Personen mit hohem Need for Cognitive Closure eher dazu tendieren sollten, schnell zu einer Einstellung zu gelangen. Generell sollte für die meisten Menschen jedoch gelten, daß man sich ökonomisch verhält und keinen unnötigen kognitiven Aufwand betreibt (Chaiken, 1980; McGuire, 1969). Aus diesem sogenannten *cognitive miser*-Prinzip kann die Annahme abgeleitet werden, daß Menschen prinzipiell bestrebt sind, bei der Bildung neuer Einstellungen *möglichst schnell* zu einer eindeutigen (wenn auch vorläufigen) Einstellung zu gelangen. Bei evaluativer Konsistenz der Elemente sollte dies verhältnismäßig leicht gelingen, da alle Elemente entweder positive oder negative Implikationen haben. Im Gegensatz dazu sollte es bei evaluativer Inkonsistenz verhältnismäßig schwierig sein, eine dominante Tendenz herauszubilden, da aus den Elementen zwei konkurrierende Tendenzen resultieren. Unter einer *dominanten Tendenz* soll im folgenden in Anlehnung an Priester und Petty (1996; siehe Messung der Ambivalenz) die intraindividuell relativ stärkere Bewertungstendenz verstanden werden. Sie kann positiv oder negativ sein. *Vor* einer Integration der Elemente des Einstellungsinhalts existiert keine dominante Tendenz und *nach* der Integration entspricht sie der vorläufigen Einstellung (A_D). Bei evaluativer Inkonsistenz müssen Bezüge bzw. assoziative Verknüpfungen zwischen inkonsistenten Elementen hergestellt werden (vgl. Sherman & Hamilton, 1994). Dadurch entsteht zunächst ein evaluativer Raum (vgl. Cacioppo et al., 1997), der durch die positive und die negative Bewertungstendenz aufgespannt wird. Das Herausbilden einer dominanten Tendenz geht einher mit einer Reduktion an Freiheitsgraden der vorläufigen Einstellung, und je stärker eine dominante Tendenz ist, desto unwahrscheinlicher wird eine Abweichung in der evaluativ entgegengesetzten Richtung (vgl. Vallacher et al., 1994).

Unterstützt wird das Herausbilden einer dominanten Tendenz durch kognitive Verarbeitung. Die kognitiven Prozesse sind im wesentlichen mit kognitiven Reaktionen (vgl. Brock, 1967; Greenwald, 1968) gleichzusetzen. Elemente können beispielsweise gewichtet oder mit allgemeineren Wissenselementen verknüpft werden. Darüber hinaus können neue Gedanken generiert werden, die zur dominanten Tendenz bzw. vorläufigen Einstellung konsistent sind oder inkonsistente Elemente reinterpretiert oder ignoriert werden (vgl. Janis & Mann, 1968; Liberman & Chaiken, 1991; Tesser, 1978). In Anlehnung an Prozeßmodelle der Einstellungsänderung (Chaiken et al., 1989; Petty & Cacioppo, 1986) ist anzunehmen, daß diese Prozesse hinreichend Motivation und Fähigkeit voraussetzen. Wenn entweder die Motivation oder die Fähigkeit (oder beides) gering ist, besteht eine höhere Wahrscheinlichkeit, daß die Einstellung durch Einflüsse bestimmt wird, die für die Bewertung eines Einstellungsobjekts nützlich sein können, jedoch nicht zu den Elementen des Einstellungsinhalts zu rechnen sind. Deshalb ist in Abbildung 2 eine Verbindung von heuristischen Cues zu A_D eingetragen. Das bedeutet, daß die Annahmen darüber, unter welchen Umständen heuristische oder periphere Einflüsse die Einstellung bestimmen ebenso für die Bildung neuer Einstellungen gelten.

Aus dem Postulat, daß das Herausbilden einer dominanten Tendenz um so schlechter gelingen sollte, je größer die evaluative Inkonsistenz der Elemente des Einstellungsinhalts ist, kann abgeleitet werden, daß evaluative Inkonsistenz mit einer größeren subjektiven Schwierigkeit der Einstellungsbildung verbunden sein sollte. Das Konzept der subjektiven Schwierigkeit bezieht sich auf die Möglichkeit, überhaupt eine Einstellung bilden zu können. Der hier verwendete Begriff der subjektiven Schwierigkeit der Einstellungsbildung lehnt sich an die subjektive Schwierigkeit des Erinnerns von Verhaltensweisen oder des Generierens von Argumenten an (Schwarz, Bless, Strack, Klumpp, Rittenauer-Schatka & Simons, 1991; Wänke et al., 1997). Die tatsächliche Sicherheit spiegelt hingegen die subjektive Einschätzung wider, eine sachlich angemessene Einstellung bilden zu können. Damit ist das Konzept der subjektiven Schwierigkeit breiter als das der tatsächlichen Sicherheit sensu HSM (Chaiken et al., 1989). Auf der Basis dieses Postulats kann der Befund von Jonas et al. (1997), daß die tatsächliche Sicherheit neu zu bildender Einstellungen bei evaluativer Inkonsistenz geringer ist als bei evaluativer Konsistenz, erklärt werden. Zugleich erlaubt diese Anbindung an das HSM (Chaiken et al., 1989) Vorhersagen bezüglich der Motivation zu systematischer Verarbeitung.

V. Untersuchung 1

5.1 Fragestellung und Hypothesen

Mit dieser Untersuchung werden drei Ziele verfolgt. Erstens soll gezeigt werden, daß Ambivalenz bei bestehenden Einstellungen unabhängig von der Meßmethode mit einem psychologischen Unbehagen verbunden ist. Ein solcher Zusammenhang wurde bislang lediglich von Monteith (1996) auf der Basis des PAAQ von Katz und Hass (1988) für Einstellungen gegenüber ethnischen Gruppen angedeutet. Zweitens soll gezeigt werden, daß Ambivalenz einen Einfluß auf die Antwortlatenz von Einstellungen hat, selbst wenn andere Merkmale der Einstellungsstärke kontrolliert werden. Bisher wurde gezeigt, daß hohe Ambivalenz auf der Basis des CRM von Kaplan (1972) mit einer längeren Antwortlatenz verbunden ist (Bargh et al., 1992; Fazio & Powell, 1992; zitiert in Fazio, 1995). Dabei wurden andere Merkmale der Einstellungsstärke, die ihrerseits die Antwortlatenz der Einstellung beeinflussen könnten, nicht kontrolliert. Das dritte Ziel besteht darin, Konsequenzen der Ambivalenz bei der Informationssuche und -verarbeitung zu untersuchen. Im folgenden werden die einzelnen Hypothesen dargestellt und begründet.

Das Konzept des psychologischen Unbehagens taucht in verschiedenen theoretischen Ansätzen auf. Gemäß der Dissonanztheorie (Festinger, 1957) resultiert psychologisches Unbehagen aus einstellungsdiskrepantem Verhalten oder allgemeiner, aus der Inkongruenz kognitiver Elemente. In der Literatur zu Einstellungen wird postuliert, daß psychologisches Unbehagen auf eine Bedrohung des Selbstkonzepts zurückgehen kann (McGuire, 1969; Sherif & Sherif, 1967). Eine solche Bedrohung sollte erlebt werden, wenn eine Einstellung für das Selbstkonzept relevant ist und man mit einer Einstellungsposition konfrontiert wird, die von der eigenen Einstellung (stark) abweicht. In bezug auf ethnische Einstellungen postulieren Katz et al. (1986), daß psychologisches Unbehagen auftritt, wenn Meinungen über eine ethnische Gruppe nicht mit einer spezifischen Ethik vereinbar sind, der man sich selbst verpflichtet fühlt. Maio et al. (1996) gehen hingegen davon aus, daß psychologisches Unbehagen allein aufgrund der wahrgenommenen Inkonsistenz von Meinungen bezüglich ethnischer Gruppen auftreten kann. Maio et al. (1996) haben in ihrer Untersuchung jedoch psychologisches Unbehagen nicht erfaßt. Monteith (1996) konnte zeigen, daß mittels des PAAQ erfaßte Ambivalenz mit einem negativen Selbstbild und mit psychologischem Unbehagen korreliert. Je höher die Ambivalenz ausfiel, desto negativer war das eigene Selbstbild und desto stärker war das psychologische Unbehagen.

Operationalisiert wurde das psychologische Unbehagen in der Untersuchung von Monteith (1996) als selbstberichteter, momentaner Gefühlszustand auf der Grundlage von 8 Adjektiven (z.B. *uneasy, uncomfortable, tense*). Eine ähnliche Vorgehensweise wurde von Elliot und Devine (1994) gewählt und ebenso von Hass et al. (1992). In der hier berichteten Untersuchung wurde psychologisches Unbehagen hingegen nicht als momentaner Gefühlszustand operationalisiert, sondern als spezifischer Affekt in bezug auf eine Einstellung. Dies wurde aus zwei Gründen getan. Erstens sollte sich ein Zusammenhang von Ambivalenz und psychologischem Unbehagen leichter aufzeigen lassen, wenn beide Messungen für eine spezifische Einstellung erhoben werden (was bei der Ambivalenz der Fall ist). Im folgenden wird deshalb nicht von psychologischem Unbehagen sondern von negativem, einstellungsbezogenem Affekt die Rede sein. Zweitens kann eine solche spezifische Messung für jede Art von Einstellung erfolgen, d.h. sie ist keineswegs auf Einstellungen gegenüber ethnischen Gruppen beschränkt (vgl. Maio et al., 1996). Deshalb wurde in der hier berichteten Untersuchung ein soziales Thema als Einstellungsobjekt ausgewählt (Einführung der Europäischen Währungsunion im Jahr 1999). Es wird vorhergesagt, daß der einstellungsbezogene Affekt bei hoher Ambivalenz - unabhängig davon, mit welcher Methode sie erfaßt wird – negativer ist als bei geringer Ambivalenz. Da jedoch die erlebte Ambivalenz dem Bewußtsein eher zugänglich sein sollte als die mittels operativer Methoden erfaßte Ambivalenz (vgl. Bassili, 1996; Schwarz & Clore, 1996), sollte der Zusammenhang bei erlebter Ambivalenz stärker ausfallen als bei operativ erfaßter Ambivalenz.

Die kognitive Zugänglichkeit einer Einstellung wird von vielen Autoren (z.B. Fazio et al., 1982) als Merkmal der Einstellungsstärke betrachtet. Indiziert wird die kognitive Zugänglichkeit durch die Antwortlatenz bei der Messung von Einstellungen. Je länger die Antwortlatenz ausfällt, desto geringer ist die kognitive Zugänglichkeit einer Einstellung. Die kognitive Zugänglichkeit hängt ihrerseits von mehreren Faktoren ab, unter anderem von der Intensität der bei der Bildung oder Änderung der Einstellung erfolgten kognitiven Verarbeitung (Petty et al., 1995), der Häufigkeit, mit der eine Einstellung in der Vergangenheit aus dem Gedächtnis abgerufen wurde (Fazio, 1995; Hodges & Wilson, 1993) und der Art der Erfahrung mit dem Einstellungsobjekt (direkt vs. indirekt; Doll & Ajzen, 1992). Untersuchungen belegen, daß hoch zugängliche Einstellungen zeitlich stabiler sind (Hodges & Wilson, 1993; Zanna et al., 1994), resistenter gegenüber Persuasionsversuchen (Bassili & Fletcher, 1991) und enger mit Verhalten korrespondieren (Fazio, 1986) als gering zugängliche Einstellungen.

Bisher gibt es wenige Befunde, die einen negativen Zusammenhang von Ambivalenz und kognitiver Zugänglichkeit zeigen (Bargh et al., 1992; Fazio & Powell, 1992; zitiert in Fazio, 1995) und diese Befunde beruhen ausschließlich auf einer Messung der Ambivalenz anhand des CRM von Kaplan (1972). In diesen Untersuchungen werden negative within-Korrelationen über verschiedene Einstellungsgegenstände berichtet. Da jedoch das CRM in bestimmten Punkten zu kritisieren ist (vgl. Messung der Ambivalenz), werden in der hier berichteten Untersuchung das SIM (Thompson et al., 1995) und das GTM (Priester & Petty, 1996) als operative Maße neben der erlebten Ambivalenz verwendet. Es sind wenigstens drei Erklärungen denkbar, warum bei hoher Ambivalenz längere Antwortlatenzen zu erwarten sind als bei geringer Ambivalenz. Nach Ansicht von Bargh et al. (1992) und Judd und Brauer (1995) muß bei hoher Ambivalenz eine Entscheidung zwischen zwei evaluativ gegensätzlichen Bewertungstendenzen getroffen werden. Nach Auffassung von Fazio (1995) werden bei hoher Ambivalenz eher einzelne Meinungen im Gedächtnis aktiviert als eine summarische bzw. globale Einstellung (vgl. Tourangeau et al., 1991). Demnach wären ambivalente Einstellungen als schwach zu bezeichnen. Die Erklärung von Fazio (1995) ist aber insofern zirkulär, als von einer langen Antwortlatenz bei hoher Ambivalenz auf die Stärke von Einstellungen geschlossen wird und die Antwortlatenz per se die Stärke einer Einstellung kennzeichnen soll.

Demgegenüber vertreten Tourangeau et al. (1991) die Ansicht, daß unter bestimmten Umständen bei der Einstellungsmessung selbst dann einzelne Meinungen aktiviert werden, wenn eine hoch zugängliche, summarische Einstellung exisitiert. Dies sollte nach Erber et al. (1995) und Wilson und Hodges (1992) besonders wahrscheinlich sein, wenn die Datenbasis einer Einstellung heterogen ist, d.h. mehrere evaluativ homogene und zueinander inkonsistente Sets an Meinungen oder Gefühlen umfaßt. Darauf aufbauend kann die Hypothese aufgestellt werden, daß die Antwortlatenz von Einstellungen um so länger sein sollte, je höher die Ambivalenz ist. Der Grund für längere Antwortlatenzen ambivalenter Einstellungen sollte jedoch nicht in einem Wettstreit zweier evaluativer Tendenzen liegen, sondern in der Notwendigkeit, die einzelnen aktivierten Meinungen oder Gefühle mit einer eventuell vorhandenen Einstellung zu integrieren.

Die dritte Fragestellung bezieht sich auf mögliche Konsequenzen von Ambivalenz in bezug auf Informationssuche und -verarbeitung. Bei einer Informationssuche werden Rezipienten nicht mit einer konträren Einstellungsposition oder einer bestimmten Anzahl an Argumenten konfrontiert. Vielmehr wird ihnen die Gelegenheit geboten, sich aus einer Auswahl von Argumenten bestimmte Argumente herauszugreifen und sich damit näher zu beschäftigen. Die Verarbeitung dieser Argumente wird ebenso wie bei Persuasionsexperimenten durch die kognitiven Reaktionen indiziert. Eine ambivalente Einstellung ist in gewisser Weise mit einer zweiseitigen persuasiven Kommunikation (Pro- und Kontra-Argumente) zu vergleichen, nur daß erstere im Kopf des Rezipienten repräsentiert ist. Es gibt eine Reihe von empirischen Belegen dafür, daß zweiseitige Kommunikationen eine stärkere Einstellungsänderung bewirken als einseitige Kommunikationen (z.B. McGuire & Papageorgis, 1961; Sorrentino, Bobocel, Gitta, Olson & Hewitt, 1988). Dies sollte vor allem dann zutreffen, wenn der Einstellungsgegenstand persönlich relevant ist, da bei hoher persönlicher Relevanz eher Gegenargumente generiert werden als bei geringer persönlicher Relevanz (Petty et al., 1994). Diese werden jedoch bereits in der Kommunikation aufgeführt und entkräftet (McGuire & Papageorgis, 1961; Sorrentino et al., 1988).

Auf der anderen Seite erfordern einseitige Kommunikationen keine Integration der bisherigen Einstellung mit Argumenten, die der eigenen Position nicht widersprechen. Wenn eine einseitige Kommunikation jedoch einstellungskonträr ist, sollte das Generieren von Gegenargumenten leichter fallen, wenn die eigene, bisherige Einstellung ambivalent ist. Bei hoher Ambivalenz sollte deshalb die Resistenz bei einseitigen, einstellungskonträren Persuasionsversuchen höher sein als bei geringer Ambivalenz. Die Resistenz steht allerdings in dieser Untersuchung nicht im Vordergrund. Vielmehr soll die Frage gestellt werden, ob sich Personen mit ambivalenter Einstellung bei der Informationssuche anders verhalten als Personen mit nicht-ambivalenter Einstellung. Aus einer konsistenztheoretischen Perspektive (Edwards & Smith, 1996; Heider, 1946; Rosenberg, 1968; Tesser, 1978) heraus kann man erwarten, daß Personen generell bestrebt sind, Argumente kognitiv so zu verarbeiten, daß sie zur eigenen Einstellung konsistent sind. Das bedeutet, daß vor allem zur eigenen Einstellung konsistente Gedanken generiert und inkonsistente Aspekte reinterpretiert, verzerrt oder ignoriert werden.

Es stellt sich die Frage, ob bei einer ambivalenten Einstellung überhaupt von Konsistenz bzw. Inkonsistenz in bezug auf die evaluativen Implikationen von Einstellung und Argumenten gesprochen werden kann, da in der Datenbasis ambivalenter Einstellungen Meinungen bzw. Gefühle mit sowohl positiven als auch negativen Implikationen repräsentiert sind. Da bei hoher Ambivalenz sowohl positive als auch negative Aspekte repräsentiert sind, sollte bei einer Informationssuche keine Präferenz für Pro- *oder* Kontra-Argumente auftreten, sondern eine offene, unvoreingenommene Auswahl und Verarbeitung der Argumente erfolgen. Im Gegensatz dazu sollte bei geringer Ambivalenz eine Präferenz für Pro-Argumente bestehen wenn die bisherige Einstellung positiv ist und eine Präferenz für Kontra-Argumente, wenn die bisherige Einstellung negativ ist. Diese Präferenz kann sich zum einen in einer selektiven Auswahl von Argumenten zeigen und zum anderen in einer größeren Zustimmung zu konsistenten Argumenten. Deshalb sollten die kognitiven Reaktionen bei geringer Ambivalenz eher mit der bisherigen Einstellung korrespondieren als bei hoher Ambivalenz.

Um diese Hypothese überprüfen zu können, wurde zunächst in einer Voruntersuchung ermittelt, ob zu dem ausgewählten Einstellungsgegenstand (Währungsunion) überhaupt eine Datenbasis vorhanden ist und ob im Durchschnitt eine gewisse Ambivalenz mit diesem Thema verbunden ist. Deshalb wurde die Anzahl an Meinungen zu dem Thema erfaßt und überprüft, ob die Einstellung aus den bewerteten Meinungen vorhergesagt werden kann. Ein solcher Zusammenhang belegt, daß eine Einstellung auf einer kognitiven Basis beruht (Fazio, 1995). Eine gewisse Variabilität in bezug auf die Ambivalenz ist notwendig, um die Stichprobe in eine Gruppe mit geringer und eine Gruppe mit hoher Ambivalenz aufzuteilen.

5.2 Voruntersuchung

An der Voruntersuchung nahmen 22 Studierende des Psychologischen Instituts Tübingen im Rahmen einer Lehrveranstaltung teil. Sie wurden gebeten, einen Fragebogen zu beantworten, mit dem die Einstellung zur Durchführung der Europäischen Währungsunion im Jahr 1999, die erlebte Ambivalenz, sowie die Meinungen (Beliefs) zur Europäischen Währungsunion erfaßt werden sollten. Um die Beliefs zu messen, sollten die Versuchsteilnehmer in kurzen Sätzen aufschreiben, welche Konsequenzen sie durch die Einführung des Euro im Jahr 1999 erwarten. Dazu wurde ein Blatt mit 8 Linien vorgegeben. Nachdem sie mögliche Konsequenzen aufgeschrieben hatten, sollten sie noch einmal alle Konsequenzen durchgehen und jede einzelne Konsequenz auf einer Skala von –3 (*sehr negativ*) bis 3 (*sehr positiv*) bewerten, in dem sie jeweils neben die Linie die entsprechende Zahl eintrugen. Danach gaben die Versuchsteilnehmer ihre Einstellung zu der Europäischen Währungsunion auf drei Skalen von –3 (*sehr schlecht/völlig unvernünftig/völlig sinnlos*) bis +3 (*sehr gut/sehr vernünftig/sehr sinnvoll*) zu dem Satz "Wenn die Europäische Währungsunion 1999 durchgeführt wird, finde ich das..." an. Die drei Einstellungsfragen wurden anschließend gemittelt (Alpha = .93). Danach gaben die Versuchsteilnehmer ihre erlebte Ambivalenz an, auf einer Skala von –3 (*überhaupt nicht*) bis 3 (*sehr stark*) zu dem Satz "In bezug auf die Einführung der Europäischen Währungsunion 1999 fühle ich mich ... hin-und hergerissen", auf einer Skala von –3 (*überhaupt nicht*) bis 3 (*sehr stark*) zu dem Satz "In bezug auf die Einführung der Europäischen Währungsunion 1999 weichen meine Gedanken und Gefühle ... voneinander ab" und auf einer Skala von –3 (*völlig unzutreffend*) bis 3 (*trifft genau zu*) zu dem Satz " In bezug auf die Einführung der Europäischen Währungsunion habe ich gleichermaßen positive wie negative Gefühle". Die drei Ambivalenzfragen wurden anschließend gemittelt (Alpha = .95).

Es zeigte sich, daß sich die Anzahl positiver und negativer Beliefs nicht signifikant unterschied, $M = 2.73$ vs. $M = 2.36$, $t(21) = 0.61$, *ns*. Die mittlere Bewertung der Konsequenzen korrelierte wie erwartet signifikant mit der Einstellung, $r = .66$, $p < .001$. Diese Korrelation belegt, daß die Beliefs mit der Einstellung evaluativ kongruent sind und die Einstellung kognitiv verankert ist.Deskriptive Analysen lassen erkennen, daß die Einstellung annähernd neutral ist, $M = -0.23$ und beträchtliche Variabilität aufweist, $SD = 1.62$. Die erlebte Ambivalenz bewegt sich auf einem mittleren Niveau, $M = 0.35$ ($SD = 1.95$).

5.3. Hauptuntersuchung

An der Untersuchung nahmen 100 Studierende (52 Frauen und 48 Männer) der Universität Tübingen im Alter von $M = 24.87$ Jahren ($SD = 4.73$) teil. Die Versuchsteilnehmer wurden für eine Untersuchung zu "Politik und Persönlichkeit" angeworben. Für ihre Teilnahme erhielten sie 10.- DM (ermöglicht durch eine Sachbeihilfe der DFG, Jo 182/2-2).[3]

5.3.1 Ablauf und Untersuchungsmaterial

Die Versuchsteilnehmer nahmen einzeln an der Untersuchung teil. Alle Instruktionen und Fragen wurden auf einem Computer präsentiert. Nachdem der Versuchsleiter das Programm gestartet hatte, verließ er den Versuchsraum und hielt sich in einem angrenzenden Raum für Nachfragen zur Verfügung. Die Versuchsteilnehmer hatten zunächst Gelegenheit, sich mit der Bedienung der Tastatur vertraut zu machen. Danach wurden sie darüber informiert, daß sie zu einem von drei politisch aktuellen Themen Fragen beantworten sollen. Allen Versuchsteilnehmern wurde jedoch später das Thema Europäische Währungsunion vorgegeben. Als nächstes sollten sie 10 Fragen beantworten, die ihren "persönlichen Stil" erfassen sollten. Bei jeder dieser 10 Fragen wurde die Antwortlatenz gemessen und als Basisreaktionszeit verwendet. Die Persönlichkeitsfragen wurden nicht weiter ausgewertet. Anschließend sollten die Versuchsteilnehmer ihre Beliefs zu dem Thema Europäische Währungsunion in einem freien Antwortformat angeben. Nachdem sie einen Belief eingetippt hatten, konnten sie per Mausklick angeben, ob diese einzelne Meinung für oder gegen die Europäische Währungsunion spricht. Danach wurde die Ambivalenz, der negative Affekt bezüglich der Einstellung, die Einstellung

[3] Wesentliche Teile dieser Untersuchung sind veröffentlicht, Brömer, P. (1998): Ambivalent attitudes and information processing. *Swiss Journal of Psychology, 57*, 225-234.

und die Sicherheit der Einstellung gemessen, außerdem eine Reihe von Variablen, die für die zu berichtenden Ergebnisse ohne Belang sind.

Als nächstes wurden auf einer Bildschirmseite 20 Argumente präsentiert. Davon sprachen 10 Argumente für die Währungsunion und 10 dagegen.[4] Jedes Argument wurde dabei durch eine Überschrift repräsentiert, die den Inhalt möglichst prägnant wiedergeben sollte. Die Überschriften wurden dabei so gewählt, daß sie erkennen lassen, ob das Argument für oder gegen die Währungsunion spricht (z.B. "Kapitalflucht"). Die Versuchsteilnehmer waren zuvor informiert worden, daß sie die nachfolgenden Argumente, die teilweise für und teilweise gegen die Währungsunion sprächen, lesen könnten solange sie wollen. Neben jeder Überschrift war ein Button plaziert, bei dessen Anklicken sich ein Text-Fenster öffnete, das das entsprechende Argument beinhaltete. Jedes Argument konnte mehrmals aufgerufen werden. Die Bildschirmseite mit den 20 Argumenten konnte jederzeit verlassen werden.

Die Auswahl der 20 Argumente erfolgte nach mehreren Gesichtspunkten. Die Auswahl sollte gewährleisten, daß es sich um relevante und wenigstens teilweise neue Argumente handelt. Zum einen wurden Konsequenzen berücksichtigt, die von den Teilnehmern in der Voruntersuchung genannt wurden und somit für eine studentische Stichprobe typisch sind. Diese Liste mit Konsequenzen wurde dann durch Argumente aus verschiedenen Zeitungsartikeln ergänzt. Bei den berücksichtigten Argumenten wurde darauf geachtet, daß es sich um Konsequenzen handelt, die nicht als trivial anzusehen sind (z.B. Geldumtausch bei Reisen in EU-Ländern entfällt).

Anschließend wurden die Versuchsteilnehmer gebeten, in einer freien Eingabe alle Gedanken zu protokollieren, die sie sich zu den Argumenten gemacht hatten. Dafür waren zwei Minuten vorgesehen. Die Versuchsteilnehmer konnten jedoch selbst bestimmen, wie viele Gedanken sie notieren wollen. Danach wurde ein zweites Mal die Einstellung zur Währungsunion, die Antwortlatenz der Einstellung, die Sicherheit der Einstellung, die Ambivalenz und der negative Affekt in bezug auf die Einstellung erfaßt, sowie die wahrgenommene Qualität der Argumente.

5.3.2 Messungen

Die Variablen wurden in der unten aufgeführten Reihenfolge gemessen.

Basisreaktionszeit. Als Basisreaktionszeit wurde die mittlere Antwortlatenz der 10 Persönlichkeitsfragen gewählt (Alpha = .83), die zuvor transformiert wurden (natürlicher Logarithmus). Als Antwortlatenz wurde die Zeitspanne vom Erscheinen der Frage bis zur Antwortabgabe genommen (die systembedingte Meßungenauigkeit beträgt 50 Millisekunden). Eine Faktorenanalyse der Antwortlatenzen der 10 Persönlichkeitsfragen ergab eine einfaktorielle Lösung, die 41.90 % der Varianz aufklärte (vgl. Fazio, 1990).

[4] Sowohl bei den positiven als auch den negativen Argumenten wurden für eine intendierte Manipulation der Qualität der Argumente zwei Versionen konstruiert. Die schwache Version unterscheidet sich von der starken Version darin, daß die Formulierung der Konsequenzen sie als ungewiß erscheinen läßt, während bei der starken Version die Argumente so formuliert sind, daß die Konsequenzen mit hoher Wahrscheinlichkeit eintreten werden. Die Manipulation der Argumentqualität diente einem anderen Zweck und erwies sich zudem als nicht erfolgreich. Deshalb wird sie hier ignoriert.

Ambivalenz. Die erlebte Ambivalenz wurde auf einer Skala von 1 (*überhaupt nicht*) bis 7 (*sehr stark*) zu dem Satz “In bezug auf die Einführung der Europäischen Währungsunion fühle ich mich ... hin- und hergerissen“, auf einer Skala von 1 (*völlig unzutreffend*) bis 7 (*trifft genau zu*) zu dem Satz “In bezug auf die Einführung der Europäischen Währungsunion habe ich gleichzeitig positive und negative Gefühle“ und auf einer Skala von 1 (*überhaupt nicht*) bis 7 (*sehr stark*) zu dem Satz “In bezug auf die Einführung der Europäischen Währungsunion bin ich ... ambivalent“ erfaßt. Die drei Ambivalenzfragen wurden anschließend gemittelt (Alpha = .81).

Die positive (P) und die negative (N) Bewertung der Konsequenzen der Währungsunion erfolgte auf einer 4-stufigen unipolaren Skala mit den Endpunkten 0 (*überhaupt nicht positiv/negativ*) und 3 (*sehr positiv/negativ*). Die positive und die negative Bewertung wurden nach dem SIM von Thompson et al. (1995) zu einem Ambivalenzwert verrechnet (Griffin-Index): (P+N)/2-|P-N|. Um für das GTM von Priester und Petty (1996) eine kritische Schwelle zu ermitteln, wurde zunächst für alle Stufen der konflikthaften Reaktion (C) die Korrelation der dominanten Reaktion (D) mit der erlebten Ambivalenz berechnet. Dabei zeigte sich, daß die dominante Reaktion mit der erlebten Ambivalenz bei C = 1 zu $r = -.67$, *ns* ($n = 7$), bei C = 2 zu $r = -.43$, $p < .01$ ($n = 53$) und bei C = 3 zu $r = .17$, *ns* ($n = 37$) korrelierte (bei C = 4 war D konstant). Die kritische Schwelle (T) liegt demnach zwischen C = 2 und C = 3. Danach wurde in einer hierarchischen Regression die erlebte Ambivalenz aus C und D, sowie aus den Interaktionen CxD, CxT, DxT und CxDxT vorhergesagt (die Schwelle wurde mit 0 und 1 kodiert). Dabei zeigten sich erwartungsgemäß signifikante Haupteffekte von C ($\beta = .51, p < .001$) und D ($\beta = -.21$, $p < .05$), sowie eine signifikante Interaktion von D und T ($t = 2.79, p < .01$), die das Vorhandensein einer kritischen Schwelle bestätigt. Es gab keine weiteren signifikanten Interaktionen. Für die Fälle unterhalb der Schwelle wurden dann in einer multiplen Regression die unstandardisierten Betagewichte von C (1.49) und D (-0.99) bei der Vorhersage der erlebten Ambivalenz ermittelt. Daraus ergibt sich ein Gewicht für C von 1.5. Anschließend wurden C und die erlebte Ambivalenz transformiert (natürlicher Logarithmus) um die Steigung von C in einer Regression zu ermitteln (p = .50). Zu C und D wurde jeweils der Wert 1 addiert und das GTM bestimmt: $1.5C^{.50}-D^{1/C}$.

Negativer Affekt bezüglich Einstellung. Den negativen Affekt in bezug auf ihre Einstellung zur Währungsunion gaben die Versuchsteilnehmer zu dem Satz “Bezüglich meiner Meinung zur Europäischen Währungsunion fühle ich mich...“ auf einer Skala von 1 (*sehr gut*) bis 7 (*sehr schlecht*) und auf einer Skala von 1 (*sehr wohl*) bis 7 (*völlig unwohl*) an. Beide Antworten wurden anschließend gemittelt (Alpha = .76).

Einstellung und Sicherheit der Einstellung. Die Versuchsteilnehmer gaben ihre Einstellung bezüglich “Wenn die Währungsunion stattfindet, finde ich das...“ auf einer Skala von 1 (*sehr schlecht*) bis 7 (*sehr gut*) und auf einer Skala von 1 (*völlig sinnlos*) bis 7 (*sehr sinnvoll*) an. Beide Antworten wurden gemittelt (Alpha = .95). Die Extremheit der Einstellung wurde als absolute Differenz der Einstellungswerte und dem Gesamtmittelwert bestimmt. Ihre Sicherheit in die Einstellung gaben sie auf einer Skala von 1 (*völlig unsicher*) bis 7 (*sehr sicher*) in bezug auf den Satz "In meiner Meinung bin ich mir..." an.

Antwortlatenz der Einstellung. Zu jeder der zwei Einstellungsfragen wurde die Antwortlatenz gemessen. Dabei entsprechen lange Antwortlatenzen einer geringen kognitiven Zugänglichkeit der Einstellung. Die Antwortlatenzen wurden transformiert (natürlicher Logarithmus) und gemittelt. Die Reliabilität zum ersten Meßzeitpunkt liegt bei .63 (Alpha) und bei .58 (Alpha) zum zweiten Meßzeitpunkt.

Kognitive Reaktionen. Zwei Beurteiler bestimmten unabhängig voneinander die Anzahl positiver und negativer kognitiver Reaktionen. Eine kognitive Reaktion wurde als positiv (negativ) klassifiziert, wenn sie Zustimmung (Ablehnung) zur Währungsunion implizierte (z.B. "Eine gemeinsame Währung würde den Handel innerhalb der EU erleichtern"/"Die europäische Zentralbank erhält zuviel Macht"). Die Beurteilerübereinstimmung für die positiven Reaktionen lag bei $r = .88$ und bei $r = .86$ für die negativen Reaktionen. Als Maß für die Positivität der kognitiven Reaktionen wurde die Differenz der positiven und negativen Reaktionen, dividiert durch die Gesamtzahl an kognitiven Reaktionen, berechnet.

Qualität der Argumente. Die Qualität der positiven und der negativen Argumente wurde jeweils auf einer Skala von 1 (*überhaupt nicht überzeugend*) bis 7 (*sehr überzeugend*) bezüglich dem Satz "Die positiven (negativen) Argumente finde ich..." erfaßt.

5.3.3 Ergebnisse

Die Einstellung zur Währungsunion erwies sich über alle Versuchsteilnehmer hinweg als annähernd neutral, $M = 4.24$ ($SD = 1.61$) und die erlebte Ambivalenz bewegte sich auf einem mittleren Niveau, $M = 3.74$ ($SD = 1.52$). Paarweise t-Tests ergaben, daß sich die Anzahl der positiven und negativen Beliefs zur Währungsunion nicht signifikant unterschied, $M = 4.45$ vs. $M = 4.49$, $t(99) = 0.17$, *ns*. Ebenso unterschied sich die Qualität der positiven und negativen Argumente nicht signifikant voneinander, $M = 4.76$ vs. $M = 4.73$, $t(99) = 0.11$, *ns*.

5.3.3.1 Beziehungen zwischen Ambivalenzmaßen

Wie aus Tabelle 4 ersichtlich ist, korreliert die erlebte Ambivalenz signifikant mit demGriffin-Index (SIM), $r = .51$, $p < .001$, und in vergleichbarer Höhe mit dem Index (GTM) nach Priester und Petty (1996), $r = .51$, $p < .001$. Der Griffin-Index und das GTM korrelieren ebenfalls signifikant, $r = .92$, $p < .001$. Alle drei Ambivalenzmaße weisen zudem eine signifikante Beziehung zu dem negativen Affekt bezüglich der Einstellung auf. Je höher die Ambivalenz ist, desto negativer ist der Affekt bezüglich der Einstellung, $r = .35$, $p < .001$ (erlebte Ambivalenz), $r = .29$, $p < .01$ (SIM), und $r = .28$, $p < .01$ (GTM). In der Diagonalen von Tabelle 4 ist zudem die Retest-Reliabilität der Maße eingetragen. Dabei zeigte sich, daß die erlebte Ambivalenz eine größere Stabilität aufwies, $r = .73$, $p < .001$, als das

SIM, $r = .53$, $p < .001$, und das GTM, $r = .48$, $p < .001$ (erlebte Ambivalenz vs. SIM, $z = 2.26$, $p < .05$; erlebte Ambivalenz vs. GTM, $z = 2.09$, $p < .05$).

5.3.3.2 Zusammenhang von Ambivalenz und Stärkeparametern

Zunächst wurden die Korrelationen der drei Ambivalenzmaße mit der Extremheit und der Sicherheit der Einstellung, sowie die Partialkorrelationen mit der kognitiven Zugänglichkeit der Einstellung berechnet, wobei die Basisreaktionszeit als Kovariat berücksichtigt wurde (siehe Tabelle 4). Wie erwartet, zeigten sich zwischen den Ambivalenzmaßen und der Extremheit der Einstellung negative Beziehungen, $r = -.60$, $p < .001$ (erlebte Ambivalenz), $r = -.48$, $p < .001$ (SIM), und $r = -.46$, $p < .001$ (GTM). Je höher die Ambivalenz ausfiel, desto weniger extrem war die Einstellung. Ebenso zeigte sich eine negative Beziehung zwischen der Sicherheit der Einstellung und der Ambivalenz, $r = -.40$, $p < .001$ (erlebte Ambivalenz), $r = -.31$, $p < .01$ (SIM), und $r = -.31$, $p < .01$ (GTM). Je höher die Ambivalenz ausfiel, desto geringer war die Sicherheit in die Einstellung. Wie vorhergesagt, zeigte sich eine negative Beziehung zwischen der Ambivalenz und der kognitiven Zugänglichkeit der Einstellung. Je höher die Ambivalenz ausfiel, desto geringer war die kognitive Zugänglichkeit, $r = -.44$, $p < .001$ (erlebte Ambivalenz), $r = -.36$, $p < .001$ (SIM), und $r = -.30$, $p < .01$ (GTM).

5.3.3.3 Vorhersage der kognitiven Zugänglichkeit

Um die Hypothese zu überprüfen, daß hohe Ambivalenz mit einer geringeren kognitiven Zugänglichkeit der Einstellung verbunden ist, selbst wenn andere Parameter der Einstellungstärke kontrolliert werden, wurde für die drei Ambivalenzmaße jeweils eine hierarchische Regression gerechnet, bei der zunächst die Basisreaktionszeit, sowie die Extremheit der Einstellung und die Sicherheit der Einstellung und anschließend die Ambivalenz als Prädiktor eingegeben wurden. Für die Basisreaktionszeit zeigte sich ein signifikanter Effekt, $\beta = .51$, $p < .001$. Wenn zusätzlich zu der Extremheit der Einstellung und der Sicherheit der Einstellung die Ambivalenz in die Regression aufgenommen wird, zeigt sich, daß alle drei Ambivalenzmaße einen signifikanten Beitrag zur Vorhersage der kognitiven Zugänglichkeit leisten, $\beta = -.39$, $p < .001$ (erlebte Ambivalenz), $\beta = -.31$, $p < .01$ (SIM), und $\beta = -.29$, $p < .01$ (GTM), wobei die zusätzliche Varianzaufklärung bei der erlebten Ambivalenz größer ausfällt ($F_{change} = 23.67$), als bei dem SIM ($F_{change} = 14.39$) und dem GTM ($F_{change} = 12.16$). Wie in Tabelle 5 dargestellt ist, leisten weder die Extremheit der Einstellung noch die Sicherheit der Einstellung einen signifikanten Beitrag zur Vorhersage, wenn die Ambivalenz als Prädiktor berücksichtigt wird, obwohl beide Parameter für sich genommen einen signifikanten Zusammenhang mit der Zugänglichkeit aufweisen (siehe Tabelle 4).

5.3.3.4 Kognitive Verarbeitung der Argumente

Um die Hypothese zu überprüfen, daß Personen mit hoher Ambivalenz relevante Argumente eher unvoreingenommen verarbeiten und Personen mit geringer Ambivalenz eher konsistent zu ihrer bisherigen Einstellung, wurde die gesamte Stichprobe anhand eines Mediansplits in eine Gruppe mit hoher erlebter Ambivalenz und eine Gruppe mit geringer erlebter Ambivalenz unterteilt (*Median* = 3.67). Zudem wurde die Stichprobe in bezug auf die anfängliche Einstellung in eine Gruppe mit positiver und einer Gruppe mit negativer Einstellung anhand eines Mediansplits unterteilt (*Median* = 4.00). Für die Positivität der kognitiven Reaktionen als abhängige Variable wurde dann eine 2 x 2 Varianzanalyse (ANOVA) mit den unabhängigen Variablen erlebte Ambivalenz (gering vs. hoch) und anfängliche Einstellung (positiv vs. negativ) gerechnet (siehe Tabelle 6).

Die ANOVA ergab einen signifikanten Haupteffekt der anfänglichen Einstellung, $F(1,96) = 11.79$, $p < .001$. Wie aus Abbildung 3 zu erkennen ist, waren die kognitiven Reaktionen bei einer positiven Einstellung positiver, $M = 0.09$, als bei einer negativen Einstellung, $M = -0.50$. Neben dem Haupteffekt der Einstellung ergab die ANOVA eine signifikante Interaktion von anfänglicher Einstellung und erlebter Ambivalenz, $F(1,96) = 4.11$, $p < .05$. Einfache Kontraste zeigten, daß die kognitiven Reaktionen bei geringer Ambivalenz und positiver Einstellung signifikant positiver waren als bei negativer Einstellung, $M = 0.41$ vs. $M = -0.51$, $F(1,53) = 12.98$, $p < .01$, während sich die Positivität der kognitiven Reaktionen bei hoher Ambivalenz nicht unterschied, $M = -0.24$ vs. $M = -0.48$, $F(1,43) = 1.27$, *ns*.

Tabelle 6 zeigt außerdem die Mittelwerte der Positivität der kognitiven Reaktionen in Abhängigkeit von der anfänglichen Einstellung und dem SIM (Thompson et al., 1995) bzw. dem GTM (Priester & Petty, 1996). Die entsprechende ANOVA mit dem SIM als unabhängige Variable ergab neben einem signifikanten Haupteffekt der anfänglichen Einstellung, $F(1,96) = 9.68$, $p < .01$, keine weiteren signifikanten Effekte. Die ANOVA mit dem GTM als unabhängige Variable ergab einen signifikanten Haupteffekt der anfänglichen Einstellung, $F(1,96) = 21.79$, $p < .001$, des GTM, $F(1,96) = 4.52$, $p < .05$, und eine signifikante Interaktion von anfänglicher Einstellung und Ambivalenz (GTM), $F(1,96) = 8.01$, $p < .01$. Einfache Kontraste belegen, daß die kognitiven Reaktionen bei geringer Ambivalenz (GTM) und positiver Einstellung signifikant positiver waren als bei negativer Einstellung, $M = 0.78$ vs. $M = -0.57$, $F(1,30) = 27.64$, $p < .001$, während sich die Positivität der kognitiven Reaktionen bei hoher Ambivalenz nicht unterschied, $M = -0.11$ vs. $M = -0.44$, $F(1,66) = 2.43$, *ns*.

Auf 2 x 2 Varianzanalysen für die Anzahl an aufgerufenen Pro- und Kontra-Argumenten, die eine Präferenz für bestimmte Argumente anzeigen würde, wurde verzichtet, da sich herausgestellt hat, daß 56 von 100 Versuchsteilnehmern alle 10 Pro-Argumente und 58 von 100 Versuchsteilnehmern alle 10 Kontra-Argumente aufgerufen hatten. Aus diesem Grund ist die Varianz in bezug auf die Anzahl an Pro- und Kontra-Argumenten sehr gering.

Tabelle 4: Interkorrelationen abhängiger und unabhängiger Variablen

	1	2	3	4	5	6	7
1. Erlebte Ambivalenz	*.73****	.51***	.51***	.35***	-.44***	-.40***	-.60***
2. SIM (Griffin-Index)		*.53****	.92***	.29**	-.36***	-.31**	-.48***
3. GTM			*.48****	.28**	-.30**	-.31**	-.46***
4. Negativer Affekt				*.49****	-.20*	.60***	.49***
5. Kognitive Zugänglichkeit[a]					*.53****	.26**	.31**
6. Sicherheit der Einstellung						*.72****	.63***
7. Extremheit der Einstellung							*.82****

Anmerkungen. GTM = Gradual Threshold Model (Priester & Petty, 1996); SIM = Similarity Intensity Model (Thompson et al., 1995); [a] Kurze Antwortlatenzen bedeuten eine hohe kognitive Zugänglichkeit (die Basisreaktionszeit wurde auspartialisiert); Die Werte in der Diagonale sind Autokorrelationen der Variablen zwischen dem ersten und zweiten Meßzeitpunkt; *** $p < .001$, ** $p < .01$, * $p < .05$; $N = 100$.

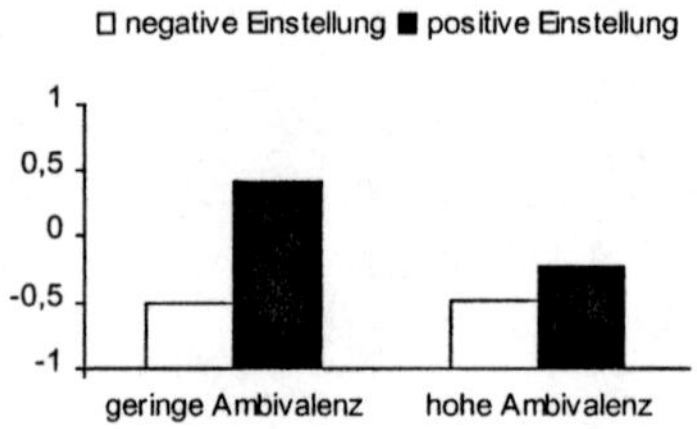

Abbildung 3: Ergebnis der Varianzanalyse für die Positivität der kognitiven Reaktionen mit den unabhängigen Variablen Ambivalenzerleben und anfängliche Einstellung.

Tabelle 5: Ergebnis der hierarchischen Regressionen zur Vorhersage der kognitiven Zugänglichkeit der Einstellung

Prädiktor	β	F_{Change}	p	R^2_{Change}
Basisreaktionszeit	.51		<.001	
Ambivalenzerleben	-.39	23.67	<.001	.15
Extremheit	.07		*ns*	
Sicherheit	.10		*ns*	
SIM	-.31	14.39	<.001	.10
Extremheit	.16		*ns*	
Sicherheit	.15		*ns*	
GTM	-.29	12.16	<.001	.08
Extremheit	.18		*ns*	
Sicherheit	.16		*ns*	

Tabelle 6: Mittelwerte und Standardabweichungen der Positivität kognitiver Reaktionen

	Anfängliche Einstellung			
	Negativ		Positiv	
	M	*SD*	*M*	*SD*
Ambivalenzerleben				
Gering	-0.51	0.74	0.41	0.65
Hoch	-0.48	0.52	-0.24	0.57
SIM				
Gering	-0.48	0.60	0.28	0.71
Hoch	-0.53	0.72	-0.17	0.59
GTM				
Gering	-0.57	0.57	0.78	0.41
Hoch	-0.44	0.69	-0.11	0.62

5.3.4 Diskussion der Ergebnisse

Die vorliegenden Ergebnisse bestätigen die Hypothese, daß Ambivalenz gegenüber einem Einstellungsobjekt zumindest zu einem gewissen Grad mit negativem, einstellungsbezogenem Affekt einhergeht. Unabhängig von der verwendeten Methode zeigten sich signifikante Zusammenhänge von Ambivalenz und negativem, einstellungsbezogenem Affekt. Je höher die Ambivalenz ausfiel, desto negativer war der einstellungsbezogene Affekt. Wie erwartet, fiel dieser Zusammenhang bei der subjektiv erlebten Ambivalenz deutlicher aus als bei den operativen Methoden. Dieser Befund kann als Validierung der erlebten Ambivalenz betrachtet werden. So konnten beispielsweise Cacioppo et al. (1997) zeigen, daß erlebte Ambivalenz stärker mit einem Negativitätsfaktor korrelierte als mit einem Positivitätsfaktor. Dieser Befund bestätigt auch die Ergebnisse von Hass et al. (1992), die einen signifikanten Zusammenhang von Ambivalenz (PAAQ) mit negativer Stimmung nur fanden, wenn die Ambivalenz salient war. Im Unterschied zu Hass et al. (1992) und Monteith (1996) konnte in dieser Untersuchung ein Zusammenhang von Ambivalenz und negativem, einstellungsbezogenem Affekt für ein Einstellungsobjekt aufgezeigt werden, das nichts mit ethnischen Einstellungen zu tun hat. Aus diesem Grund kann die Ambivalenz nach Katz und Hass (1988) eher als Sonderfall betrachtet werden, zumal die Meßmethode (PAAQ) nicht ohne weiteres auf andere Kulturkreise übertragbar ist.

Ebenso konnte die Hypothese bestätigt werden, daß Ambivalenz mit einer längeren Antwortlatenz der Einstellung einhergeht. Für alle verwendeten Ambivalenzmaße zeigte sich, daß die Antwortlatenzen um so länger waren, je höher die Ambivalenz ausfiel. Dieser Zusammenhang blieb selbst dann bestehen, wenn die Extremheit und die Sicherheit der Einstellung kontrolliert wurden. Sowohl die Extremheit als auch die Sicherheit der Einstellung wiesen dabei wie erwartet signifikante Beziehungen zu der Antwortlatenz der Einstellung und auch zur Ambivalenz auf (siehe auch den Abschnitt über Ambivalenz als Stärkemerkmal von Einstellungen). Die größte Varianzaufklärung leistete die subjektiv erlebte Ambivalenz. Dieser Befund widerlegt zudem die Annahme von Bassili (1996), daß subjektive Maße generell schlechtere Prädiktoren sein sollten als operative Maße der Ambivalenz. Es zeigte sich ferner, daß das GTM nicht, wie von Priester und Petty (1996) vermutet, der beste Prädiktor ist. Die Gleichungsparameter des GTM wichen außerdem deutlich von denen bei Priester und Petty (1996) ab.

Der beobachtete Zusammenhang von Ambivalenz und Antwortlatenz bestätigt die Befunde von Bargh et al. (1992) und Fazio und Powell (1992; zitiert in Fazio, 1995). Allerdings beruhen diese Befunde auf dem CRM von Kaplan (1972), das aus verschiedenen Gründen zu kritisieren ist (Breckler, 1994; Priester & Petty, 1996; Thompson et al., 1995). Da in der hier berichteten Untersuchung bipolare Einstellungsskalen verwendet wurden und nicht wie bei Bargh et al. (1992) lediglich zwei Reaktionsoptionen (gut vs. schlecht), kann der beobachtete Zusammenhang von Ambivalenz und Antwortlatenz anstelle eines Wettstreits zweier gegensätzlicher Bewertungstendenzen auch im Sinne des *attitudes-as-constructions* Modells von Wilson und Hodges (1992) interpretiert werden. Bipolare Einstellungsformate erfordern zumindest eine gewisse Integration aller zugänglichen Informationen bei ihrer Beantwortung (Tourangeau & Rasinski, 1988).

Eine Bestätigung für die Annahme, daß bei hoher Ambivalenz die Informationssuche unvoreingenommener ist als bei geringer Ambivalenz, liefern die Ergebnisse der Varianzanalysen für die Positivität der kognitiven Reaktionen. Bei hoher Ambivalenz wurde die Positivität der kognitiven Reaktionen weniger durch die anfängliche Einstellung beeinflußt als bei geringer Ambivalenz. Bei geringer Ambivalenz fiel die Positivität der kognitiven Reaktionen bei einer positiven anfänglichen Einstellung positiver aus als bei einer negativen anfänglichen Einstellung. Dieses Ergebnis belegt eine Tendenz zu einstellungskonsistenter Verarbeitung von Argumenten bei geringer Ambivalenz. Die bestehende Einstellung wurde bei der Verarbeitung der Argumente möglicherweise als Heurisik verwendet (vgl. Pratkanis, 1988). Maio et al. (1996) konnten zeigen, daß Personen mit geringer Ambivalenz ihre Einstellung als Heuristik verwenden, wenn sie sich mit Argumenten einer persuasiven Kommunikation auseinandersetzen, während dies bei Personen mit hoher Ambivalenz nicht der Fall war.

Es muß einschränkend allerdings gesagt werden, daß der Unterschied bezüglich einer positiven und einer negativen anfänglichen Einstellung bei hoher Ambivalenz weniger deutlich ausfallen sollte als bei geringer Ambivalenz, da Ambivalenz negativ mit der Extremheit von Einstellungen assoziiert ist. Das bedeutet, daß ambivalente Einstellungen zur Neutralität tendieren (vgl. Jonas et al., 1997). Insofern könnte der Befund einer einstellungskonsistenten Verarbeitung bei geringer Ambivalenz wenigstens teilweise auf Unterschiede in der Extremheit der positiven und negativen anfänglichen Einstellung zurückzuführen sein. Tatsächlich zeigte sich, daß der Unterschied in bezug auf die anfängliche Einstellung bei geringer Ambivalenz größer war als bei hoher Ambivalenz, unabhängig von dem verwendeten Ambivalenzmaß.

VI. Untersuchung 2

6.1 Fragestellung und Hypothesen

Mit dieser Untersuchung wurden zwei Ziele verfolgt. Zum einen sollte die Annahme von Chaiken et al. (1989) überprüft werden, daß wahrgenommene Selbstwirksamkeit (Bandura, 1977) die systematische Verarbeitung einstellungsrelevanter Informationen unabhängig von der Diskrepanz von angestrebter und tatsächlicher Sicherheit der Einstellung determiniert. Zum anderen sollte überprüft werden, ob Einflüsse der Ambivalenz und der wahrgenommenen Selbstwirksamkeit auf die systematische Verarbeitung interagieren. Im folgenden werden die Hypothesen begründet.

Im Heuristisch-Systematischen Modell von Chaiken et al. (1989) wird die Diskrepanz von angestrebter und tatsächlicher Sicherheit als motivationale Determinante der systematischen Verarbeitung betrachtet. Diese Diskrepanz ist groß, wenn beispielsweise die angestrebte Sicherheit in bezug auf die Einstellung durch hohe persönliche Relevanz des Einstellungsobjekts hoch oder die tatsächliche Sicherheit gering ist (vgl. Maheswaran & Chaiken, 1991). Jonas et al. (1997) konnten zeigen, daß Ambivalenz die tatsächliche Sicherheit verringert. In dieser Untersuchung (Jonas et al., 1997) wurden ambivalente Einstellungen durch Vorgabe evaluativ inkonsistenter Informationen zu einem unvertrauten Einstellungsobjekt und nicht-ambivalente Einstellungen durch Vorgabe evaluativ konsistenter Informationen erzeugt. Einstellungen zu unvertrauten Objekten zu untersuchen hat den Vorteil, daß Einflüsse wie einstellungsbezogenes Wissen oder die persönliche Relevanz des Einstellungsobjekts kontrolliert werden können. Die Begründung dafür, warum evaluativ inkonsistente Informationen zu einer geringeren tatsächlichen Sicherheit führen als konsistente Informationen, wurde im Abschnitt über die Bildung neuer Einstellungen ausführlich diskutiert.

Neben dem Bedürfnis, eine hinreichende Sicherheit in die Einstellung zu erreichen, könnte nach Ansicht von Chaiken et al. (1989) die wahrgenommene Selbstwirksamkeit einen unabhängigen Beitrag zur Vorhersage der systematischen Verarbeitung leisten. Dies setzt jedoch voraus, daß die wahrgenommene Selbstwirksamkeit auf die kognitiven Prozesse zugeschnitten wird, die für eine systematische Verarbeitung kennzeichnend sind (Bandura, 1977, 1989). So haben aber Bohner et al. (1998) ihren Versuchsteilnehmern auf der Basis eines Persönlichkeitstests entweder rückgemeldet, daß sie bezüglich der relevanten Aufgabe gute oder unterdurchschnittliche Fähigkeiten hätten. Die wahrgenommene Selbstwirksamkeit wurde als vergleichende Selbsteinschätzung zwischen der relevanten und einer irrelevanten Aufgabe im Hinblick auf die eigene Fähigkeit erfaßt, ohne daß die Versuchsteilnehmer Erfahrungen mit dem relevanten Einstellungsobjekt gemacht hatten. Da Bohner et al. (1998) einen möglichen, direkten Einfluß der wahrgenommenen Selbstwirksamkeit auf die kognitiven Reaktionen nicht untersucht haben, soll dies in der hier berichteten Untersuchung getan werden.

Chaiken (1987) nimmt an, daß eine geringe wahrgenommene Selbstwirksamkeit die Motivation zu systematischer Verarbeitung untergraben kann. Wenn dies zutrifft, sollte sich ein positiver Einfluß der wahrgenommenen Selbstwirksamkeit auf die Intensität der kognitiven Verarbeitung aufzeigen lassen. Wenn dieser Einfluß zudem unabhängig von der Diskrepanz von angestrebter und tatsächlicher Sicherheit der Einstellung ist, dann sollte die wahrgenommene Selbstwirksamkeit zusätzliche Varianz bezüglich der kognitiven Verarbeitung aufklären, wenn die Diskrepanz kontrolliert wird. Es soll noch einmal betont werden, daß es sich bei der wahrgenommenen Selbstwirksamkeit um eine subjektive Einschätzung der eigenen Fähigkeit handelt, bestimmte kognitive Operationen ausführen zu können. Diese subjektive Einschätzung ist theoretisch unabhängig von der objektiven Fähigkeit (Bandura, 1977). Im HSM wird angenommen, daß die (objektive) Fähigkeit hinreichend groß sein muß, damit systematische Verarbeitung initiiert wird. Dies kann bei der Bildung neuer Einstellung sehr leicht gewährleistet werden, wenn relevante Informationen in verständlicher Form und ohne Zeitbeschränkung vorgegeben werden.

Soweit sind zwei unabhängige Einflüsse auf die systematische Verarbeitung postuliert worden. Einerseits sollte hohe Ambivalenz zu intensiverer Verarbeitung führen als geringe Ambivalenz (vgl. Jonas et al., 1997) und andererseits sollte hohe wahrgenommene Selbstwirksamkeit zu intensiverer Verarbeitung führen als geringe wahrgenommene Selbstwirksamkeit. Was aber passiert, wenn hohe Ambivalenz und geringe wahrgenommene Selbstwirksamkeit oder geringe Ambivalenz und hohe wahrgenommene Selbstwirksamkeit gegeben sind? Bei Unabhängigkeit beider Determinanten würden zwei Haupteffekte in bezug auf die Intensität der kognitiven Verarbeitung vorhergesagt werden. Das bedeutet, daß unabhängig von der wahrgenommenen Selbstwirksamkeit bei hoher Ambivalenz intensiver verarbeitet wird als bei geringer Ambivalenz und unabhängig von der Ambivalenz bei hoher wahrgenommener Selbstwirksamkeit intensiver verarbeitet wird als bei geringer wahrgenommener Selbstwirksamkeit.

Chaiken et al. (1989) bzw. Bohner et al. (1995) betonen, daß mit einer zunehmenden Diskrepanz von angestrebter und tatsächlicher Sicherheit eher auf systematische als auf mögliche heuristische Strategien zurückgegriffen wird, um diese Diskrepanz zu verringern und je größer die Diskrepanz ist, desto intensiver muß kognitiv elaboriert werden. Die Wahrscheinlichkeit intensiver Verarbeitung sollte sich aber verringern, wenn nach subjektiver Überzeugung die dazu notwendigen Fähigkeiten nicht vorhanden sind, d.h. wenn die wahrgenommene Selbstwirksamkeit gering ist. Parallele Annahmen werden beispielsweise in der Literatur zur Zielsetzung getroffen (Bandura & Cervone, 1983; Locke et al., 1984; Sanna & Pusecker, 1994). Wenn schwierige Leistungs-Ziele angestrebt werden, läßt sich eine entsprechend gute Leistung nur bei hoher wahrgenommener Selbstwirksamkeit beobachten, während die Leistung bei geringer wahrgenommener Selbstwirksamkeit deutlich schlechter ist (vgl. Lent et al., 1997). Aus diesem Grund sollte bei hoher Ambivalenz und geringer wahrgenommener Selbstwirksamkeit weniger intensiv verarbeitet werden als bei hoher Ambivalenz und hoher wahrgenommener Selbstwirksamkeit. Die intensivste Verarbeitung sollte hingegen bei hoher Ambivalenz und hoher wahrgenommener Selbstwirksamkeit zu beobachten sein.

Bei geringer Ambivalenz sollte die Motivation zu systematischer Verarbeitung aufgrund einer geringen Diskrepanz von angestrebter und tatsächlicher Sicherheit niedrig sein. Anders formuliert, ist die Aufgabe, zu einer zutreffenden Einstellung zu gelangen, sehr einfach, wenn die relevanten Informationen evaluativ konsistent sind. In diesem Fall ist keine anspruchsvolle Integration der Informationen notwendig, die durch kognitive Verarbeitung erleichtert wird. Aus diesem Grund sollte die subjektive Überzeugung, zu systematischer Verarbeitung in der Lage zu sein, keinen bedeutsamen Einfluß auf die Intensität der Verarbeitung haben. Diese Annahme deckt sich mit dem Postulat, daß Personen generell keinen unnötigen geistigen Aufwand betreiben (Chaiken, 1980; McGuire, 1969). Damit wird also eine *ordinale* Interaktion von Ambivalenz und Selbstwirksamkeit in bezug auf die systematische Verarbeitung vorhergesagt.

6.2 Stichprobe und Versuchsplan

An der Untersuchung nahmen 60 Psychologiestudenten der Universität Tübingen (43 Frauen und 17 Männer) im Alter von M = 27.62 Jahren (SD = 6.59) teil. Für ihre Teilnahme wurde ihnen ½ Versuchspersonenstunde bescheinigt.[5]

Es wurden drei Bedingungen in bezug auf die evaluative Konsistenz umgesetzt: Inkonsistent, konsistent-positiv und konsistent-negativ. Nach Zufall wurden 30 Versuchsteilnehmer der inkonsistenten Bedingung und jeweils 15 den beiden konsistenten Bedingungen zugewiesen. Die gesamte Stichprobe wurde später anhand eines Median-Splits in zwei Gruppen mit geringer vs. hoher wahrgenommener Selbstwirksamkeit unterteilt.

6.3 Ablauf und Untersuchungsmaterial

Die Versuchsteilnehmer wurden durch einen Aushang für eine Untersuchung zu "individuellen Urteilsprozessen" angeworben und nahmen einzeln an der Untersuchung teil. Es wurden zwei Fragebogen vorgegeben. Im ersten Fragebogen erfuhren die Versuchsteilnehmer zunächst, daß sie sich im Laufe der Untersuchung Gedanken über eine Rechtsschutzversicherung machen sollen und der Versuchsleiter ihnen im Anschluß an die Untersuchung zu ihren Angaben einige Fragen stellen würde. Durch diese angekündigte Befragung sollte die Involviertheit der Versuchsteilnehmer erhöht werden (vgl. Chaiken et al., 1989). Danach wurden sechs, in Anlehnung an die Stiftung Warentest (Nr. 2, 1996) ausgewählte Kriterien für die Beurteilung von Rechtsschutzversicherungen allgemein beschrieben. Die sechs Kriterien mit ihren möglichen Ausprägungen sind in Tabelle 7 dargestellt.

So wurde beispielsweise erläutert, daß unter dem Begriff "Deckungssumme" der maximale Geldbetrag zu verstehen ist, den die Versicherung in einem Rechtsstreit zu zahlen bereit ist. Die Kriterien hatten entweder zwei, drei oder fünf mögliche Ausprägungen. In keiner Bedingung entsprach die vorgestellte Versicherung einer realen Versicherung. Es wurden auch keine Namen von Versiche-

[5] Wesentliche Teile dieser Untersuchung sind veröffentlicht, Brömer, P. (1998). Einstellungen gegenüber unvertrauten Produkten: Selbstwirksamkeit bestimmt die Intensität der Verarbeitung relevanter Produktattribute. *Zeitschrift für Sozialpsychologie, 29,* 124-133. Das Versuchsmaterial kann vom Autor bezogen werden.

rungsunternehmen genannt. Die Versuchsteilnehmer sollten jedoch aus Gründen der Glaubwürdigkeit davon ausgehen, daß es sich um real angebotene Versicherungen handelt. Bevor die konkrete Testinformation für eine angeblich zufällig ausgewählte Versicherung vorgestellt wurde, erfolgte zunächst eine Messung der wahrgenommenen Selbstwirksamkeit (siehe Messungen).

Im Anschluß daran wurde die getestete Versicherung vorgestellt und die evaluative Konsistenz manipuliert. In der inkonsistenten Bedingung waren drei Kriterien positiv und drei Kriterien negativ ausgeprägt, während in der konsistent-positiven Bedingung alle sechs Kriterien positiv und in derkonsistent-negativen Bedingung negativ ausgeprägt waren. Es wurden zwei verschiedene Versionen der inkonsistenten Bedingung umgesetzt. Die Operationalisierung der evaluativen Konsistenz ist in der unteren Hälfte von Tabelle 7 dargestellt. Als nächstes wurde die tatsächliche und die angestrebte Sicherheit der Einstellung, sowie die Ambivalenz gemessen. Die Versuchsteilnehmer gaben dann den ersten Fragebogen ab und erhielten von dem Versuchsleiter den zweiten Fragebogen. In diesem zweiten Fragebogen wurde zunächst ein Protokollbogen vorgegeben, in den die Versuchsteilnehmer fünf Minuten lang alle Gedanken eintragen sollten, die sie sich zu der getesteten Versicherung gemacht hatten. Hierfür wurden auf einer separaten Seite acht Kästchen vorgegeben.

Danach wurde die Einstellung zur getesteten Versicherung und die Sicherheit der Einstellung erfaßt. Die Messung der kognitiven Reaktionen erfolgte zeitlich vor der Einstellungsmessung, um den Einfluß kognitiver Reaktionen auf die Einstellung kausal interpretieren zu können (Killeya &Johnson, 1998; Romero et al., 1996). In der Regel werden kognitive Reaktionen nach der Einstellung erhoben und dennoch als Prädiktor in Pfad- und Regressionsanalysen eingesetzt (z.B. Chen et al., 1996; Petty et al., 1993). Es wurde eine Reihe weiterer Variablen erhoben, die für die hier berichteten Ergebnisse jedoch nicht relevant sind.

6.4 Operationalisierung der evaluativen Konsistenz

Tabelle 7: Operationalisierung der evaluativen Konsistenz

	Kriterium	*maximal negativ*				*maximal positiv*
1.	Jahresbeitrag	> 240.-	210-240.	180-210.-	150-180.-	< 150.-
2.	Deckungssumme	< 250T.-		250T.-		> 250T.-
3.	Erweiterung	> 20%		10-20%		< 10%
4.	Mietrechtsschutz	Nein				Ja
5.	Rückerstattung	Nein				Ja
6.	Selbstbehalt	500.-				250.-

Kriterium	1	2	3	4	5	6

Tabelle 7 (Fortsetzung)

Kriterium	1	2	3	4	5	6
Experimentelle Bedingung						
Inkonsistent (Version 1)	245.-	> 250T	< 10%	Ja	Nein	500.-
(Version 2)	145.-	< 250T	> 20%	Nein	Ja	250.-
Konsistent-positiv	145.-	> 250T	< 10%	Ja	Ja	250.-
Konsistent-negativ	245.-	< 250T	> 20%	Nein	Nein	500.-

6.5 Messungen

Die Variablen wurden in der Reihenfolge ihrer Beschreibung erhoben.

Wahrgenommene Selbstwirksamkeit. Die Versuchsteilnehmer sollten ihre wahrgenommene Selbstwirksamkeit auf einer Skala von -3 (*extrem unsicher*) bis 3 (*extrem sicher*) angeben bezüglich "Ich bin mir ..., daß ich in der Lage bin, die Einzelinformationen richtig zu bewerten", bezüglich " Ich bin mir ..., daß ich in der Lage bin, die Einzelinformationen im Hinblick auf deren Wichtigkeit miteinander zu vergleichen" und bezüglich "Ich bin mir ..., daß ich in der Lage bin, die Einzelinformationen zu einer Gesamtbewertung zu integrieren". Die drei Antworten wurden gemittelt (Alpha = .87).

Tatsächliche und angestrebte Sicherheit der Einstellung. Die Versuchsteilnehmer äußerten ihre tatsächliche Sicherheit der Einstellung auf einer Skala von –3 (*völlig unsicher*) bis 3 (*sehr sicher*) bezüglich "Wenn ich jetzt spontan ein Urteil über die Rechtsschutzversicherung abgeben soll, *wäre* ich mir in meiner Meinung ..." und auf derselben Skala ihre angestrebte Sicherheit bezüglich "Wenn ich jetzt spontan ein Urteil über die Rechtsschutzversicherung abgeben soll, *würde* ich mir in meiner Meinung gerne ... sein". Die Diskrepanz von angestrebter und tatsächlicher Sicherheit wurde als Differenz beider Messungen bestimmt.

Ambivalenz. Die Versuchsteilnehmer gaben auf einer 4-stufigen Skala von 0 (*überhaupt nicht positiv*) bis 3 (*sehr positiv*) an, wie positiv sie die positiven Aspekte (P) finden und auf einer zweiten Skala von 0 (*überhaupt nicht negativ*) bis 3 (*sehr negativ*), wie negativ sie die negativen Aspekte (N) finden. Die beiden Werte wurden nach Thompson et al. (1995) zu einem Ambivalenzwert verrechnet (Griffin-Index): Ambivalenz = (P+N)/2-|P-N|. Ihre erlebte Ambivalenz gaben sie auf einer 7-stufigen Skala von 1 (*überhaupt nicht*) bis 7 (*sehr stark*) bezüglich "In meiner Bewertung fühle ich mich ... hin- und hergerissen" an. Die erlebte Ambivalenz korrelierte signifikant mit dem Griffin-Index, $r = .60$, $p < .001$.

Einstellung und Sicherheit der Einstellung. Die Einstellung zur getesteten Versicherung wurde auf einer Skala von –3 (*sehr schlecht*) bis 3 (*sehr gut*) bezüglich "Die Rechtsschutzversicherung bewerte ich als ..." erfaßt. Die Sicherheit der Einstellung wurde auf einer Skala von –3 (*extrem unsicher*) bis 3 (*extrem sicher*) bezüglich "In meiner Meinung bin ich mir ..." erfaßt.

Kognitive Reaktionen. Das Gedankenprotokoll wurde von zwei Beurteilern unabhängig ausgewertet. Zuerst wurde die Anzahl attributbezogener kognitiver Reaktionen ermittelt (Gedanken, die auf eines der sechs Attribute Bezug nehmen). Es konnten maximal sechs attributbezogene Reaktionen genannt werden, da Mehrfachnennungen eines Attributs nicht gezählt wurden. In einem zweiten Schritt wurden die attributbezogenen Reaktionen danach unterschieden, ob sie explizite Bewertungen (z.B. "Einen Jahresbeitrag von 145.- finde ich sehr günstig") oder relationale Gewichtungen (z.B. "Eine hohe Deckungssumme ist mir wichtiger als eine Rückerstattung") beinhalteten. Um ein Maß für die Verarbeitungstiefe zu erhalten, wurde der relative Anteil von expliziten Bewertungen und relationalen Gewichtungen an der Anzahl attributbezogener Reaktionen ermittelt. Hierbei wurden fehlende Werte aufgrund einer Division durch Null durch den Mittelwert ersetzt (10 Fälle). Die expliziten Bewertungen konnten entweder positiv oder negativ sein. Aus der Differenz der Anzahl positiver und negativer attributbezogener Reaktionen wurde ein Maß für die Positivität der kognitiven Reaktionen bestimmt. Die Beurteilerübereinstimmung in bezug auf die Anzahl attributbezogener Reaktionen lag bei $r = .89$, bei $r = .91$ für die expliziten Bewertungen und bei $r = .94$ für die relationalen Gewichtungen. Die entsprechenden Variablen wurden als Mittelwert der Angaben beider Beurteiler bestimmt.

6.6 Ergebnisse

6.6.1 Manipulations-Überprüfung

Für den Griffin-Index wurden zwei orthogonale Kontraste gerechnet. Der erste orthogonale Kontrast ergab, daß sich der Griffin-Index in der konsistent-positiven Bedingung signifikant von der konsistent-negativen Bedingung unterschied, $M = 0.84$ vs. $M = 0.18$, $F(1,28) = 3.82$, $p < .05$, einseitig. Der zweite Kontrast ergab, daß der Griffin-Index in der inkonsistenten Bedingung signifikant höher lag als in den beiden konsistenten Bedingungen, $M = 1.33$ vs. $M = 0.51$, $F(1,57) = 10.46$, $p < .01$. In bezug auf die erlebte Ambivalenz zeigte der erste Kontrast, daß sich die konsistent-positive nicht von der konsistent-negativen Bedingung unterschied, $M = 3.06$ vs. $M = 2.77$, $F(1,28) = 0.52$, *ns*. In der inkonsistenten Bedingung fiel die erlebte Ambivalenz signifikant höher aus als in den beiden konsistenten Bedingungen, $M = 3.70$ vs. $M = 2.92$, $F(1,57) = 3.72$, $p < .05$, einseitig.

6.6.2 Diskrepanz von angestrebter und tatsächlicher Sicherheit der Einstellung

Für die Diskrepanz von angestrebter und tatsächlicher Sicherheit wurden ebenfalls zwei orthogonale Kontraste berechnet. Wie erwartet, unterschied sich die Diskrepanz in der konsistent-positiven und konsistent-negativen Bedingung nicht signifikant, $M = 0.94$ vs. $M = 1.12$, $F(1,28) = 0.10$, *ns*. In der inkonsistenten Bedingung fiel die Differenz hingegen signifikant größer aus als in den konsistenten Bedingungen, $M = 1.85$ vs. $M = 1.03$, $F(1,57) = 3.88$, $p < .05$, einseitig.

6.6.3 Einstellung

Eine 3 x 2 Varianzanalyse (ANOVA) mit der Einstellung zur getesteten Versicherung als abhängige Variable und der evaluativen Konsistenz und der dichotomisierten Selbstwirksamkeit (gering vs. hoch) als unabhängige Variablen ergab einen signifikanten Effekt der evaluativen Konsistenz, $F(2,57) = 11.14$, $p < .001$. Es gab keine weiteren signifikanten Effekte. In der inkonsistenten Bedingung war die Einstellung signifikant negativer als in der konsistent-positiven Bedingung $M = 0.23$ vs. $M = 1.25$ $t(43) = 2.03$, $p < .05$, und signifikant positiver als in der konsistent-negativen Bedingung, $M = -1.67$, $t(43) = 3.23$, $p < .01$. In der konsistent-positiven Bedingung war die Einstellung signifikant positiver als in der konsistent-negativen Bedingung, $t(28) = 4.32$, $p < .001$.

6.6.4 Intensität der Verarbeitung

Für die nachfolgenden Varianzanalysen wurden die konsistent-positive und die konsistent-negative Bedingung zu einer Bedingung zusammengefaßt. Die erste 2 x 2 Varianzanalyse (ANOVA) mit der Anzahl attributbezogener Reaktionen als abhängige Variable, sowie der evaluativen Konsistenz und der Selbstwirksamkeit (gering vs. hoch) als unabhängige Variablen, ergab einen Haupteffekt der evaluativen Konsistenz. Es gab keine weiteren signifikanten Effekte. In der inkonsistenten Bedingung wurden signifikant mehr attributbezogene Reaktionen genannt als in der konsistenten Bedingung, $M = 4.37$ vs. $M = 2.72$, $F(1,56) = 12.80$, $p < .01$. Die Mittelwerte und Standardabweichungen sind in Tabelle 8 dargestellt. Die zweite ANOVA mit dem relativen Anteil expliziter Bewertungen und relationaler Gewichtungen an der Gesamtzahl attributbezogener Reaktionen ergab ebenfalls einen signifikanten Haupteffekt der Konsistenz. Es gab keine weiteren signifikanten Effekte. In der inkonsistenten Bedingung lag der relative Anteil expliziter Bewertungen und relationaler Gewichtungen signifikant höher als in der konsistenten Bedingung, $M = 0.67$ vs. $M = 0.32$, $F(1,56) = 9.11$, $p < .01$.

Da für beide abhängige Variablen eine ordinale Interaktion von evaluativer Konsistenz und Selbstwirksamkeit vorhergesagt wurde, wurde zunächst für die Anzahl attributbezogener Reaktionen eine einfaktorielle Varianzanalyse berechnet, bei der die Mittelwerte verglichen werden, die sich der Hypothese entsprechend nicht signifikant unterscheiden sollten (konsistent/geringe Selbstwirksamkeit, konsistent/hohe Selbstwirksamkeit und inkonsistent/geringe Selbstwirksamkeit). Da diese Varianzanalyse einen signifikanten Effekt ergab, $F(2,45) = 3.72$, $p < .05$, ist es nicht zulässig, diese drei Bedingungen zusammenzufassen und mit der Bedingung inkonsistent/hohe Selbstwirksamkeit zu vergleichen.

Die entsprechende einfaktorielle Varianzanalyse für den relativen Anteil expliziter Bewertungen und relationaler Gewichtungen ergab hingegen keinen signifikanten Effekt, $F(2,45) = 1.13$, *ns*. Da sich die drei Bedingungen nicht unterschieden, wurden sie zu einer Bedingung zusammengefaßt und anhand eines t-Tests mit der Bedingung inkonsistent/hohe Selbstwirksamkeit verglichen. Der unabhängige t-Test erwies sich als signifikant. In der Bedingung inkonsistent/hohe Selbstwirksamkeit fiel der relative Anteil expliziter Bewertungen und relationaler Gewichtungen signifikant höher aus als in den anderen drei Bedingungen, $M = 0.82$ vs. $M = 0.38$, $t(1,58) = 3.12$, $p < .01$. Die Interaktion ist in Abbildung 4 dargestellt. Nach Bobko (1986) darf diese Zwei-Kontraste-Strategie nur angewendet werden, wenn die Hypothese eine ordinale Interaktion annimmt. Mögliche Haupteffekte treten dabei in den Hintergrund.

Tabelle 8: Mittelwerte und Standardabweichungen kognitiver Reaktionen

Bedingung	*konsistent*		*inkonsistent*	
	M	*SD*	*M*	*SD*
Anzahl attributbezogener kognitiver Reaktionen				
Geringe WSW	2.86	1.92	4.21	1.58
Hohe WSW	2.58	2.12	4.54	1.33
Relativer Anteil expliziter Bewertungen und relationaler Gewichtungen				
Geringe WSW	0.35	0.47	0.53	0.48
Hohe WSW	0.30	0.41	0.82	0.44

Anmerkung. WSW = Wahrgenommene Selbstwirksamkeit.

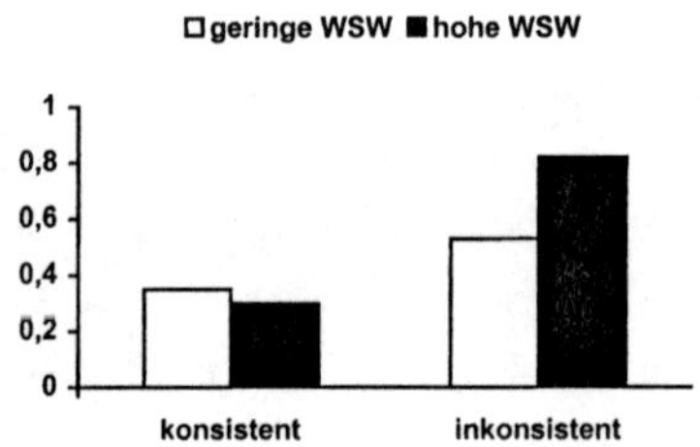

Abbildung 4: Ergebnis der Varianzanalyse für den relativen Anteil expliziter Bewertungen und relationaler Gewichtungen.

6.6.5 Vorhersage der Verarbeitungsintensität

Um zu überprüfen, ob die Selbstwirksamkeit einen Einfluß auf die systematische Verarbeitung hat, der nicht durch die Diskrepanz von angestrebter und tatsächlicher Sicherheit vermittelt wird, wurden multiple Regressionen gerechnet. Dazu wurde die inkonsistente Bedingung mit -1 und die zusammengefaßte konsistente Bedingung mit +1 kodiert.

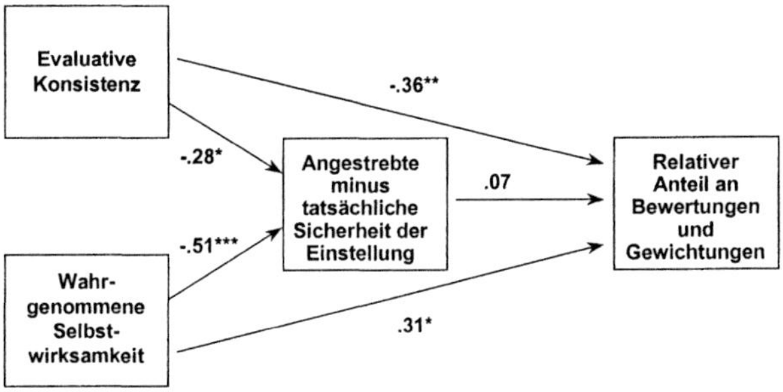

Abbildung 5: Ergebnis der multiplen Regression zur Vorhersage der Intensität der Verarbeitung. Die inkonsistente Bedingung wurde mit -1 und die zusammengefaßte konsistente Bedingung mit +1 kodiert. *** $p < .001$, ** $p < .01$, * $p < .05$.

Zunächst wurde die Diskrepanz gleichzeitig durch die Konsistenz und die Selbstwirksamkeit vorhergesagt. Dabei übten sowohl die Konsistenz, $\beta = -.28$, $p < .05$, als auch die Selbstwirksamkeit, $\beta = -.51$, $p < .001$, einen signifikanten Einfluß auf die Diskrepanz aus. Danach wurde die Anzahl attributbezogener Reaktionen aus der Konsistenz, der Selbstwirksamkeit und der Diskrepanz vorhergesagt. Dabei zeigte sich, daß die Konsistenz einen signifikanten Einfluß hatte, $\beta = -.41$, $p < .01$, während die Selbstwirksamkeit, $\beta = .11$, *ns*, und die Diskrepanz keinen signifikanten Einfluß ausübten, $\beta = .07$, *ns*.

Analoge Regressionen wurden für den relativen Anteil expliziter Bewertungen und relationaler Gewichtungen gerechnet. Es zeigte sich, daß neben der Konsistenz, $\beta = -.36$, $p < .01$, auch die Selbstwirksamkeit, $\beta = .31$, $p < .05$ ($F_{Change} = 5.14$), einen signifikanten Einfluß auf den relativen Anteil ausübte, während die Diskrepanz wiederum keinen signifikanten Einfluß hatte, $\beta = .07$, *ns* ($R^2 = .46$). Abbildung 5 zeigt das Ergebnis dieser multiplen Regressionen.

6.7 Diskussion der Ergebnisse

Die Einstellung zur Rechtsschutzversicherung unterschied sich wie erwartet in Abhängigkeit von der evaluativen Konsistenz der Attribute (vgl. Jonas et al., 1997). Bei evaluativer Inkonsistenz fiel die Einstellung annähernd neutral aus, während sie in der konsistent-positiven Bedingung signifikant positiver und in der konsistent-negativen Bedingung signifikant negativer war. In der inkonsistenten Bedingung war die erlebte Ambivalenz signifikant höher als in den beiden konsistenten Bedingungen und unterschied sich erwartungsgemäß nicht zwischen den beiden konsistenten Bedingungen. Das Ergebnis fiel in bezug auf den Griffin-Index nicht so eindeutig aus, da der Index in der inkonsistenten Bedingung zwar höher ausfiel als in den konsistenten Bedingungen, letztere sich aber auch signifikant unterschieden. Wie vorhergesagt, zeigte sich in der inkonsistenten Bedingung eine größere Diskrepanz von angestrebter und tatsächlicher Sicherheit als in den beiden konsistenten Bedingungen, die sich diesbezüglich nicht unterschieden. Damit hatte die evaluative Konsistenz den erwarteten Effekt auf die Diskrepanz.

Die Ergebnisse der multiplen Regressionen belegen zumindest für den relativen Anteil von Bewertungen und relationalen Gewichtungen an der Anzahl attributbezogener kognitiver Reaktionen als abhängige Variable, daß sowohl die evaluative Konsistenz als auch die wahrgenommene Selbstwirksamkeit gleichzeitig signifikante Einflüsse haben, während der Einfluß der Diskrepanz von angestrebter und tatsächlicher Sicherheit unbedeutend ist, wenn die evaluative Konsistenz und die wahrgenommene Selbstwirksamkeit kontrolliert werden. Bei Inkonsistenz wurde intensiver verarbeitet als bei Konsistenz und ebenso bei hoher wahrgenommener Selbstwirksamkeit im Vergleich zu geringer wahrgenommener Selbstwirksamkeit. Dieses Ergebnis bestätigt, daß beide Variablen die Intensität der kognitiven Verarbeitung in der vorhergesagten Richtung beeinflussen.

Wie erwartet, zeigte sich ein signifikanter Einfluß der evaluativen Konsistenz auf die Diskrepanz. Die Diskrepanz war bei Inkonsistenz größer als bei Konsistenz. Daneben zeigte sich aber auch, daß die Diskrepanz um so geringer ausfiel, je höher die wahrgenommene Selbstwirksamkeit war. Dieser signifikante Einfluß der wahrgenommenen Selbstwirksamkeit zeigt, daß die beiden Determinanten der systematischen Verarbeitung nicht unabhängig voneinander sind. Der Einfluß der wahrgenommenen Selbstwirksamkeit auf die Diskrepanz ist so zu interpretieren, daß die tatsächliche Sicherheit bei geringer wahrgenommener Selbstwirksamkeit niedriger ist als bei hoher wahrgenommener Selbstwirksamkeit (die wahrgenommene Selbstwirksamkeit korrelierte signifikant mit der tatsächlichen Sicherheit, aber nicht signifikant mit der angestrebten Sicherheit).

Die 2 x 2 Varianzanalysen für die Anzahl attributbezogener Reaktionen und den relativen Anteil an Bewertungen und relationalen Gewichtungen als abhängige Variablen ergaben jeweils lediglich einen Haupteffekt für die evaluative Konsistenz. Bei evaluativer Inkonsistenz wurden signifikant mehr attributbezogene Reaktionen genannt und signifikant mehr Bewertungen und relationale Gewichtungen vorgenommen. Dieses Ergebnis bestätigt die Befunde bei Jonas et al. (1997) in bezug auf die Anzahl attributbezogener Reaktionen, zeigt aber darüber hinaus, daß bei hoher Ambivalenz eher differenzierte kognitive Operationen erfolgen, die bei der Bildung einer neuen Einstellung hilfreich sind. Bewertungen einzelner Informationen und Vergleiche mehrerer Kriterien im Hinblick auf deren Wichtigkeit für die Einstellung sollten eine systematische Einstellungsbildung erleichtern. Für den relativen Anteil an Bewertungen und relationalen Gewichtungen ließ sich die erwartete ordinale Interaktion beobachten, nicht jedoch für die Anzahl attributbezogener Reaktionen. In der Kombination von evaluativer Inkonsistenz und hoher wahrgenommener Selbstwirksamkeit fiel dieser relative Anteil signifikant höher aus als in den drei anderen Bedingungen. Bei hoher Ambivalenz und geringer wahrgenommener Selbstwirksamkeit wurde nicht intensiver verarbeitet als bei geringer Ambivalenz. Dieses Ergebnis zeigt, daß bei einer subjektiv als gering eingeschätzten Fähigkeit zu systematischer Verarbeitung trotz Diskrepanz von angestrebter und tatsächlicher Sicherheit nicht intensiver verarbeitet wird.

Insgesamt bestätigt diese Untersuchung die Annahme von Chaiken et al. (1989), daß wahrgenommene Selbstwirksamkeit einen unabhängigen Beitrag zur Vorhersage der systematischen Verarbeitung einstellungsrelevanter Informationen leistet. Darüber hinaus beeinflußt die wahrgenommene Selbstwirksamkeit aber die tatsächliche Sicherheit und somit indirekt die Diskrepanz von angestrebter und tatsächlicher Sicherheit. Wenn zudem die evaluative Konsistenz als Prädiktor berücksichtigt wird, spielt die Diskrepanz keine Rolle mehr bei der Vorhersage der systematischen Verarbeitung. In ihrer Wirkung auf die systematische Verarbeitung interagieren Ambivalenz und wahrgenommene Selbstwirksamkeit. Im Hinblick auf das HSM von Chaiken et al. (1989) erscheint es angemessen, sowohl Ambivalenz als auch die wahrgenommene Selbstwirksamkeit als Prädiktor bzw. Moderatorvariable zu integrieren.

VII. Untersuchung 3

7.1 Fragestellung und Hypothesen

Da die wahrgenommene Selbstwirksamkeit in der vorhergehenden Untersuchung lediglich gemessen wurde, kann eine Konfundierung mit anderen Variablen, beispielsweise dem allgemeinen Wissen über Rechtsschutzversicherungen, nicht ausgeschlossen werden. Aus diesem Grund soll die wahrgenommene Selbstwirksamkeit in dieser Untersuchung experimentell manipuliert werden. Darüber hinaus werden vier weitere Hypothesen formuliert, die sich auf die Antwortlatenz neu zu bildender Einstellungen und die Korrespondenz von kognitiven Reaktionen und Einstellungen beziehen.

In Untersuchung 1 wurde die Antwortlatenz der Einstellung zur Europäischen Währungsunion vor und nach der Informationssuche erfaßt. Es zeigte sich, daß die Antwortlatenz der Einstellung bei hoher Ambivalenz länger war als bei geringer Ambivalenz. Begründet wurde dieser Unterschied in der Einstellungslatenz mit der Notwendigkeit, bei hoher Ambivalenz alle momentan kognitiv zugänglichen Elemente der Datenbasis mit einer bereits bestehenden Bewertungstendenz zu integrieren. Wenn diese Elemente evaluativ inkonsistent sind, sollte die Integration länger dauern. Die Antwortlatenz der Einstellung ist also kein reines Maß der kognitiven Zugänglichkeit, sondern kann vielmehr als Indikator für kognitive Integrationsbemühungen herangezogen werden.

Bei Jonas et al. (1997) und in Untersuchung 2 konnte gezeigt werden, daß bei hoher Ambivalenz einstellungsrelevante Informationen intensiver verarbeitet werden als bei geringer Ambivalenz. Diese intensivere Verarbeitung wurde so interpretiert, daß sie die Bildung einer Einstellung auf systematischem Wege erleichtert bzw. ermöglicht. Wenn nun die Antwortlatenz der Einstellung die Dauer der Integration widerspiegelt, dann kann bei evaluativ inkonsistenter Information zu einem unvertrauten Einstellungsobjekt mit einer längeren Antwortlatenz gerechnet werden als bei evaluativ konsistenter Information. Wie in dem Abschnitt über die Bildung neuer Einstellungen erläutert wurde, sollte die Integration bei konsistenter Information leichter fallen als bei inkonsistenter Information.

In Untersuchung 2 konnte ebenfalls gezeigt werden (vgl. Jonas et al., 1997), daß Ambivalenz mit einer geringeren tatsächlichen Sicherheit der Einstellung verbunden ist. Bei geringer tatsächlicher Sicherheit sollte die Motivation zu systematischer Verarbeitung höher sein als bei hoher Sicherheit (vgl. Maheswaran & Chaiken, 1991). Daraus könnte abgeleitet werden, daß die Antwortlatenz der Einstellung um so länger ist, je geringer die tatsächliche Sicherheit der Einstellung ist. Dies liegt zum einen daran, daß die Motivation zu systematischer Verarbeitung bei geringer Sicherheit höher ist und zum anderen daran, daß man aufgrund einer gewissen Unsicherheit in bezug auf die Richtigkeit einer Einstellung mit der Antwort auf eine Einstellungsfrage zögert. Der zweite Grund beinhaltet einerseits die Überlegung, daß systematische Verarbeitung keine Garantie für das Erreichen der angestrebten Sicherheit bietet (Chaiken et al., 1989) und andererseits die Annahme, daß bei der Bildung neuer Einstellungen auf der Basis einiger weniger (relevanter) Informationen ein Rest Unsicherheit bleibt. Wenn die Informationen jedoch eindeutige Implikationen haben, wie es in den konsistenten Bedingungen der Fall sein sollte, dürfte diese Unsicherheit nicht so gravierend sein wie bei evaluativ konsistenter Information. Obwohl das letzte Argument etwas spekulativ erscheinen mag, wird vorhergesagt, daß die tatsächliche Sicherheit der Einstellung den erwarteten Einfluß der Ambivalenz auf die Antwortlatenz der Einstellung wenigstens teilweise vermitteln sollte (siehe Aiken & West, 1991, sowie Baron & Kenny, 1986, zu den Kriterien einer 'Mediation').

Soweit wurde ein Haupteffekt der Ambivalenz auf die Antwortlatenz der Einstellung und eine Mediation dieses Effekts durch die tatsächliche Sicherheit der Einstellung vorhergesagt. Welchen möglichen Einfluß hat nun die wahrgenommene Selbstwirksamkeit? Bandura (1992, 1997) postuliert, daß Personen mit einer hohen wahrgenommenen Selbstwirksamkeit bei schwierigen Zielen mehr Anstrengung investieren und sich ausdauernder mit einer Aufgabe befassen als Personen mit einer geringen wahrgenommenen Selbstwirksamkeit (vgl. Locke et al., 1984). Es konnte ebenso gezeigt werden, daß Personen mit einer hohen wahrgenommenen Selbstwirksamkeit dazu tendieren, eine Aufgabe schneller und effizienter zu bearbeiten (Bandura, 1986; Lent et al., 1997).

In bezug auf die Antwortlatenzen von Einstellungen könnte daraus geschlossen werden, daß bei evaluativ inkonsistenter Information und hoher wahrgenommener Selbstwirksamkeit intensiver und ausdauernder nachgedacht wird als bei geringer wahrgenommener Selbstwirksamkeit. Bei einer geringen wahrgenommenen Selbstwirksamkeit sollte man das Bestreben, zu einer zutreffenden Einstellung zu kommen, schneller aufgeben. Deshalb wird vorhergesagt, daß bei evaluativ *inkonsistenter* Information und hoher wahrgenommener Selbstwirksamkeit die Antwortlatenz der Einstellung *länger* ist als bei geringer wahrgenommener Selbstwirksamkeit. Da bei evaluativ *konsistenter* Information weniger systematische Verarbeitung erforderlich sein sollte als bei inkonsistenter Information und die Aufgabe, konsistente Informationen zu einer Einstellung zu integrieren verhältnismäßig leichter sein sollte als die Integration inkonsistenter Informationen, wird vorhergesagt, daß die Antwortlatenz der Einstellung bei hoher wahrgenommener Selbstwirksamkeit *kürzer* sein sollte als bei geringer wahrgenommener Selbstwirksamkeit. Das heißt, daß bei einer leichten Aufgabe die subjektive Überzeugung, über die notwendigen Fähigkeiten zu verfügen, zu einer rascheren Antwort auf die Einstellungsfrage führen sollte als bei einer subjektiven Überzeugung, nicht oder nur in geringem Maße über die notwendigen Fähigkeiten zu verfügen.

Systematische Verarbeitung zeichnet sich dadurch aus, daß die Einstellung durch die Positivität kognitiver Reaktionen auf einstellungsrelevante Informationen (oder Argumente) bestimmt wird (Chaiken et al., 1989; Romero et al., 1996). Die Positivität der kognitiven Reaktionen spiegelt dabei die Zustimmung zu oder Ablehnung von Argumenten wider. Eine vermittelnde Rolle der kognitiven Reaktionen bei der Einstellungsänderung sollte auch bei der Bildung neuer Einstellungen eine systematische Verarbeitung anzeigen. Da in dem Paradigma der Einstellungsbildung jedoch nicht die Qualität von Argumenten sondern die Valenz von Argumenten variiert wird (vgl. Jonas et al., 1997 und Untersuchung 2), sollten die kognitiven Reaktionen in der konsistent-negativen Bedingung negativer ausfallen als in der inkonsistenten Bedingung und in der konsistent-positiven Bedingung positiver als in der inkonsistenten Bedingung. In Untersuchung 2 wurde entsprechend gezeigt, daß die Einstellung in der konsistent-negativen Bedingung negativer als in der inkonsistenten Bedingung ausfiel und in der konsistent-positiven Bedingung positiver als in der inkonsistenten Bedingung.

Wie eng die Positivität der kognitiven Reaktionen mit der nachfolgend erfaßten Einstellung korrespondiert, könnte jedoch durch die wahrgenommene Selbstwirksamkeit moderiert werden. Wenn die wahrgenommene Selbstwirksamkeit hoch ist, kann ein engerer Zusammenhang erwartet werden als bei geringer wahrgenommener Selbstwirksamkeit, da sich die Einstellung eher an den kognitiven Reaktionen ausrichten sollte, wenn die subjektive Überzeugung stark ist, daß man tatsächlich dazu fähig ist, systematisch zu verarbeiten. Wenn diese Überzeugung hingegen schwach ist, sollten die kognitiven Reaktionen einen schwächeren Einfluß auf die Einstellung haben. Damit wird der wahrgenommenen Selbstwirksamkeit die Rolle einer Moderatorvariable im Hinblick auf die Korrespondenz von Positivität der kognitiven Reaktionen und Einstellung zugeschrieben. Bohner et al. (1988) konnten bei *bestehenden* Einstellungen zeigen, daß der Effekt der Argumentqualität auf die postkommunikative Einstellung bei hoher Selbstwirksamkeit durch die kognitiven Reaktionen vermittelt wurde, nicht aber bei geringer Selbstwirksamkeit.

7.2 Stichprobe und Versuchsplan

An der Untersuchung nahmen 72 (37 Frauen und 35 Männer) Studierende der Universität Tübingen im Alter von $M = 24.01$ Jahren ($SD = 3.73$) teil. Für ihre Teilnahme erhielten die Versuchsteilnehmer ein Honorar von 8.- DM (ermöglicht durch eine Sachbeihilfe der DFG, Jo-182/2-1).[6]

Der Versuchsplan umfaßt 3 (Evaluative Konsistenz der Attribute: Inkonsistent, konsistent-positiv, konsistent-negativ) x 2 (Wahrgenommene Selbstwirksamkeit: Gering vs. hoch) experimentelle Bedingungen. Jeweils 12 Versuchsteilnehmer wurden nach Zufall einer der sechs Bedingungen zugewiesen. Das Geschlecht der Versuchsteilnehmer war zufällig über die Bedingungen verteilt, $\chi^2(2,72) = 0.68$, *ns*.

7.3 Ablauf und Untersuchungsmaterial

Die Versuchsteilnehmer nahmen einzeln an der Untersuchung teil. Nach ihrem Eintreffen setzten sie sich vor einen Computer und erhielten eine kurze Einweisung in die Benutzung der Tastatur. Alle Instruktionen und Fragen wurden auf dem Computer vorgegeben.[7] Nachdem der Versuchsleiter das Programm gestartet hatte, verließ er den Raum und hielt sich für eventuelle Rückfragen in einem angrenzenden Raum zur Verfügung. Die Versuchsteilnehmer erfuhren dann, daß es sich um

[6] Die Ergebnisse dieser Untersuchung wurden zusammen mit denen aus Untersuchung 4 in Form eines Posters auf der 10. Jährlichen Konferenz der American Psychological Society (APS), vom 21.-24. Mai 1998 in Washington DC. durch den Autor dieser Arbeit vorgestellt (*Perceived self-efficacy determines systematic processing of attitudinal information*). Diese Präsentation wurde durch einen Reisekostenzuschuß der DFG ermöglicht (Jo 182/2-2).

[7] Das Programm wurde in Juggler for Windows geschrieben und ist beim Autor erhältlich.

eine Untersuchung zur Informationsverarbeitung im Alltag handelt und sie deshalb drei zufällig ausgewählte Versicherungsangebote beurteilen sollen, die die Stiftung Warentest jeweils nach sechs bestimmten Kriterien beurteilt hat. Die ersten beiden Versicherungen dienten der Manipulation der wahrgenommenen Selbstwirksamkeit.

Anschließend wurden sechs Kriterien zur Beurteilung einer Rechtsschutzversicherung vorgestellt: Beitragshöhe, Deckungssumme, Erweiterung des Versicherungsschutzes, Mietrechtsschutz, Rückerstattung und Verkehrsrechtsschutz. Zuerst wurden die sechs Kriterien allgemein erläutert. Jedes Kriterium konnte zwei verschiedene, d.h. eine positive und eine negative Ausprägung haben (z.B. Rückerstattung: Ja vs. Nein). Danach wurde zu einer zufällig ausgewählten Versicherung die Testinformation vorgegeben. Die getestete Versicherung hatte drei positiv und drei negativ ausgeprägte Kriterien. Nachdem die Versuchsteilnehmer sich die Kriterien eingeprägt hatten, sollten sie ihre Einstellung zur getesteten Versicherung angeben, in dem sie einen von drei Buttons anklicken, die mit "schlecht", "neutral" bzw. "gut" beschriften waren. Daraufhin erhielten sie Rückmeldung über ihre Einstellung. Durch dieses Feedback sollte die wahrgenommene Selbstwirksamkeit manipuliert werden (siehe Operationalisierung). Anschließend wurde die wahrgenommene Selbstwirksamkeit gemessen (siehe Messungen). Diese Prozedur wurde für eine Krankenversicherung wiederholt. Nach der Beschreibung der sechs Kriterien (Rücktransport aus dem Ausland, Rückerstattung, Zuschüsse bei ambulanter Behandlung, bei stationärer Behandlung, für Hilfsmittel und bei Zahnersatz) wurde eine ebenfalls zufällig ausgewählte Versicherung vorgestellt und die Versuchsteilnehmer sollten ihre Einstellung abgeben. Danach erhielten sie wieder Feedback zu ihrer Einstellung und gaben erneut ihre wahrgenommene Selbstwirksamkeit an.

Nach der Manipulation der Selbstwirksamkeit wurden sechs Kriterien vorgestellt, die die Stiftung Warentest zur Beurteilung von Lebensversicherungen heranzieht. Bei dieser Versicherung wurde die evaluative Konsistenz manipuliert. Zunächst wurden die Kriterien allgemein definiert (Ablaufleistung, Rückkaufleistung, Rendite, Zinsen, wirtschaftliche Stabilität des Versicherungsunternehmens und Beleihzinsen) und anschließend eine zufällig ausgewählte Versicherung vorgestellt. Dazu erschien eine Bildschirmseite, auf der die sechs Kriterien untereinander standen und die jeweilige Ausprägung rechts daneben. Jedes Kriterium konnte drei verschiedene Ausprägungen haben. Tabelle 9 gibt einen Überblick über die möglichen Ausprägungen. In der konsistent-positiven Bedingung waren alle sechs Kriterien positiv und in der konsistent-negativen Bedingung negativ ausgeprägt. In der inkonsistenten Bedingung waren drei Kriterien positiv und drei Kriterien negativ ausgeprägt.

Im Anschluß daran erfolgte eine Messung der Ambivalenz, sowie der tatsächlichen und der angestrebten Sicherheit der Einstellung. Danach wurden die Versuchsteilnehmer aufgefordert, auf einem Protokollbogen, der neben der Tastatur ausgelegt war, alle Gedanken zu notieren, die sie sich während der vergangenen Minuten zu der getesteten Versicherung gemacht hatten. Nach fünf Minuten ertönte ein Signal und das Programm wurde fortgesetzt. Es folgte eine Messung der Einstellung zur Lebensversicherung, der Antwortlatenz der Einstellung, der Sicherheit der Einstellung, der wahrgenommenen Selbstwirksamkeit, sowie ein Erinnerungstest bezüglich der Ausprägungen der sechs Kriterien. Es wurde eine Reihe weiterer Variablen erhoben, die an dieser Stelle jedoch nicht näher beschrieben werden, da sie für die Ergebnisse nicht relevant sind.

7.4 Operationalisierungen

Nachdem die Versuchsteilnehmer ihre Einstellung zu der Rechtsschutz- und der Krankenversicherung geäußert hatten, wurde ihnen gesagt, daß ihre Einstellung mit der Bewertung der Versicherung durch die Stiftung Warentest verglichen würde. In der Bedingung mit positiven Feedback wurde ihnen jeweils gesagt, daß ihre Bewertung mit der Stiftung Warentest völlig übereinstimmt, während in der Bedingung mit negativem Feedback ihre Bewertung von der Stiftung Warentest abweicht. Wenn die Versuchsteilnehmer die Rechtsschutz- bzw. die Krankenversicherung mit "gut" bewertet hatten, war die Bewertung der Stiftung Warentest "schlecht" und wenn sie die Versicherung mit "schlecht" bewertet hatten, war die Bewertung der Stiftung Warentest "gut". Wenn sie hingegen die Bewertung "neutral" vorgenommen hatten (40 mal bei der Rechtsschutz- und 38 mal bei der Krankenversicherung), lautete die Bewertung der Stiftung Warentest zufällig "schlecht" oder "gut".

Die Operationalisierung der evaluativen Konsistenz ist in der unteren Hälfte von Tabelle 9 dargestellt.

Tabelle 9: Operationalisierung der evaluativen Konsistenz

Kriterium	Minimum	Durchschnitt	Maximum
1. Rückkaufleistung	25-50%	50-75%	75-100%
2. Ablaufleistung	< 110%	110-120%	> 120%
3. Rendite	0-50.-	50-100.-	> 100.-
4. Zinsen	0-2%	2-5%	5-8%
5. Wirtschaftliche Stabilität	sehr schlecht	mittel	sehr gut
6. Beleihzinsen	< 5%	5-10%	> 10%

Kriterium	1	2	3	4	5	6
Experimentelle Bedingung						
Inkonsistent	90%	< 110%	> 100.-	1,5%	sehr gut	> 10%
Konsistent-positiv	90%	> 120%	> 100.-	6,5%	sehr gut	< 5%
Konsistent-negativ	30%	< 110%	< 50.-	1,5%	sehr schlecht	> 10%

7.5 Messungen

Die Variablen wurden in der Reihenfolge ihrer nachfolgenden Beschreibung erhoben.

Basisreaktionszeit. Bezüglich der Einstellung zur Rechtsschutz- und zur Krankenversicherung wurde jeweils die Antwortlatenz erfaßt, mit einer systembedingten Meßungenauigkeit von 50 Millisekunden. Als Antwortlatenz wurde die Zeitspanne vom Erscheinen der Frage auf dem Bildschirm bis zur Antwortabgabe bestimmt. Die beiden Antwortlatenzen wurden transformiert (natürlicher Logarithmus) und gemittelt (Alpha = .56).

Ambivalenz. Die Versuchsteilnehmer gaben auf einer 4-stufigen Skala mit den Endpunkten 0 (*überhaupt nicht positiv*) und 4 (*sehr positiv*) an, wie positiv sie die positiven Aspekte der Lebensversicherung finden (P) und auf einer Skala von 0 (*überhaupt nicht negativ*) bis 4 (sehr negativ), wie negativ sie die negativen Aspekte finden (N). Die Werte P und N wurden nach Thompson et al. (1995) zu einem Ambivalenzwert verrechnet (Griffin-Index): (P+N)/2-|P-N|.

Tatsächliche und angestrebte Sicherheit der Einstellung. Die Versuchsteilnehmer gaben ihre tatsächliche Sicherheit der Einstellung auf einer 7-stufigen Skala von 1 (*völlig unsicher*) bis 7 (*sehr sicher*) bezüglich “Wenn ich jetzt angeben soll, ob ich die Lebensversicherung gut oder schlecht finde, wäre ich mir in meiner Meinung...“ an und die angestrebte Sicherheit auf derselben Skala bezüglich “Wenn ich jetzt angeben soll, ob ich die Lebensversicherung gut oder schlecht finde, würde ich mir in meiner Meinung gerne ... sein“.

Kognitive Reaktionen. Das Gedankenprotokoll wurde von zwei Beurteilern unabhängig ausgewertet. Zuerst wurde die Anzahl attributbezogener Reaktionen ermittelt. Eine kognitive Reaktion ist attributbezogen, wenn sie auf eines oder mehrere Kriterien Bezug nimmt (z.B. "Die Rendite ist nebensächlich"). Es konnten maximal sechs attributbezogene kognitive Reaktionen genannt werden, da Mehrfachnennungen eines Attributs ignoriert wurden. Die Beurteilerübereinstimmung in bezug auf die Anzahl attributbezogener Reaktionen lag bei r = .91. Danach wurden die attributbezogenen Reaktionen daraufhin unterschieden, ob sie explizite Bewertungen (z.B. “Hohe Rendite finde ich gut“) oder relationale Gewichtungen (z.B. “Eine hohe Auszahlung ist wichtiger als die Rendite“) beinhalteten. Die Zahl der expliziten Bewertungen und relationalen Gewichtungen konnte kleiner oder maximal gleich sein wie die Zahl der attributbezogenen Reaktionen. Die expliziten Bewertungen konnten entweder positiv oder negativ sein. Die Beurteilerübereinstimmung in bezug auf die Anzahl positiver Bewertungen lag bei r = .88, bei r = .92 für die negativen Bewertungen und bei r = .92 für die Anzahl relationaler Gewichtungen. Die entsprechenden Variablen wurden jeweils als Mittelwert der Angaben beider Beurteiler bestimmt. Als Maß für die Positivität der kognitiven Reaktionen wurde die Differenz positiver und negativer Reaktionen berechnet. Zudem wurde das Verhältnis von Bewertungen und Gewichtungen an der Anzahl attributbezogener Reaktionen ermittelt.

Einstellung zur Lebensversicherung. Die Versuchsteilnehmer gaben ihre Einstellung zur Lebensversicherung auf einer 7-stufigen Skala von 1 (*sehr schlecht*) bis 7 (*sehr gut*) und auf einer Skala von 1 (*sehr negativ*) bis 7 (*sehr positiv*) bezüglich "Die getestete Lebensversicherung finde ich ..." an. Die beiden Antworten wurden gemittelt (Alpha = .98).

Antwortlatenz der Einstellung. Bei beiden Einstellungsfragen zur Lebensversicherung wurde die Antwortlatenz erhoben. Beide Antwortlatenzen wurden transformiert (natürlicher Logarithmus) und gemittelt (Alpha = .21). Der Mittelwert der (untransformierten) Antwortlatenz für die 72 Versuchsteilnehmer lag bei $M = 10.10$ Sekunden ($SD = 6.78$). Die Antwortlatenz korrelierte signifikant mit der Basisreaktionszeit, $r = .44$, $p < .001$.

Sicherheit der Einstellung. Zu jedem der beiden Einstellungsitems wurde die Sicherheit der Einstellung auf einer 7-stufigen Skala von 1 (*völlig unsicher*) bis 7 (*sehr sicher*) bezüglich "Wie sicher bist Du Dir bezüglich dieser Meinung?" erfragt. Beide Antworten wurden gemittelt (Alpha = .94).

Wahrgenommene Selbstwirksamkeit. Die wahrgenommene Selbstwirksamkeit wurde sowohl bezüglich der Rechtsschutz- und Krankenversicherung, als auch der Lebensversicherung mit identischen Items gemessen. Die Versuchsteilnehmer gaben ihre Selbstwirksamkeit auf einer Skala von 1 (*völlig unsicher*) bis 7 (*sehr sicher*) an bezüglich "Ich bin mir ..., daß ich dazu fähig bin, über die einzelnen Kriterien und deren Ausprägung gründlich nachzudenken" und bezüglich "Ich bin mir..., daß ich dazu fähig bin, die einzelnen Kriterien aufeinander zu beziehen und sie gegeneinander abzuwägen". Die Antworten wurden jeweils gemittelt (Rechtsschutzversicherung: Alpha = .91; Krankenversicherung: Alpha = .85; Lebensversicherung: Alpha = .90).

Erinnerungsleistung. Jedes Kriterium wurde am Ende der Untersuchung nochmals mit allen möglichen Ausprägungen vorgegeben und die Versuchsteilnehmer mußten angeben, welche Ausprägungen bei der getesteten Versicherung vorlagen. Die Anzahl der richtigen Antworten wurde als Maß für die Erinnerungsleistung verwendet.

7.6 Ergebnisse

7.6.1 Erinnerungsleistung

Für die Anzahl richtig erinnerter Ausprägungen wurde eine 3 x 2 Varianzanalyse (ANOVA) mit den unabhängigen Variablen evaluative Konsistenz und Selbstwirksamkeit gerechnet. Die ANOVA ergab keine signifikanten Effekte, *F*s < 1. Die Erinnerungsleistung unterscheidet sich nicht signifikant zwischen den experimentellen Bedingungen.

7.6.2 Manipulationsüberprüfungen

Evaluative Konsistenz. Um zu zeigen, daß die Ambivalenz in der inkonsistenten Bedingung höher als in den beiden konsistenten Bedingungen ausfiel, wurden zwei orthogonale Kontraste gerechnet. Der erste orthogonale Kontrast ergab, daß sich die konsistent-positive Bedingung nicht signifikant von der konsistent-negativen Bedingung unterschied, $M = -0.23$ vs. $M = -0.71$, $F(1,46) = 1.80$, *ns*. Danach wurde durch einen zweiten orthogonalen Kontrast die inkonsistente Bedingung mit den zusammengefaßten konsistenten Bedingungen verglichen. In der inkonsistenten Bedingung war die Ambivalenz signifikant höher als in den konsistenten Bedingungen, $M = 1.06$ vs. $M = -0.47$, $F(1,69) = 24.51$, $p < .001$.

Wahrgenommene Selbstwirksamkeit. Um zu überprüfen, ob das Feedback den erwarteten Effekt auf die wahrgenommene Selbstwirksamkeit hatte, wurde eine 3 x 2 Kovarianzanalyse (ANCOVA) mit der wahrgenommenen Selbstwirksamkeit bezüglich der Lebensversicherung als abhängige

Variable und der wahrgenommenen Selbstwirksamkeit bezüglich der Rechtschutz- und Krankenversicherung als Kovariate gerechnet. Die Effekte der Kovariate waren signifikant, $Fs(1,64) > 13.55$ $ps < .001$. Die ANCOVA erbrachte einen signifikanten Haupteffekt des Feedback. Wie erwartet, war die wahrgenommene Selbstwirksamkeit bei positivem Feedback signifikant höher als bei negativem Feedback, $M = 6.00$ vs. $M = 5.50$, $F(1,64) = 3.71$, $p < .05$, einseitig. Es gab keine weiteren signifikanten Effekte.

7.6.3 Tatsächliche Sicherheit der Einstellung

Für die tatsächliche Sicherheit der Einstellung wurden ebenfalls zwei orthogonale Kontraste gerechnet. Der erste Kontrast ergab, daß sich die tatsächliche Sicherheit der Einstellung in der konsistent-positiven Bedingung nicht signifikant von der konsistent-negativen Bedingung unterschied, $M = 5.67$ vs. $M = 5.54$, $F(1,46) = 0.10$, *ns*. Der zweite Kontrast ergab, daß die tatsächliche Sicherheit der Einstellung in der inkonsistenten Bedingung wie erwartet signifikant geringer war, als in den konsistenten Bedingungen, $M = 4.50$ vs. $M = 5.61$, $F(1,69) = 10.41$, $p < .01$ (entsprechende Kontraste für die angestrebte Sicherheit der Einstellung erwiesen sich als nicht signifikant, $Fs < 2.26$, *ns*).

7.6.4 Einstellung

Eine 3 x 2 Varianzanalyse mit der Einstellung zur Lebensversicherung als abhängige Variable ergab einen signifikanten Effekt der unabhängigen Variable Konsistenz, $F(2,66) = 57.60$, $p < .001$. Unabhängige t-Tests zeigen, daß die Einstellung in der inkonsistenten Bedingung signifikant negativer ausfiel als in der konsistent-positiven Bedingung, $M = 3.83$ vs. $M = 5.31$, $t(46) = 4.03$, $p < .001$ und signifikant positiver als in der konsistent-negativen Bedingung, $M = 1.73$, $t(46) = 7.23$, $p < .001$. Die Einstellungen in der konsistent-positiven und konsistent-negativen Bedingung unterschieden sich signifikant, $t(46) = 10.41$, $p < .001$. Es gab keine weiteren signifikanten Effekte.

7.6.5 Kognitive Reaktionen

Auf die 2 x 2 Varianzanalysen mit der Anzahl attributbezogener Reaktionen und dem relativen Anteil von Bewertungen und relationalen Gewichtungen wurde verzichtet, da sich herausstellte, daß 27 von 72 Versuchsteilnehmern keine attributbezogenen Reaktionen genannt hatten. Dies entspricht einem Ausfall von 38% und veranlaßte den Autor dazu, auf eine parallele Auswertung wie in Untersuchung 2 zu verzichten (siehe Diskussion der Ergebnisse).

7.6.6 Antwortlatenz der Einstellung

Es wurde eine 2 x 2 ANCOVA mit der Antwortlatenz der Einstellung zur Lebensversicherung als abhängige Variable und der Basisreaktionszeit als Kovariat gerechnet. Der Effekt der Basisreaktionszeit war signifikant, $F(1,67) = 5.29$, $p < .05$. Wie vorhergesagt, zeigte sich ein Haupteffekt der evaluativen Konsistenz. In der inkonsistenten Bedingung fiel die Antwortlatenz signifikant länger aus als in der (zusammengefaßten) konsistenten Bedingung, $M = 2.42$ vs. $M = 1.88$, $F(1,67) = 35.05$, $p < .001$ (transformierte Werte). Zudem ergab die ANCOVA eine signifikante Interaktion von evaluativer Konsistenz und Selbstwirksamkeit, $F(1,67) = 5.34$, $p < .05$. In der *inkonsistenten* Bedingung fiel die Antwortlatenz bei hoher Selbstwirksamkeit länger aus als bei geringer Selbstwirksamkeit, $M = 2.57$ vs. $M = 2.35$. Im Gegensatz dazu fiel die Antwortlatenz in der *konsistenten* Bedingung bei hoher Selbstwirksamkeit kürzer aus als bei geringer Selbstwirksamkeit, $M = 1.74$ vs. $M = 1.96$. Die Interaktion ist in Abbildung 6 dargestellt. Der einfache Kontrast in der konsistenten Bedingung war signifikant, $F(1,45) = 3.07$, $p < .05$ (einseitig), nicht aber in der inkonsistenten Bedingung, $F(1,21) = 2.27$, *ns*.

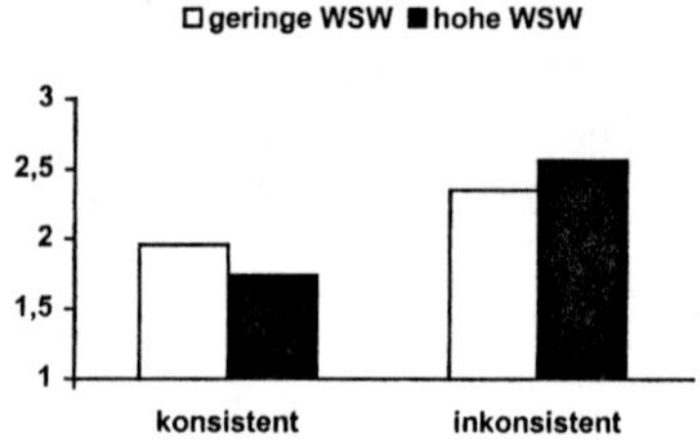

Abbildung 6: Ergebnis der Kovarianzanalyse für die Antwortlatenz der Einstellung mit den unabhängigen Variablen Evaluative Konsistenz und Selbstwirksamkeit.

7.6.7 Mediation der Antwortlatenz

Um zu überprüfen, ob die tatsächliche Sicherheit der Einstellung den Einfluß der Ambivalenz auf die Antwortlatenz der Einstellung vermittelt, wurden multiple Regressionen nach Baron und Kenny (1986) gerechnet, wobei die Basisreaktionszeit kontrolliert wurde. Die Ambivalenz (Griffin-Index) übte einen signifikanten Einfluß auf die Antwortlatenz, $\beta = .36$, $p < .01$, und die tatsächliche Sicherheit aus, $\beta = -.40$, $p < .001$, und die tatsächliche Sicherheit auf die Antwortlatenz, $\beta = -.31$, $p < .01$. Wenn die Antwortlatenz gleichzeitig durch die Ambivalenz und die tatsächliche Sicherheit vorhergesagt wurde, blieb der Einfluß der tatsächlichen Sicherheit signifikant, $\beta = -.20$, $p < .05$ (einseitig), und der Effekt der Ambivalenz schwächte sich ab, $\beta = .28$, $p < .05$. Das Ergebnis der multiplen Regressionen ist in Abbildung 7 dargestellt.

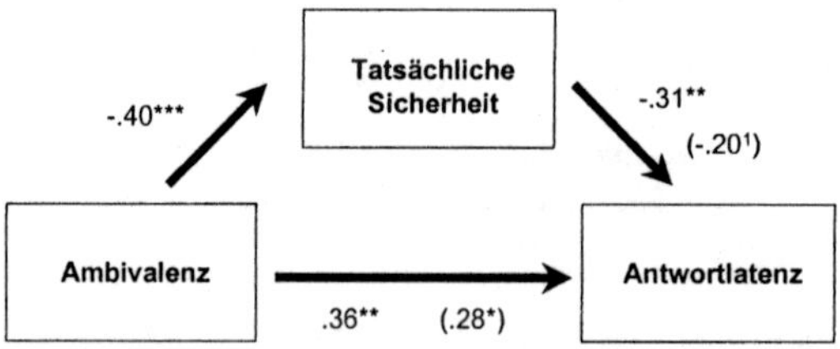

Abbildung 7: Ergebnis der Mediationsanalyse für die Antwortlatenz der Einstellung.

7.6.8 Selbstwirksamkeit als Moderator der Einstellungsbildung

Um die Hypothese zu überprüfen, daß die Positivität der kognitiven Reaktionen bei hoher Selbstwirksamkeit enger mit der gebildeten Einstellung zusammenhängt als bei geringer Selbstwirksamkeit, wurden getrennt für geringe vs. hohe Selbstwirksamkeit multiple Regressionen nach Baron und Kenny (1986) gerechnet. Um als Prädiktor der Einstellung verwendet werden zu können, wurde die evaluative Konsistenz nach der Valenz der Attribute kodiert: Konsistent-negativ = -1, inkonsistent = 0, konsistent-positiv = +1.

In der Bedingung mit *geringer* Selbstwirksamkeit übte die Valenz der Attribute einen signifikanten Einfluß auf die Einstellung, $\beta = .83$, $p < .001$, und die Positivität der kognitiven Reaktionen aus, $\beta = .55$, $p < .01$. Die Positivität der kognitiven Reaktionen hatte einen signifikanten Effekt auf die Einstellung, $\beta = .57$, $p < .01$. Wenn die Einstellung gleichzeitig aus der Valenz der Attribute und der Positivität der kognitiven Reaktionen vorhergesagt wurde, zeigte sich kein signifikanter Einfluß der Positivität der kognitiven Reaktionen, $\beta = .17$, *ns*, und der Einfluß der Valenz der Attribute blieb signifikant, $\beta = .73$, $p < .001$. Das Ergebnis der multiplen Regressionen ist in Abbildung 8 dargestellt.

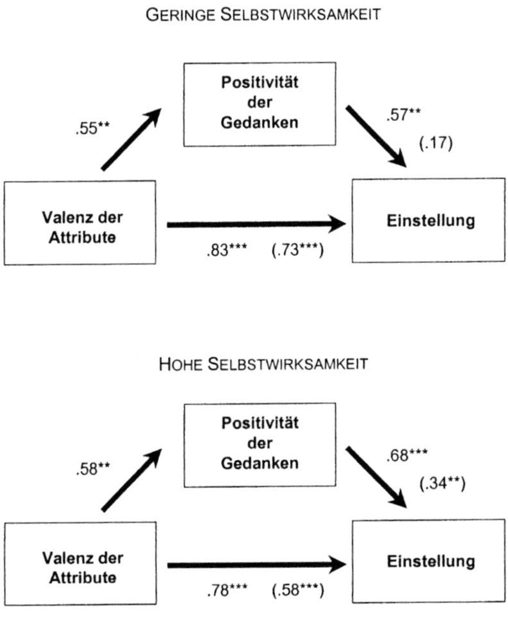

Abbildung 8: Ergebnis der Mediationsanalysen für die Einstellungsbildung.

In der Bedingung mit *hoher* Selbstwirksamkeit übte die Valenz der Attribute einen signifikanten Einfluß auf die Einstellung, $\beta = .78$, $p < .001$, und die Positivität der kognitiven Reaktionen aus, $\beta = .58$, $p < .01$. Die Positivität der kognitiven Reaktionen hatte einen signifikanten Effekt auf die Einstellung, $\beta = .68$, $p < .001$. Wenn die Einstellung gleichzeitig aus der Valenz der Attribute und der Positivität der kognitiven Reaktionen vorhergesagt wurde, zeigte sich ein signifikanter Einfluß der Positivität der kognitiven Reaktionen, $\beta = .34$, $p < .01$, und der Einfluß der Valenz der Attribute schwächte sich ab, $\beta = .58$, $p < .001$, obwohl er signifikant blieb (siehe Abbildung 8).

7.7 Diskussion der Ergebnisse

Die Überprüfung der Manipulationen ergab einen eindeutigen Effekt der evaluativen Konsistenz auf die Ambivalenz. Viel deutlicher als in Untersuchung 2 zeigte sich, daß die Ambivalenz in der inkonsistenten Bedingung höher war als in den beiden konsistenten Bedingungen, während sich die konsistenten Bedingungen erwartungsgemäß nicht unterschieden. In bezug auf die Manipulation der wahrgenommenen Selbstwirksamkeit erwies sich das Feedback über die Einstellungen zur Rechtsschutz- und Krankenversicherung zwar als erfolgreich, doch der beobachtete Unterschied in der wahrgenommenen Selbstwirksamkeit bezüglich der Lebensversicherung erwies sich nur als einseitig signifikant. Die Ergebnisse zu der Einstellung und der tatsächlichen Sicherheit sind parallel zu den Ergebnissen in Untersuchung 2. Die tatsächliche Sicherheit war in der inkonsistenten Bedingung signifikant geringer als in den beiden konsistenten Bedingungen, während sich die angestrebte Sicherheit nicht zwischen den drei Bedingungen unterschied. Daraus ist erkennbar, daß die in Untersuchung 2 beobachtete größere Diskrepanz von angestrebter und tatsächlicher Sicherheit auf Unterschiede in der tatsächlichen Sicherheit zurückgehen.

Das Ergebnis zur Intensität der Verarbeitung konnte in dieser Untersuchung nicht repliziert werden, da eine relativ große Anzahl von Versuchsteilnehmern (27 von 72) keine attributbezogenen, kognitiven Reaktionen genannt haben. Dieser Umstand ist möglicherweise auf die Prozedur zur Manipulation der wahrgenommenen Selbstwirksamkeit zurückzuführen. Die Lebensversicherung stellte bereits das dritte Einstellungsobjekt dar und die Versuchsteilnehmer mußten sich zuvor mit den Kriterien von zwei anderen Versicherungen auseinandersetzen. Dies könnte zu einem generellen Motivationsverlust bezüglich der Generierung von kognitiven Reaktionen geführt haben.

Wesentlicher für diese Untersuchung sind jedoch die Befunde zur Antwortlatenz der Einstellung. Wie vorhergesagt, zeigte die entsprechende Kovarianzanalyse einen klaren Haupteffekt der evaluativen Konsistenz. Die Antwortlatenz der Einstellung fiel in der inkonsistenten Bedingung deutlich länger aus als in den konsistenten Bedingungen. Dieser Haupteffekt zeigte sich auch in der Regressionsanalyse in Form eines signifikanten Effekts des Griffin-Index auf die Antwortlatenz. Wie erwartet, fiel die tatsächliche Sicherheit der Einstellung um so geringer aus, je höher der Griffin-Index war. Zudem hatte die tatsächliche Sicherheit einen signifikanten Einfluß auf die Antwortlatenz. Je geringer die tatsächliche Sicherheit der Einstellung war, desto länger fiel die Antwortlatenz der Einstellung aus.

Die tatsächliche Sicherheit der Einstellung vermittelte den Effekt des Griffin-Index auf die Antwortlatenz zumindest teilweise. Wenn die Antwortlatenz gleichzeitig aus dem Griffin-Index und der tatsächlichen Sicherheit vorhergesagt wurde, reduzierte sich der Effekt des Griffin-Index und die tatsächliche Sicherheit hatte nach wie vor einen zumindest einseitig signifikanten Effekt auf die Antwortlatenz.

Darüber hinaus konnte entsprechend der Hypothese eine signifikante Wechselwirkung von evaluativer Konsistenz und wahrgenommener Selbstwirksamkeit auf die Antwortlatenz aufgezeigt werden. Wie vorhergesagt, fiel die Antwortlatenz in der inkonsistenten Bedingung bei hoher wahrgenommener Selbstwirksamkeit länger aus als bei geringer wahrgenommener Selbstwirksamkeit. Der einfache Kontrast in der inkonsistenten Bedingung erwies sich jedoch als nicht signifikant. Demgegenüber zeigte sich in der zusammengefaßten konsistenten Bedingung, daß die Antwortlatenz bei hoher wahrgenommener Selbstwirksamkeit kürzer war als bei geringer wahrgenommener Selbstwirksamkeit. In der konsistenten Bedingung war der einfache Kontrast signifikant. Diese Wechselwirkung belegt, daß bei hoher wahrgenommener Selbstwirksamkeit mehr und beharrlicher Anstrengungen in die Bildung der Einstellung investiert werden, wenn eine Integration evaluativ inkonsistenter Informationen erforderlich ist. Wenn hingegen konsistente Informationen zu einer Einstellung verknüpft werden müssen, sind Personen mit hoher wahrgenommener Selbstwirksamkeit schneller als Personen mit geringer wahrgenommener Selbstwirksamkeit. Dies läßt sich so interpretieren, daß bei einer leichten Aufgabe eine subjektiv hohe Fähigkeit zu einer schnellen und effizienten Verarbeitung bzw. Integration führt.

Die wahrgenommene Selbstwirksamkeit erwies sich zudem als Moderator der Beziehung von kognitiven Reaktionen und Einstellung. Die Einstellung konnte sowohl bei geringer als auch bei hoher wahrgenommener Selbstwirksamkeit aus der Valenz der Attribute vorhergesagt werden. In dieser Hinsicht ergaben die multiplen Regressionen ein paralleles Ergebnis zu der 3 x 2 Varianzanalyse mit der Einstellung als abhängige Variable. In beiden Bedingungen hatte die Positivität der kognitiven Reaktionen einen signifikanten Einfluß auf die Einstellung. Dieser Einfluß erwies sich jedoch nur in der Bedingung mit hoher wahrgenommener Selbstwirksamkeit als bedeutsam. Wenn die Einstellung simultan aus der Valenz der Attribute und der Positivität der kognitiven Reaktionen vorhergesagt wurde, zeigte sich nur bei hoher wahrgenommener Selbstwirksamkeit ein Effekt der Positivität der kognitiven Reaktionen auf die Einstellung, während dieser Effekt in der Bedingung mit geringer wahrgenommener Selbstwirksamkeit nicht länger signifikant blieb. Es muß jedoch darauf hingewiesen werden, daß die multiplen Regressionen lediglich auf 45 Versuchsteilnehmern beruhen, da 27 Personen keine kognitiven Reaktionen genannt hatten (der Ausfall erwies sich allerdings als zufällig).

Zusammengenommen bestätigen die Ergebnisse dieser Untersuchung die Hypothesen. Die Antwortlatenz der Einstellung erwies sich als geeigneter Indikator der Integration einstellungsrelevanter Informationen. Bei hoher Ambivalenz werden relevante Informationen intensiver verarbeitet als bei geringer Ambivalenz (Jonas et al., 1997; Untersuchung 2) und die Integration evaluativ inkonsistenter Informationen nimmt deutlich mehr Zeit in Anspruch als die Integrationevaluativ konsistenter Informationen. Dieser Effekt der evaluativen Konsistenz der Attribute eines unvertrauten Einstellungsobjekts wird allerdings durch die wahrgenommene Selbstwirksamkeit bezüglich der systematischen Verarbeitung einstellungsrelevanter Informationen moderiert. Falls es die Aufgabe erfordert, im Falle evaluativ inkonsistenter Informationen, investieren Personen mit hoher wahrgenommener Selbstwirksamkeit mehr Anstrengungen in die (systematische) Bildung einer Einstellung. Wenn die Aufgabe jedoch sehr einfach zu bewerkstelligen ist, im Falle konsistenter Informationen, wird die Einstellung bei hoher wahrgenommener Selbstwirksamkeit schneller bzw. effizienter geformt als bei geringer wahrgenommener Selbstwirksamkeit.

Die Ergebnisse zur Antwortlatenz zeigen, daß das Heuristisch-Systematische Modell, wie dies Chaiken et al. (1989) suggerieren, auf neue Einstellungen angewendet werden kann und daß die Einstellungslatenz in diesem Bereich als Indikator für die systematische Verarbeitung herangezogen werden kann. In Anlehnung an die Prozeßmodelle HSM und ELM wurde die Rolle der kognitiven Reaktionen bei der Bildung neuer Einstellungen untersucht. Es zeigte sich, daß den kognitiven Reaktionen ebenso wie bei der Einstellungsänderung eine vermittelnde Rolle zukommt. Darüber hinaus erwies sich die wahrgenommene Selbstwirksamkeit als Moderator der Beziehung von kognitiven Reaktionen und Einstellung. Dieses letzte Ergebnis hat auch praktische Implikationen. Da in vielen Fällen eine Einstellungsbildung auf der Basis systematischer bzw. zentraler Verarbeitung wünschenswert ist, weil die daraus resultierenden Einstellungen stabiler, resistenter und prädiktiver für entsprechende Verhaltensintentionen und Verhaltensweisen sein sollten (z.B. Petty et al., 1995), ist es ratsam, die spezifische wahrgenommene Selbstwirksamkeit von Rezipienten zu erhöhen. Dies kann im Bereich von verbalen Kommunikationen beispielsweise durch Suggestion oder Modelle erfolgen (vgl. Bandura, 1986).

VIII. Untersuchung 4

8.1 Fragestellung und Hypothesen

In dieser Untersuchung sollen die Ergebnisse der vorhergehenden Untersuchung (Untersuchung 3) repliziert werden, vor allem im Hinblick auf die Wechselwirkung von Ambivalenz und wahrgenommener Selbstwirksamkeit auf die Antwortlatenz der Einstellung und die moderierende Wirkung der wahrgenommenen Selbstwirksamkeit auf die Beziehung von kognitiven Reaktionen und Einstellung. Darüber hinaus soll der Befund von Jonas et al. (1997) repliziert werden, daß Einstellungen bei hoher Ambivalenz enger mit Verhaltensintentionen korrespondieren als bei geringer Ambivalenz. In dieser Untersuchung (Jonas et al., 1997) wurden vier Attribute zu einem unvertrauten Shampoo vorgegeben. In der hier berichteten Untersuchung werden hingegen sechs Attribute einer Lebensversicherung vorgegeben. Eine engere Einstellungs-Intentions-Beziehung bei hoher Ambivalenz im Vergleich zu geringer Ambivalenz ist durch intensivere Verarbeitung relevanter Informationen zu erklären (vgl. Fazio, 1995; Petty et al., 1995).

Da die Manipulation der wahrgenommenen Selbstwirksamkeit in Untersuchung 3 nur bedingt erfolgreich war, wird nun die Prozedur der Manipulation verändert. Die Rückmeldung bezieht sich nicht mehr auf die zu anderen Versicherungen geäußerten Einstellungen, sondern direkt auf die Verarbeitung relevanter Informationen einer Lebensversicherung. Durch diese verkürzte Prozedur soll auch vermieden werden, daß die Motivation zu systematischer Verarbeitung infolge repetitiver Vorgaben von Informationen zu Versicherungen nachläßt. Außerdem wurde zusätzlich zu dem Griffin-Index ein Maß für die subjektiv erlebte Ambivalenz eingesetzt, um die Ergebnisse in bezug auf den Griffin-Index mit einem weiteren Ambivalenzmaß zu validieren. Es werden parallele Befunde erwartet, da bei der Bildung neuer Einstellungen der Griffin-Index ein adäquates Ambivalenzmaß darstellt. Wenn alle für eine Einstellung relevanten Aspekte kognitiv hoch zugänglich sind, was im Falle einer simultanen Vorgabe der Fall sein sollte, dann sollten operative und subjektive Maße der Ambivalenz hoch korrelieren und - bei vergleichbarer Reliabilität - parallele Effekte haben.

8.2 Stichprobe und Versuchsplan

An der Untersuchung nahmen 64 (44 Frauen und 20 Männer) Psychologiestudenten der Universität Tübingen im Alter von M = 25.58 Jahren (SD = 5.11) teil. Für ihre Teilnahme erhielten die Versuchsteilnehmer ½ Versuchspersonenstunde bescheinigt.

Der Versuchsplan umfaßt 3 (Evaluative Konsistenz der Attribute: Inkonsistent, konsistent-positiv, konsistent-negativ) x 2 (Wahrgenommene Selbstwirksamkeit: Gering vs. hoch) experimentelle Bedingungen. Jeweils 16 Versuchsteilnehmer wurden nach Zufall einer der beiden konsistenten Bedingungen und 32 Versuchsteilnehmer der inkonsistenten Bedingung zugewiesen. Das Geschlecht der Versuchsteilnehmer war zufällig über die Bedingungen verteilt, $\chi^2(2,64) = 0.48$, *ns*.

8.3 Ablauf und Untersuchungsmaterial

Die Versuchsteilnehmer nahmen einzeln an der Untersuchung teil. Nach ihrem Eintreffen setzten sie sich vor einen Computer und erhielten eine kurze Einweisung in die Benutzung der Tastatur. Alle Instruktionen und Fragen wurden auf dem Computer vorgegeben.[8] Nachdem der Versuchsleiter das Programm gestartet hatte, verließ er den Raum und hielt sich für eventuelle Rückfragen in einem angrenzenden Raum zur Verfügung. Die Versuchsteilnehmer erfuhren dann, daß es sich um eine Untersuchung zur Informationsverarbeitung im Alltag handelt und sie deshalb eine zufällige ausgewählte Lebensversicherung beurteilen sollen, die die Stiftung Warentest beurteilt hat.

Danach wurden neun Kriterien vorgestellt und konkret beschrieben, anhand derer die die Stiftung Warentest Lebensversicherungen beurteilt. Später wurde die Lebensversicherung lediglich mit sechs Kriterien beschrieben, deren mögliche Ausprägungen in Tabelle 10 dargestellt sind. Die drei zusätzlichen Kriterien (Kündigungsschutz, Inflationsausgleich, Erweiterung auf Familienangehörige) dienten nur der Manipulation der wahrgenommenen Selbstwirksamkeit. Dazu mußten die Versuchsteilnehmer jedes der neun Kriterien bewerten und gewichten (siehe Operationalisierung). Es folgte eine Messung der wahrgenommenen Selbstwirksamkeit. Anschließend wurde den Versuchsteilnehmern mitgeteilt, daß der Versuchsleiter ihnen im Anschluß an die Untersuchung einige Fragen zu ihren Angaben stellen würde und ihre Antworten auf Tonband aufgezeichnet werden. Durch diese Ankündigung sollte die Involviertheit der Versuchsteilnehmer erhöht werden (vgl. Chaiken et al., 1989). Es erfolgte jedoch kein solches Interview und die Versuchsteilnehmer wurden am Ende der Untersuchung über diese Maßnahme aufgeklärt.

Als nächstes wurde die getestete Lebensversicherung anhand von sechs Kriterien beschrieben und die evaluative Konsistenz der Attribute der Lebensversicherung manipuliert. Dazu erschien eine Bildschirmseite, auf der die sechs Kriterien untereinander standen und die jeweilige Ausprägung rechts daneben. Zudem wurde in der jeweiligen Zeile das Minimum und das Maximum genannt. Die Operationalisierung der evaluativen Konsistenz ist in der unteren Hälfte von Tabelle 10 dargestellt. Im Anschluß daran wurde die Ambivalenz, die tatsächliche und die angestrebte Sicherheit der Einstellung erfaßt. Die Versuchsteilnehmer hatten dann fünf Minuten Zeit, um auf einem Protokollbogen, der neben der Tastatur ausgelegt war, alle Gedanken zu notieren, die sie sich zu der getesteten Versicherung gemacht hatten. Nach fünf Minuten ertönte ein Signal und das Programm wurde fortgesetzt. Es folgte eine Messung der Einstellung zur Lebensversicherung, der Antwortlatenz der Einstellung, der Sicherheit der Einstellung und der Intention, die Versicherung abschließen zu wollen. Es wurde eine Reihe weiterer Variablen erhoben, die an dieser Stelle jedoch nicht näher beschrieben werden, da sie für die Ergebnisse nicht relevant sind.

[8] Das Programm wurde in Juggler for Windows geschrieben und ist beim Autor erhältlich.

8.4 Operationalisierungen

Evaluative Konsistenz. Jedes der sechs Kriterien konnte drei verschiedene Ausprägungen haben, bis auf die wirtschaftliche Stabilität mit fünf möglichen Ausprägungen. Für jedes Kriterium wurden Minimum, Durchschnitt und Maximum definiert (siehe Tabelle 10).

Tabelle 10: Operationalisierung der evaluativen Konsistenz

	Kriterium	Minimum	Durchschnitt	Maximum
1.	Rückkaufleistung	50%	75%	100%
2.	Ablaufleistung	+10%	+20%	+30%
3.	Rendite	50.-	100.-	150.-
4.	Zinsen	1,5%	5%	8,5%
5.	Wirtschaftliche Stabilität	sehr schlecht	befriedigend	sehr gut
6.	Beleihzinsen	5%	7,5%	10%

Kriterium	1	2	3	4	5	6
Experimentelle Bedingung						
Inkonsistent	95%	10%	150.-	2%	schlecht	5,2%
Konsistent-positiv	95%	30%	135.-	7,5%	sehr gut	5,2%
Konsistent-negativ	55%	10%	65.-	1,5%	schlecht	9,2%

Wahrgenommene Selbstwirksamkeit. Nachdem die neun Kriterien allgemein beschrieben worden waren, sollten die Versuchsteilnehmer zunächst für jedes Kriterium auf einer Skala von 1 (*überhaupt nicht wichtig*) bis 7 (*sehr wichtig*) angeben, für wie wichtig sie es persönlich halten. Danach wurde für jedes Kriterium eine der möglichen Ausprägungen zufällig ausgewählt (z.B. Kündigungsschutz: 3 Monate) und die Versuchsteilnehmer sollten diese Ausprägung auf einer Skala von 1 (*sehr negativ*) bis 7 (*sehr positiv*) bewerten. Insgesamt gaben die Versuchsteilnehmer also 18 Antworten ab. Im Anschluß daran wurde ihnen gesagt, daß das Programm nun ihre Antworten mit den entsprechenden Angaben der Stiftung Warentest vergleichen würde. In der Bedingung mit geringer wahrgenommener Selbstwirksamkeit erfuhren die Versuchsteilnehmer dann, daß ihre Antworten nur zu etwa 20% mit den Angaben der Stiftung Warentest übereinstimmen würden, während sie in der Bedingung mit hoher wahrgenommener Selbstwirksamkeit zu etwa 80% übereinstimmen würden.

8.5 Messungen

Die Variablen wurden in der Reihenfolge ihrer nachfolgenden Beschreibung erhoben.

Basisreaktionszeit. Bei den Bewertungen und Gewichtungen der neun Kriterien wurde jeweils die Antwortlatenz der Antworten erfaßt (mit einer systembedingten Meßungenauigkeit von

50 Millisekunden). Die 18 Antwortlatenzen wurden transformiert (natürlicher Logarithmus) und gemittelt (Alpha = .72).

Wahrgenommene Selbstwirksamkeit. Ihre wahrgenommene Selbstwirksamkeit gaben die Versuchsteilnehmer auf einer Skala an von 1 (*völlig unsicher*) bis 7 (*sehr sicher*) bezüglich "Ich bin mir ..., daß ich in der Lage bin, die Einzelinformationen richtig bewerten zu können", bezüglich "Ich bin mir..., daß ich in der Lage bin, die Einzelinformationen im Hinblick auf deren Wichtigkeit miteinander vergleichen zu können" und bezüglich "Ich bin mir..., daß ich in der Lage bin, die Einzelinformationen zu einer Gesamtbewertung integrieren zu können ". Die drei Antworten wurden gemittelt (Alpha = .91).

Ambivalenz. Die Versuchsteilnehmer gaben auf einer 4-stufigen Skala mit den Endpunkten 0 (*überhaupt nicht positiv*) und 4 (*sehr positiv*) an, wie positiv sie die positiven Aspekte der Lebensversicherung finden (P) und auf einer Skala von 0 (*überhaupt nicht negativ*) bis 4 (sehr negativ), wie negativ sie die negativen Aspekte finden (N). Die Werte P und N wurden nach Thompson et al. (1995) zu einem Ambivalenzwert verrechnet (Griffin-Index): (P+N)/2-|P-N|. Zudem gaben sie ihre erlebte Ambivalenz auf einer Skala an, von 1 (*überhaupt nicht*) bis 7 (*sehr stark*) bezüglich "In meiner Meinung zu der getesteten Versicherung fühle ich mich ... hin- und hergerissen" und bezüglich "Ich habe gleichermaßen positive und negative Gefühle gegenüber der getesteten Versicherung". Beide Antworten wurden gemittelt (Alpha = .96). Die erlebte Ambivalenz korrelierte signifikant mit dem Griffin-Index, $r = .68$, $p < .001$.

Tatsächliche und angestrebte Sicherheit der Einstellung. Die Versuchsteilnehmer gaben ihre tatsächliche Sicherheit der Einstellung auf einer Skala von 1 (*völlig unsicher*) bis 7 (*sehr sicher*) bezüglich "Wenn ich jetzt angeben soll, ob ich es gut oder schlecht finde, wenn ich die Lebensversicherung abschließe, *wäre* ich mir in meiner Meinung..." und bezüglich " Wenn ich jetzt angeben soll, ob ich es gut oder schlecht finde, wenn ich die Lebensversicherung abschließe, *wäre* ich mir in meiner Meinung ... als ich es gerne sein würde" an (Alpha = .76) und die angestrebte Sicherheit auf derselben Skala bezüglich "Wenn ich jetzt angeben soll, ob ich es gut oder schlecht finde, wenn ich die Lebensversicherung abschließe, *würde* ich mir in meiner Meinung gerne ... sein" und bezüglich " Wenn ich jetzt angeben soll, ob ich es gut oder schlecht finde, wenn ich die Lebensversicherung abschließe, möchte ich gerne eine richtige Bewertung abgeben" (Alpha = .85).

Kognitive Reaktionen. Das Gedankenprotokoll wurde von zwei Beurteilern unabhängig ausgewertet. Zuerst wurde die Anzahl attributbezogener Reaktionen ermittelt. Eine kognitive Reaktion wurde als attributbezogen klassifiziert, wenn sie auf eines oder mehrere Kriterien Bezug nahm. Es konnten maximal sechs attributbezogene kognitive Reaktionen genannt werden. Die Beurteilerübereinstimmung in bezug auf die Anzahl attributbezogener Reaktionen lag bei $r = .87$. Danach wurden die attributbezogenen Reaktionen daraufhin unterschieden, ob sie explizite Bewertungen oder relationale Gewichtungen beinhalteten. Die Zahl der expliziten Bewertungen und relationalen Gewichtungen konnte kleiner als oder maximal gleich sein wie die Zahl der attributbezogenen Reaktionen. Die expliziten Bewertungen konnten entweder positiv oder negativ sein. Die Beurteilerübereinstimmung in bezug auf die Anzahl positiver Bewertungen lag bei $r = .83$, bei $r = .79$ für die negativen Bewertungen und bei $r = .87$ für die Anzahl relationaler Gewichtungen. Die entsprechenden Variablen wurden jeweils als Mittelwert der Angaben beider Beurteiler bestimmt. Als Maß für die Positivität der kognitiven Reaktionen wurde die Differenz positiver und negativer Reaktionen berechnet, dividiert durch die Anzahl der Bewertungen. Zudem wurde das Verhältnis von Bewertungen und Gewichtungen an der Anzahl attributbezogener Reaktionen ermittelt.

Einstellung zum Abschließen der Lebensversicherung. Die Versuchsteilnehmer gaben ihre Einstellung zum Abschließen der Lebensversicherung auf einer 7-stufigen Skala von 1 (*sehr schlecht*) bis 7 (*sehr gut*) und auf einer Skala von 1 (*völlig unvernünftig*) bis 7 (*sehr vernünftig*) bezüglich "Wenn ich die Lebensversicherung abschließe, finde ich das..." an. Die beiden Antworten wurden gemittelt (Alpha = .89).

Antwortlatenz der Einstellung. Bei beiden Einstellungsfragen zur Lebensversicherung wurde die Antwortlatenz erhoben. Beide Antwortlatenzen wurden transformiert (natürlicher Logarithmus) und gemittelt (Alpha = .24). Der Mittelwert der (untransformierten) Antwortlatenz für die 64 Versuchsteilnehmer lag bei $M = 7.87$ Sekunden ($SD = 5.80$). Die Antwortlatenz korrelierte signifikant mit der Basisreaktionszeit, $r = .22$, $p < .05$ (einseitig).

Sicherheit der Einstellung. Zu jedem der beiden Einstellungsitems wurde die Sicherheit der Einstellung auf einer Skala von 1 (*völlig unsicher*) bis 7 (*sehr sicher*) bezüglich "Wie sicher bist Du Dir bezüglich dieser Meinung?" erfaßt. Beide Antworten wurden gemittelt (Alpha = .74).

Intention zum Abschließen der Lebensversicherung. Ihre Intention zum Abschließen der Lebensversicherung gaben die Versuchsteilnehmer auf einer Skala an, von 1 (*völlig unwahrscheinlich*) bis 7 (*sehr wahrscheinlich*) bezüglich "Ich halte es für ..., daß ich die Versicherung abschließe" und auf einer Skala von 1 (*sehr schwach*) bis 7 (*sehr stark*) bezüglich "Mein Absicht, die Versicherung abzuschließen ist...". Beide Antworten wurden gemittelt (Alpha = .98).

8.6 Ergebnisse

8.6.1 Manipulationsüberprüfungen

Evaluative Konsistenz. In Bezug auf den Griffin-Index wurden zwei orthogonale Kontraste gerechnet. Der erste orthogonale Kontrast ergab, daß sich die konsistent-positive Bedingung nicht signifikant von der konsistent-negativen Bedingung unterschied, $M = -0.53$ vs. $M = -0.72$, $F(1,30) = 0.19$, *ns*. Danach wurde durch einen zweiten orthogonalen Kontrast die inkonsistente Bedingung mit den zusammengefaßten konsistenten Bedingungen verglichen. In der inkonsistenten Bedingung war die Ambivalenz signifikant höher als in den konsistenten Bedingungen, $M = 1.47$ vs. $M = -0.63$, $F(1,61) = 48.24$, $p < .001$. Die erlebte Ambivalenz unterschied sich nicht signifikant zwischen der konsistent-positiven und der konsistent-negativen Bedingung, $M = 2.06$ vs. $M = 2.09$, $F(1,30) = 0.01$, *ns*. In der inkonsistenten Bedingung fiel sie jedoch signifikant höher aus als in den beiden konsistenten Bedingungen, $M = 3.20$ vs. $M = 2.08$, $F(1,61) = 9.29$, $p < .01$.

Wahrgenommene Selbstwirksamkeit. Um zu überprüfen, ob das Feedback den erwarteten Effekt auf die wahrgenommene Selbstwirksamkeit hatte, wurde eine 3 x 2 Varianzanalyse (ANOVA) mit der wahrgenommenen Selbstwirksamkeit bezüglich der Lebensversicherung als abhängige Variable gerechnet. Die ANOVA erbrachte einen signifikanten Haupteffekt des Feedback. Die wahrgenommene Selbstwirksamkeit fiel bei positivem Feedback signifikant höher aus als bei negativem Feedback, $M = 4.53$ vs. $M = 3.69$, $F(1,58) = 9.39$, $p < .01$. Zudem resultierte ein signifikanter Haupteffekt der evaluativen Konsistenz. Die wahrgenommene Selbstwirksamkeit unterschied sich zwischen der inkonsistenten, konsistent-positiven und konsistent-negativen Bedingung, $M = 4.48$, $M = 3.88$ und $M = 3.65$, $F(2,58) = 3.64$, $p < .05$.

8.6.2 Tatsächliche Sicherheit der Einstellung

Für die tatsächliche Sicherheit der Einstellung wurden ebenfalls zwei orthogonale Kontraste gerechnet. Der erste Kontrast ergab, daß sich die tatsächliche Sicherheit der Einstellung in der konsistent-positiven Bedingung nicht signifikant von der konsistent-negativen Bedingung unterschied, $M = 5.44$ vs. $M = 5.63$, $F(1,30) = 0.17$, *ns*. Der zweite Kontrast ergab, daß die tatsächliche Sicherheit der Einstellung in der inkonsistenten Bedingung signifikant geringer war, als in den konsistenten Bedingungen, $M = 4.94$ vs. $M = 5.53$, $F(1,61) = 3.32$, $p < .05$, einseitig (entsprechende Kontraste für die angestrebte Sicherheit der Einstellung erwiesen sich als nicht signifikant, Fs < 2.49, *ns*).

8.6.3 Einstellung

Eine 3 x 2 Varianzanalyse mit der Einstellung zur Lebensversicherung als abhängige Variable ergab einen signifikanten Effekt der unabhängigen Variable Konsistenz, $F(2,58) = 39.19$, $p < .001$. Unabhängige t-Tests zeigen, daß die Einstellung in der inkonsistenten Bedingung signifikant negativer ausfiel als in der konsistent-positiven Bedingung, $M = 2.39$ vs. $M = 5.47$, $t(46) = 7.77$, $p < .001$, aber sich nicht signifikant von der konsistent-negativen Bedingung unterschied, $M = 1.72$, $t(46) = 1.57$, *ns*. Die Einstellungen in der konsistent-positiven und konsistent-negativen Bedingung unterschieden sich signifikant, $t(30) = 8.79$, $p < .001$. Es gab keine weiteren signifikanten Effekte.

8.6.4 Einstellungs-Intentions-Beziehung

Die Korrelationen von Einstellung und Intention in der konsistent-positiven und konsistent-negativen Bedingung wurden gemittelt, $r = .69$, $p < .001$, und die mittlere Korrelation mit der Korrelation in der inkonsistenten Bedingung verglichen, $r = .84$, $p < .001$. Die beiden Korrelationen sind nicht signifikant verschieden, $z = 1.42$, *ns*. Die unstandardisierten Regressionskoeffizienten unterschieden sich ebenfalls nicht signifikant zwischen der inkonsistenten und den konsistenten Bedingungen, 0.75 vs. 0.71, $t(60) = 0.01$, *ns*. Die unstandardisierten Regressionskoeffizienten zu vergleichen hat den Vorteil, daß das Ergebnis von eventuellen Varianzeinschränkungen nicht betroffen ist (Cohen & Cohen, 1983).

8.6.5 Kognitive Reaktionen

Für die nachfolgenden Varianzanalysen zur kognitiven Elaboration wurden die konsistent-positive und die konsistent-negative Bedingung zusammengefaßt. Eine 2 x 2 ANOVA mit der Anzahl attributbezogener Reaktionen als abhängige Variable ergab signifikante Haupteffekte der evaluativen Konsistenz und der Selbstwirksamkeit. In der inkonsistenten Bedingung wurden signifikant mehr attributbezogene Reaktionen genannt als in der (zusammengefaßten) konsistenten Bedingung, $M = 4.79$ vs. $M = 3.31$, $F(1,60) = 11.70$, $p < .01$ und in der Bedingung mit hoher Selbstwirksamkeit wurden signifikant mehr attributbezogene Reaktionen genannt als in der Bedingung mit geringer Selbstwirksamkeit, $M = 4.89$ vs. $M = 3.42$, $F(1,60) = 9.64$, $p < .01$. Es gab keine weiteren signifikanten Effekte. Die Standardabweichungen können Tabelle 11 entnommen werden.

Eine 2 x 2 ANOVA mit dem relativen Anteil von expliziten Bewertungen und relationalen Gewichtungen an der Anzahl attributbezogener Reaktionen ergab ebenfalls signifikante Haupteffekte der evaluativen Konsistenz und der Selbstwirksamkeit. In der inkonsistenten Bedingung fiel dieser Anteil signifikant höher aus als in der konsistenten Bedingung, $M = 0.73$ vs. $M = 0.49$, $F(1,60) = 6.76$, $p < .05$ und in der Bedingung mit hoher Selbstwirksamkeit signifikant höher als in der Bedingung mit geringer Selbstwirksamkeit, $M = 0.73$ vs. $M = 0.48$, $F(1,60) = 7.77$, $p < .01$. Es gab keine weiteren signifikanten Effekte. Die Standardabweichungen können Tabelle 11 entnommen werden.

8.6.6 Antwortlatenz der Einstellung

Es wurde eine 2 x 2 ANCOVA mit der Antwortlatenz der Einstellung zur Lebensversicherung als abhängige Variable und der Basisreaktionszeit als Kovariat gerechnet. Der Effekt der Basisreaktionszeit war signifikant, $F(1,59) = 4.64$, $p < .05$. Wie vorhergesagt, zeigte sich ein Haupteffekt der evaluativen Konsistenz. In der inkonsistenten Bedingung fiel die Antwortlatenz signifikant länger aus als in der konsistenten Bedingung, $M = 2.14$ vs. $M = 1.63$, $F(1,59) = 21.69$, $p < .001$ (transformierte Werte). Zudem ergab die ANCOVA eine signifikante Interaktion von evaluativer Konsistenz und Selbstwirksamkeit, $F(1,59) = 6.23$, $p < .05$. In der *inkonsistenten* Bedingung fiel die Antwortlatenz bei hoher Selbstwirksamkeit länger aus als bei geringer Selbstwirksamkeit, $M = 2.32$ vs. $M = 1.96$. Im Gegensatz dazu fiel die Antwortlatenz in der *konsistenten* Bedingung bei hoher Selbstwirksamkeit kürzer aus als bei geringer Selbstwirksamkeit, $M = 1.55$ vs. $M = 1.71$. Die Interaktion ist in Abbildung 9 dargestellt. Der einfache Kontrast in der inkonsistenten Bedingung war signifikant, $F(1,29) = 3.74$, $p < .05$ (einseitig), nicht aber in der konsistenten Bedingung, $F(1,29) = 1.68$, *ns*.

Tabelle 11: Mittelwerte und Standardabweichungen kognitiver Reaktionen

Bedingung	*Konsistent*		*inkonsistent*	
	M	*SD*	*M*	*SD*
Anzahl attributbezogener Kognitiver Reaktionen				
Geringe WSW	2.27	2.28	4.56	1.83
Hohe WSW	4.35	2.03	5.38	1.15
Relativer Anteil expl. Bewertungen und relationaler Gewichtungen				
Geringe WSW	0.32	0.39	0.65	0.33
Hohe WSW	0.66	0.31	0.80	0.35

Anmerkung. WSW = Wahrgenommene Selbstwirksamkeit

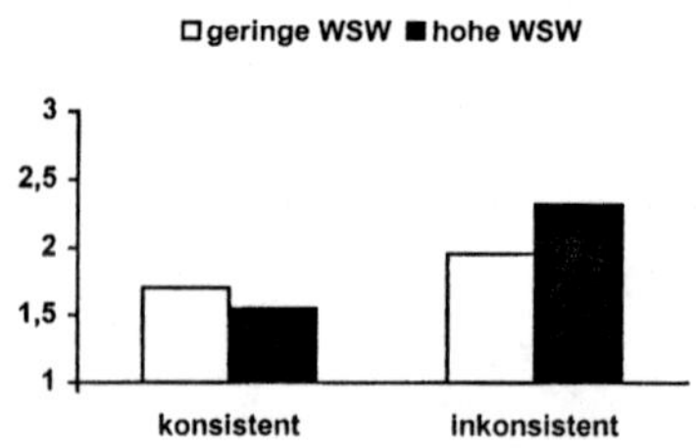

Abbildung 9: Ergebnis der Kovarianzanalyse für die Antwortlatenz der Einstellung mit den unabhängigen Variablen Evaluative Konsistenz und Selbstwirksamkeit.

8.6.7 Mediation der Antwortlatenz

Um zu überprüfen, ob die tatsächliche Sicherheit der Einstellung den Einfluß der Ambivalenz auf die Antwortlatenz der Einstellung vermittelt, wurden multiple Regressionen nach Baron undKenny (1986) gerechnet, wobei die Basisreaktionszeit kontrolliert wurde. Der Griffin-Index übte einen signifikanten Einfluß auf die Antwortlatenz, $\beta = .36$, $p < .01$, und die tatsächliche Sicherheit aus, $\beta = -.51$, $p < .001$, und die tatsächliche Sicherheit auf die Antwortlatenz, $\beta = -.40$, $p < .01$. Wenn die Antwortlatenz gleichzeitig durch die Ambivalenz und die tatsächliche Sicherheit vorhergesagt wurde, blieb der Einfluß der tatsächlichen Sicherheit signifikant, $\beta = -.29$, $p < .05$ (einseitig), und der Effekt der Ambivalenz schwächte sich deutlich ab, $\beta = .17$, *ns*. Das Ergebnis der multiplen Regressionen ist in Abbildung 10 dargestellt. Die Ergebnisse in bezug auf die erlebte Ambivalenz als Prädiktor der Antwortlatenz fielen ähnlich aus und werden deshalb hier nicht im Detail berichtet.

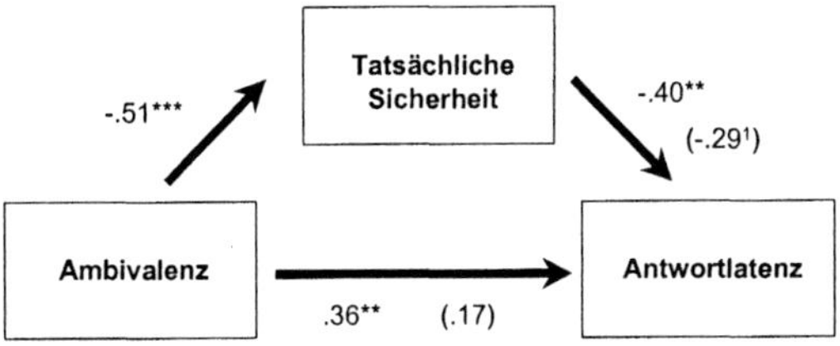

Abbildung 10: Ergebnis der Mediationsanalyse für die Antwortlatenz der Einstellung.

8.6.8 Selbstwirksamkeit als Moderator der Einstellungsbildung

Um die Hypothese zu überprüfen, daß die Positivität der kognitiven Reaktionen bei hoher Selbstwirksamkeit enger mit der gebildeten Einstellung zusammenhängt als bei geringer Selbstwirksamkeit, wurden getrennt für geringe vs. hohe Selbstwirksamkeit multiple Regressionen nach Baron und Kenny (1986) gerechnet. Die evaluative Konsistenz wurde entsprechend der Valenz der Attribute kodiert: Konsistent-negativ = -1, inkonsistent = 0, konsistent-positiv = +1.

In der Bedingung mit *geringer* Selbstwirksamkeit übte die Valenz der Attribute einen signifikanten Einfluß auf die Einstellung, $\beta = .75$, $p < .001$, und die Positivität der kognitiven Reaktionen aus, $\beta = .41$, $p < .05$. Die Positivität der kognitiven Reaktionen hatte hingegen keinen signifikanten Effekt auf die Einstellung, $\beta = .28$, *ns* < .01. Wenn die Einstellung gleichzeitig aus der Valenz der Attribute und der Positivität der kognitiven Reaktionen vorhergesagt wurde, zeigte sich kein signifikanter Einfluß der Positivität der kognitiven Reaktionen, $\beta = .02$, *ns*, und der Einfluß der Valenz der Attribute blieb signifikant, $\beta = .62$, $p < .01$. Das Ergebnis der multiplen Regressionen ist in Abbildung 11 dargestellt.

In der Bedingung mit *hoher* Selbstwirksamkeit übte die Valenz der Attribute einen signifikanten Einfluß auf die Einstellung, $\beta = .63$, $p < .001$, und die Positivität der kognitiven Reaktionen aus, $\beta = .84$, $p < .001$. Die Positivität der kognitiven Reaktionen hatte einen signifikanten Effekt auf die Einstellung, $\beta = .64$, $p < .001$. Wenn die Einstellung gleichzeitig aus der Valenz der Attribute und der Positivität der kognitiven Reaktionen vorhergesagt wurde, zeigte sich ein signifikanter Einfluß der Positivität der kognitiven Reaktionen, $\beta = .47$, $p < .05$ (einseitig), und der Einfluß der Valenz der Attribute schwächte sich deutlich ab, $\beta = .21$, *ns*.

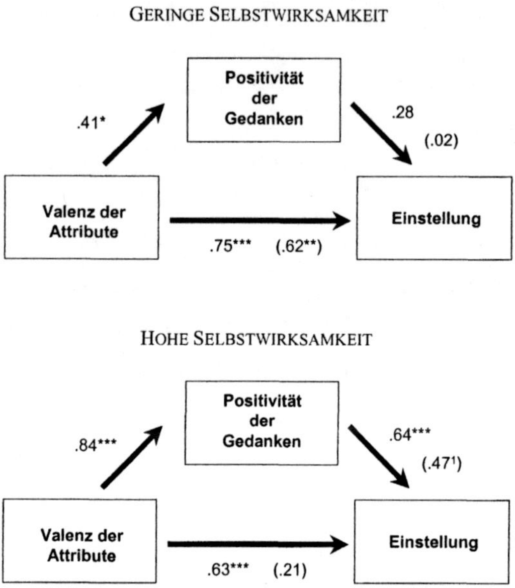

Abbildung 11: Ergebnis der Mediationsanalysen für die Einstellungsbildung.

8.7 Diskussion der Ergebnisse

Beide Ambivalenzmaße zeigen an, daß die Ambivalenz in der inkonsistenten Bedingung signifikant höher war als in den konsistenten Bedingungen. Bei evaluativer Inkonsistenz wird auch subjektiv eine höhere Ambivalenz als bei evaluativer Konsistenz erlebt. Entsprechend hoch waren beide Ambivalenzmaße korreliert, $r = .68$. Dies bestätigt die Annahme, daß bei der Bildung neuer Einstellungen, wenn alle relevanten Informationen kognitiv hoch zugänglich sind, operativ und subjektiv erfaßte Ambivalenz korrespondieren.

Die Überprüfung der Manipulation der wahrgenommenen Selbstwirksamkeit ergab einen deutlichen Unterschied für die positive und die negative Rückmeldung. Bei positiver Rückmeldung fiel die wahrgenommene Selbstwirksamkeit signifikant höher aus als bei negativer Rückmeldung. Allerdings zeigte sich auch ein Haupteffekt für die evaluative Konsistenz. Bei evaluativer Inkonsistenz fiel die wahrgenommene Selbstwirksamkeit höher aus als in den beiden konsistenten Bedingungen. Aus diesem Grund sind die beobachteten Haupteffekte der evaluativen Konsistenz auf die Anzahl attributbezogener Reaktionen und den relativen Anteil an Bewertungen und relationalen Gewichtungen mit einer gewissen Vorsicht zu interpretieren.

Für beide Indikatoren der systematischen Verarbeitung wurden, im Unterschied zu Untersuchung 3, signifikante Haupteffekte der wahrgenommenen Selbstwirksamkeit ermittelt. Bei hoher wahrgenommener Selbstwirksamkeit wurden signifikant mehr attributbezogene kognitive Reaktionen genannt und ein höherer Anteil an Bewertungen und relationalen Gewichtungen vorgenommen als bei geringer wahrgenommener Selbstwirksamkeit. Auf einen Test für ordinale Interaktionen wurde aufgrund der Konfundierung verzichtet.

Die bereits in Untersuchung 3 gefundene Wechselwirkung von evaluativer Konsistenz und wahrgenommener Selbstwirksamkeit im Hinblick auf die Einstellungslatenz konnte repliziert werden. In der evaluativ inkonsistenten Bedingung fiel die Antwortlatenz der Einstellung bei hoher wahrgenommener Selbstwirksamkeit *länger* aus als bei geringer wahrgenommener Selbstwirksamkeit. Der entsprechende einfache Kontrast erwies sich als signifikant. In der konsistenten Bedingung fiel die Antwortlatenz der Einstellung bei hoher wahrgenommener Selbstwirksamkeit hingegen *kürzer* aus als bei geringer wahrgenommener Selbstwirksamkeit. Der entsprechende einfache Kontrast war jedoch nicht signifikant.

Repliziert werden konnte auch der Haupteffekt der evaluativen Konsistenz auf die Antwortlatenz der Einstellung. Bei evaluativer Inkonsistenz wurde mehr Zeit für die Abgabe der Einstellung benötigt als bei evaluativer Konsistenz. Die multiplen Regressionen bestätigen diesen Haupteffekt für beide Ambivalenzmaße. Sie zeigen darüber hinaus einen signifikanten Einfluß der Ambivalenz auf die tatsächliche Sicherheit der Einstellung. Die tatsächliche Sicherheit fiel um so geringer aus, je höher die Ambivalenz war. Die tatsächliche Sicherheit der Einstellung hatte zudem einen signifikanten Einfluß auf die Antwortlatenz der Einstellung. Wie bereits in Untersuchung 3 zeigte sich, daß die Antwortlatenz um so länger war, je geringer die tatsächliche Sicherheit der Einstellung ausfiel.

In bezug auf die postulierte Mediation zeigte sich deutlicher als in Untersuchung 3, daß die tatsächliche Sicherheit den Effekt der Ambivalenz auf die Einstellungslatenz weitgehend vermittelte. Demnach wird bei der Bildung einer neuen Einstellung auf der Basis evaluativ inkonsistenter Informationen mehr Zeit benötigt als auf der Basis konsistenter Informationen, weil man sich in bezug auf die sachliche Angemessenheit der Einstellung weniger sicher ist. Aus diesem Grund werden bei evaluativer Inkonsistenz mehr kognitive Ressourcen mobilisiert und mehr geistige Anstrengungen in die Integration der Informationen investiert. Diese Bereitschaft ist zudem bei hoher wahrgenommener Selbstwirksamkeit höher als bei geringer wahrgenommener Selbstwirksamkeit, wie die Ergebnisse von Untersuchung 2 zeigen.

Die Rolle der wahrgenommenen Selbstwirksamkeit als Moderator der Korrespondenz von kognitiven Reaktionen und Einstellung konnte bestätigt werden. Die Positivität der kognitiven Reaktionen vermittelte in der Bedingung mit hoher wahrgenommener Selbstwirksamkeit den Effekt der Valenz der Attribute auf die Einstellung. Wenn die Einstellung simultan aus der Valenz und der Positivität vorhergesagt wurde, reduzierte sich der Effekt der Valenz erheblich, während der Effekt der Positivität zumindest einseitig signifikant blieb. In der Bedingung mit geringer wahrgenommener

Selbstwirksamkeit zeigte sich hingegen kein vermittelnder Effekt der Positivität der kognitiven Reaktionen.

Eine engere Beziehung von Einstellung und Verhaltensintention bei hoher im Vergleich zu geringer Ambivalenz konnte in dieser Untersuchung nicht bestätigt werden (vgl. Jonas et al., 1997). Der Grund für eine fehlende Moderatorwirkung der Ambivalenz liegt möglicherweise darin, daß sich die Mehrzahl der Versuchsteilnehmer bisher noch nie Gedanken über das Einstellungsobjekt Lebensversicherung gemacht haben und deshalb trotz intensiver Verarbeitung eine gewisse Unsicherheit in bezug auf die Einstellung und die Intention bleibt. Diese Interpretation ist aber sehr spekulativ, da sich sowohl in der inkonsistenten als auch in den konsistenten Bedingungen verhältnismäßig hohe Korrelationen von Einstellung und Intention zeigten.

Zusammengenommen konnten die Ergebnisse von Untersuchung 3 bestätigt werden, vor allem in bezug auf die Einstellungslatenz und die vermittelnde Rolle der kognitiven Reaktionen. In bezug auf die Mediation des Effekts der Ambivalenz auf die Einstellungslatenz konnte deutlicher als in Untersuchung 3 gezeigt werden, daß die tatsächliche Sicherheit der Einstellung den Einfluß der Ambivalenz vermittelt. Dieses Ergebnis stellt eine Erweiterung des Heuristisch-Systematischen Modells (Chaiken et al., 1989) dar, ebenso die Rolle der wahrgenommenen Selbstwirksamkeit.

IX. Untersuchung 5

9.1 Fragestellung und Hypothesen

In den vorangegangenen beiden Untersuchungen (3 und 4) konnte gezeigt werden, daß evaluativ inkonsistente Informationen im Vergleich zu evaluativ konsistenten Informationen mit längeren Antwortlatenzen der Einstellung verbunden sind. Für die Bildung einer Einstellung wird mehr Zeit benötigt, wenn die Information evaluativ inkonsistent ist, im Vergleich zu einheitlich positiver oder negativer Information. Dabei wurde angenommen, daß die längeren Antwortlatenzen der Einstellung in der inkonsistenten Bedingung darauf begründet sind, daß die Integration evaluativ inkonsistenter Informationen subjektiv als schwieriger erlebt wird als die Integration evaluativ konsistenter Informationen. Da allerdings kein direkter Beleg für diese Annahme vorliegt, soll in der nachfolgenden Untersuchung die subjektive Schwierigkeit der Einstellungsbildung erfaßt werden. Es wird vorhergesagt, daß diese subjektive Schwierigkeit den Effekt der Ambivalenz auf die Antwortlatenz der Einstellung vermittelt. Je schwieriger die Integration von Attributen eines Einstellungsobjekts subjektiv erscheint, desto länger sollte die Antwortlatenz der Einstellung ausfallen.

Das Konzept der subjektiven Schwierigkeit ist breiter angelegt als das der tatsächlichen Sicherheit sensu HSM (Chaiken et al., 1989). Während die tatsächliche Sicherheit die Einschätzung wiedergibt, zu einer gültigen Einstellung zu gelangen, bezieht sich die subjektive Schwierigkeit auf die Einschätzung, überhaupt zu einer Einstellung gelangen zu können. In Anlehnung an das Heuristisch-Systematische Modell (Chaiken et al., 1989) sollte eine geringe tatsächliche Sicherheit der Einstellung infolge evaluativer Inkonsistenz zu einer Mobilisierung kognitiver Ressourcen führen. Demnach wäre zu erwarten, daß längere Antwortlatenzen der Einstellung bei evaluativer Inkonsistenz auf eine intensivere Verarbeitung relevanter Informationen zurückgehen. Im Unterschied dazu spiegelt die subjektive Schwierigkeit der Einstellungsbildung direkt das Bestreben wider, eine dominante Tendenz bei der Bewertung eines Einstellungsobjekts herauszubilden. Dieses Bestreben sollte bei evaluativer Inkonsistenz im Vergleich zu Konsistenz als schwieriger erlebt werden.

Ein wesentliches Ziel dieser Untersuchung besteht darin, eine mögliche alternative Erklärung für den Effekt der evaluativen Inkonsistenz auf die Antwortlatenz der Einstellung auszuschließen. In den beiden vorhergehenden Experimenten (3 und 4) wurde die evaluative Inkonsistenz so operationalisiert, daß drei Attribute sehr negativ und drei Attribute sehr positiv ausgeprägt waren. In der konsistent-positiven Bedingung waren hingegen alle sechs Attribute sehr positiv und in der konsistent-negativen Bedingung sehr negativ ausgeprägt. Damit unterscheiden sich die Bedingungen dahingehend, wie groß der Bereich ist, in dem die Ausprägungen der einzelnen Attribute (Skalenwerte) streuen. In den konsistenten Bedingungen war dieser Bereich wesentlich kleiner als in den inkonsistenten Bedingungen. Aus diesem Grund war in den konsistenten Bedingungen möglicherweise eine Integration der Attribute, etwa als Mittelwert der gewichteten Attribute, nicht notwendig oder hilfreich.

Um diesem Problem zu begegnen, werden in der folgenden Untersuchung drei verschiedene inkonsistente Bedingungen realisiert und die konsistenten Bedingungen so operationalisiert, daß jeweils eines der vier relevanten Kriterien schwach in die entgegengesetzte Richtung ausgeprägt ist. Dabei handelt es sich um einen Within-Versuchsplan, bei dem jedem Versuchsteilnehmer mehrere Produkte (Shampoos) vorgegeben werden. Der Versuchsplan umfaßt insgesamt sechs Bedingungen. Zusätzlich zu drei inkonsistenten Bedingungen wurden zwei Bedingungen realisiert, in denen die Informationen zu dem Shampoo entweder positiv oder negativ waren. Durch diese Operationalisierung der konsistenten Bedingungen soll verhindert werden, daß die Attribute in der positiven und negativen Bedingung "auf den ersten Blick" als insgesamt positiv bzw. negativ erkannt werden. Durch das Übergewicht der drei positiven bzw. negativen Attribute sollten jedoch positive bzw. negative Einstellungen resultieren.

Die drei inkonsistenten Bedingungen werden so konzipiert, daß sie sich im Hinblick auf die Höhe der resultierenden Ambivalenz unterscheiden. Intendiert sind Bedingungen mit schwacher, moderater und hoher Ambivalenz, wobei vergleichbare Einstellungen resultieren sollten (siehe Operationalisierung). Es wird vorhergesagt, daß in den drei inkonsistenten Bedingungen im Vergleich zu der positiven und der negativen Bedingung eine höhere subjektive Schwierigkeit der Einstellungsbildung und eine längere Antwortlatenz der Einstellung auftreten sollte. Wenn die Antwortlatenz der Einstellung eine Funktion der evaluativen Inkonsistenz ist, dann sollte die Antwortlatenz bei dem stark inkonsistenten Produkt länger sein als bei dem moderat und dem schwach inkonsistenten Produkt und bei dem moderat inkonsistenten Produkt länger als bei dem schwach inkonsistenten Produkt.

Dabei sollte sich nach dem Ambivalenzmodell von Thompson et al. (1995) bei hoher Ähnlichkeit der positiven (P) und der negativen Bewertung (N) vor allem die mittlere Intensität der beiden Komponenten als Prädiktor für die subjektive Schwierigkeit der Einstellungsbildung und die Antwortlatenz der Einstellung erweisen. Nach dem Ambivalenzmodell von Priester und Petty (1996) sollte vor allem die Stärke der konflikthaften Reaktion die subjektive Schwierigkeit der Einstellungsbildung und die Antwortlatenz vorhersagen, wenn sich eine kritische Schwelle ermitteln läßt. Wenn keine kritische Schwelle gegeben ist, dann sollten die subjektive Schwierigkeit der Einstellungsbildung und die Antwortlatenz zusätzlich von der Stärke der dominanten Reaktion abhängen, wobei dieser Zusammenhang negativ sein müßte.

Im Unterschied zu der Untersuchung von Jonas et al. (1997) und den beiden Untersuchungen zur Einstellung gegenüber einer Lebensversicherung (3 und 4) wird in einer weiteren Bedingung *neutrale* Information über ein Shampoo vorgegeben. Neutral bedeutet dabei, daß die aus den evaluativen Implikationen der Attribute des Shampoos resultierende Einstellung als neutral zu interpretieren ist, da die Attribute eine mittlere Ausprägung aufweisen, im Sinne von "weder gut noch schlecht" (vgl. Klopfer & Madden, 1980). Es wird vorhergesagt, daß in dieser neutralen Bedingung eine geringere Ambivalenz zu beobachten sein sollte als in den drei inkonsistenten Bedingungen, da die Intensität der positiven und negativen Bewertung minimal sein sollte und deshalb trotz hoher Ähnlichkeit der positiven und negativen Bewertung eine geringe Ambivalenz nach Thompson et al. (1995) auftreten sollte. Da in dieser Bedingung auch keine starke konflikthafte Reaktion zu erwarten ist, sollte die subjektive Schwierigkeit der Einstellungsbildung geringer und die Antwortlatenz der Einstellung kürzer als in den inkonsistenten Bedingungen sein. Unterschiede in dieser Hinsicht werden jedoch zwischen der positiven, der negativen und der neutralen Bedingung nicht erwartet.

Es hat sich in den beiden vorangehenden Untersuchungen zur Einstellungsbildung (3 und 4) gezeigt, daß der Effekt der Ambivalenz auf die Antwortlatenz der Einstellung wenigstens teilweise durch die Sicherheit der Einstellung vermittelt wird. In der folgenden Untersuchung wird erwartet, daß die subjektive Schwierigkeit der Einstellungsbildung um so höher ist, je höher die Ambivalenz ausfällt. Gleichzeitig sollte die Antwortlatenz der Einstellung um so länger sein, je höher die subjektive Schwierigkeit der Einstellungsbildung ist. Diese Annahme wird anhand von multiplen Regressionen nach Baron und Kenny (1986) überprüft, wobei die Regressionen über alle sechs Bedingungen hinweg berechnet werden. Da es sich jedoch um eine Versuchsplan mit Meßwiederholung handelt, werden die experimentellen Bedingungen statistisch kontrolliert (vgl. Priester & Petty, 1996).

Um einen Beleg dafür zu erhalten, daß das Herausbilden einer dominanten Reaktion tatsächlich durch kognitive Elaboration ermöglicht und erleichtert wird, wurde die Persönlichkeitsdimension Need to Evaluate (NE; Jarvis & Petty, 1996; Petty & Jarvis, 1996) unter der Annahme herangezogen, daß die Effekte der evaluativen Inkonsistenz durch Need to Evaluate moderiert werden. Need to Evaluate steht für individuelle Unterschiede in der Neigung, über verschiedene Situationen hinweg bewertend auf Objekte, Personen usw. zu reagieren. Personen mit hohem Need to Evaluate sollten mit größerer Wahrscheinlichkeit spontan Einstellungen bilden und mehr evaluative Reaktionen zeigen als Personen mit niedrigem Need to Evaluate (Jarvis & Petty, 1996). Personen mit hoher Merkmalsausprägung neigen außerdem dazu, bestehende Einstellungen spontan zu aktivieren und zu aktualisieren (Petty et al., 1996). Jarvis und Petty (1996) spekulieren zudem, daß Personen mit hohem Need to Evaluate in bewertenden Reaktionen ein probates Mittel sehen, bestimmten Einstellungsfunktionen (z.B. Wissensfunktion) nachzukommen oder bestimmte angestrebte epistemische Zustände (z.B. angestrebte Sicherheit der Einstellung) zu erreichen.

Wenn Need to Evaluate die Effekte der evaluativen Inkonsistenz moderiert, dann spricht dies für die dominante Tendenz als Erklärung längerer Antwortlatenzen in den inkonsistenten Bedingungen und widerlegt die alternative Erklärung, daß längere Antwortlatenzen allein durch einen größeren Streuungsbereich der Skalenwerte der Attribute zustande kommen. Deshalb wird erwartet, daß Personen mit hohem Need to Evaluate im Vergleich zu Personen mit geringem Need to Evaluate in den inkonsistenten Bedingungen höhere Ambivalenz zeigen, die Bildung einer Einstellung subjektiv als schwieriger empfinden und eine längere Antwortlatenz der Einstellung zeigen. Von Personen mit hohem Need to Evaluate ist zu erwarten, daß sie spontan evaluative Reaktionen auf die einzelnen Elemente zeigen. Aus diesem Grund sollte für diese Personen die evaluative Inkonsistenz leichter erkennbar sein und entsprechend stärker wahrgenommen werden. In der positiven, negativen und der neutralen Bedingung sollte Need to Evaluate hingegen keine Unterschiede bewirken, da in diesen Bedingungen eine gründliche kognitive Verarbeitung kaum nötig ist und das Herausbilden einer dominanten Tendenz verhältnismäßig leicht sein sollte.

9.2 Stichprobe und Versuchsplan

An der Untersuchung nahmen 30 Studierende (20 Frauen und 10 Männer) des Psychologischen Instituts an der Universität Tübingen im Alter von M = 23.40 Jahren teil (SD = 2.37). Für ihre Teilnahme wurde ihnen eine ¾ Versuchspersonenstunde angerechnet. Die Untersuchung wurde durch einen Aushang als "Untersuchung zur Konsumentenpsychologie" angekündigt.[9]

In dem einfaktoriellen Untersuchungsdesign wurde die evaluative Konsistenz von vier Merkmalen fiktiver Produkte (Haarshampoos) als 6-stufiger Within-Faktor variiert: (1) starke Inkonsistenz, (2) moderate Inkonsistenz, (3) schwache Inkonsistenz, (4) positiv, (5) negativ und (6) neutral.

9.3 Ablauf und Untersuchungsmaterial

Die Versuchsteilnehmer nahmen einzeln an der Untersuchung teil. Alle Instruktionen, Informationen und Items wurden auf einem Computer vorgegeben. Nach der Begrüßung durch den Versuchsleiter startete dieser das Programm und verließ den Raum, um sich in einem angrenzenden Raum für eventuelle Nachfragen zur Verfügung zu halten. Nach einer kurzen Übungsphase, die dazu diente, die Versuchsteilnehmer mit der Bedienung der Tastatur vertraut zu machen, wurde ihnen mitgeteilt, daß in dieser Untersuchung "herausgefunden werden soll, ob die Persönlichkeit eines Menschen einen Einfluß darauf hat, wie man in der alltäglichen Rolle eines/r Konsumenten/in mit Informationen über Produkte umgeht, d.h., wie man zu einer Meinung über ein Produkt kommt". Für diesen Zweck wurden sechs verschiedene, fiktive Haarshampoos ausgewählt, die anhand von vier Kriterien angeblich durch die Stiftung Warentest - neben vielen weiteren Shampoos - beurteilt wurden (siehe Operationalisierung). Den Versuchsteilnehmern wurde gesagt, daß nur solche Produkte ausgewählt wurden, die sich für die tägliche Haarwäsche eignen und gleichzeitig frei von allergieauslösenden Substanzen sind.

Alle Versuchsteilnehmer beantworteten zunächst 32 Items aus drei verschiedenen Fragebogen, die dazu dienen sollten, "deinen persönlichen Stil zu erfassen, mit dem du gewöhnlich Entscheidungen triffst und über neue Dinge nachdenkst". Bei den drei Fragebogen handelte es sich um zwei Subskalen aus dem Need for Cognitive Closure-Fragebogen (NFCL; Kruglanski et al., 1993; Webster & Kruglanski, 1994), sowie den Need to Evaluate-Fragebogen von Jarvis und Petty (1996). Die Fragebogen wurden vom Autor ins Deutsche übersetzt. Die 16 Items des NE-Fragebogens sind in ihrer deutschen Übersetzung im Appendix aufgelistet. Aus dem NFCL-Fragebogen wurden die Subskalen *decisiveness* (7 Items) und *discomfort with ambiguity* (9 Items) herausgegriffen. Zu diesen beiden Subskalen werden keine Ergebnisse berichtet, da lediglich die Qualität der Übersetzung erprobt wer-

[9] Wesentliche Teile dieser Untersuchung wurden zur Veröffentlichung angenommen, Brömer, P. (im Druck). Einstellungsbildung: Erlebte Ambivalenz, subjektive Schwierigkeit und Antwortlatenz bei evaluativ inkonsistenten, konsistenten und neutralen Informationen. *Zeitschrift für Experimentelle Psychologie.*

den sollte und nach Kruglanski et al. (1993) alle fünf Skalen zu einem Gesamtwert zusammenzufassen sind.

Die 32 Persönlichkeitsfragen wurden im Block vorgegeben. Die Abfolge der drei Fragebogen wurde in sechs verschiedenen Reihenfolgen ausbalanciert. Auf diese Weise wurde jeder Fragebogen in gleicher Häufigkeit an jeder der drei möglichen Positionen vorgegeben. Jede dieser sechs Kombinationen wurde somit jeweils fünf Versuchsteilnehmern vorgegeben. Da die Erfassung der 32 Persönlichkeitsfragen gleichzeitig zur Messung der Basis-Reaktionszeit diente, wurden die Versuchsteilnehmer gebeten, die Hand, mit der sie gewöhnlich tippen, auf den Zahlenblock der Tastatur zu legen.

Nach den Persönlichkeitsfragen wurden die Versuchsteilnehmer über die vier Kriterien informiert, die die Stiftung Warentest zur Beurteilung von Shampoos verwendet. Die vier Kriterien sind Pflegewirkung, Kaufpreis, Umweltbelastung und Waschwirksamkeit. Jedes Kriterium hat 5 mögliche Ausprägungen. Die Versuchsteilnehmer wurden instruiert, sich die möglichen Ausprägungen der vier Kriterien gut einzuprägen, da sie später erfahren würden, wie die sechs Shampoos bezüglich der Kriterien beurteilt wurden und sie zu jedem Shampoo Fragen beantworten sollen. Die Abfolge der Produkte wurde in sechs Reihenfolgen so variiert, daß jedes Produkt mit gleicher Häufigkeit an jeder möglichen Position erscheint und nicht stets dieselben Produkte aufeinanderfolgen. Jede dieser sechs Kombinationen wurde jeweils fünf Versuchsteilnehmern vorgegeben. Die vier Kriterien der Shampoos wurden jeweils auf einer Bildschirmseite präsentiert, wobei die Kriterien untereinander und die entsprechenden Ausprägungen rechts daneben aufgelistet waren. Die Reihenfolge der Kriterien war dabei bei allen sechs Shampoos identisch (Pflegewirkung, Preis, Umweltbelastung und Waschwirksamkeit).

Jeweils im Anschluß an die Vorgabe der Kriterien eines Produkts wurde die Einstellung zum Kauf des Produkts, die Antwortlatenz der Einstellung, die Ambivalenz, die subjektive Schwierigkeit der Einstellungsbildung und die Sicherheit der Einstellung erfaßt (siehe Messungen).

9.4 Operationalisierung

Die *Pflegewirkung* konnte in fünf Stufen variieren: sehr schlecht, eher schlecht, mittel, eher gut, sehr gut. Der *Kaufpreis* wurde auf eine bestimmte Inhaltsmenge (100 ml) bezogen, um Vergleichbarkeit zwischen den Produkten herzustellen. Es gab fünf Preisklassen, die als sehr günstig, eher günstig, mittel, eher teuer und sehr teuer bezeichnet wurden. Die *Umweltbelastung* konnte in fünf Stufen variieren: sehr gering, eher gering, mittel, eher hoch, sehr hoch. Die *Waschwirksamkeit* konnte in fünf Stufen variieren: sehr schlecht, eher schlecht, mittel, eher gut, sehr gut (siehe Tabelle 12).

In bezug auf den 6-stufigen Faktor evaluative Konsistenz wurden drei evaluativ inkonsistente, ein positives, ein negatives und ein neutrales Produkt konstruiert. Die drei inkonsistenten Produkte wurden so bestimmt, daß jeweils zwei Kriterien positiv und zwei Kriterien negativ ausgeprägt waren. Die inkonsistenten Produkte unterschieden sich in der Intensität der Ausprägungen der Kriterien. Unter bezug auf Befunde von Jonas et al. (1997) wurde darauf geachtet, daß die Kriterien Umweltbelastung und Waschwirksamkeit gleichabständig auf den negativen und den positiven Endpunkt der 5-

stufigen Dimension ausgerichtet waren, da sich in der Untersuchung von Jonas et al. (1997) gezeigt hat, daß die Waschwirksamkeit und die Umweltbelastung als die beiden wichtigsten Kriterien betrachtet werden.

Tabelle 12: Operationalisierung der evaluativen Konsistenz

Kriterien	Pflege-wirksamkeit	Preis	Umwelt-belastung	Wasch-wirksamkeit
Produkt				
1. Stark inkonsistent	sehr schlecht	sehr günstig	sehr hoch	sehr gut
2. Moderat inkonsistent	eher schlecht	eher günstig	sehr hoch	sehr gut
3. Schwach inkonsistent	eher schlecht	eher günstig	eher hoch	eher gut
4. Positiv	eher schlecht	sehr günstig	sehr gering	sehr gut
5. Negativ	eher gut	sehr teuer	sehr hoch	sehr schlecht
6. Neutral	mittel	mittel	mittel	mittel

9.5 Messungen

Die Messungen erfolgten in der Reihenfolge ihrer nachfolgenden Beschreibung.

Persönlichkeitsskalen und Basisreaktionszeit. Bei den 32 Persönlichkeitsfragen gaben die Versuchsteilnehmer jeweils auf 7-stufigen Skalen mit den Endpunkten 1 (*völlig unzutreffend*) und 7 (*trifft ganz genau zu*) an, ob die betreffende Aussage auf sie persönlich zutrifft. Die Reliabilitäten (Cronbach Alphas) der drei Skalen lagen bei .73 (Decisiveness), .70 (Discomfort with Ambiguity) und .58 (Need to Evaluate). Zusätzlich wurde für jede der 32 Aussagen die Antwortlatenz erfaßt. Die Versuchsteilnehmer wurden deshalb zuvor gebeten, ihre dominante Hand auf den Zahlenblock der Tastatur zu legen. Als Antwortlatenz diente der zeitliche Abstand zwischen dem Erscheinen der Aussage auf dem Bildschirm und der Antwort der Versuchsteilnehmer. Die Antwortlatenzen wurden logarithmisch transformiert (natürlicher Logarithmus) und gemittelt (Alpha = .98). Eine Faktorenanalyse der Antwortlatenzen ergab eine einfaktorielle Lösung (siehe Fazio, 1990). Die mittlere Antwortlatenz der Persönlichkeitsfragen dient als Basisreaktionszeit für die Antwortlatenz bei der Einstellung zum Kauf des Produkts. Die systembedingte Meßungenauigkeit beträgt 50 Millisekunden.

Einstellung und Antwortlatenz der Einstellung. Die Einstellung zum Kauf des Produkts wurde mittels 7-stufiger Skalen erfaßt, indem die Versuchsteilnehmer zu den folgenden drei Aussagen ihre Position auf den entsprechenden Skalen angaben: "Wenn ich dieses Shampoo kaufe, finde ich das..." (1 = *sehr schlecht*; 7 = *sehr gut*), "Wenn ich dieses Shampoo kaufe, finde ich das..." (1 = *völlig sinnlos*; 7 = *sehr sinnvoll*) und "Mein Gefühl zum Kauf dieses Shampoos ist..." (1 = *stark ablehnend*; 7 = *stark zustimmend*). Die jeweilige Einstellung zum Kauf des Shampoos wurde als Mittelwert der drei Antworten bestimmt (Alphas variieren von .65 bis .96). Für jede der drei Einstellungsfragen wurde die

Antwortlatenz erfaßt. Die Antwortlatenzen wurden logarithmisch transformiert und ihr Mittelwert berechnet (Alphas variieren von .74 bis .88).

Ambivalenz. Für jedes Produkt wurde das Ambivalenzerleben mit jeweils drei 7-stufigen Skalen erfaßt. Die Versuchsteilnehmer gaben zu jeder der drei folgenden Aussagen ihre subjektiv erlebte Ambivalenz an: "Wenn ich dieses Shampoo kaufe, fühle ich mich ... hin und hergerissen" (1 = *überhaupt nicht*; 7 = *sehr stark*), "Meine Gefühle zum Kauf des Shampoos sind gleichermaßen positiv wie negativ" (1 = *völlig unzutreffend*; 7 = *trifft genau zu*) und "Wenn ich dieses Shampoo kaufe, weichen meine Gedanken und Gefühle ... voneinander ab" (1 = *überhaupt nicht*; 7 = *sehr stark*). Die drei Items wurden jeweils gemittelt (Alphas variieren von .73 bis .94). Zusätzlich sollten die Versuchsteilnehmer zu jedem Produkt auf 4-stufigen unipolaren Skalen ihre positive (P) und ihre negative (N) Bewertung des Produkts angeben, wobei sie instruiert wurden, entweder nur an mögliche positive oder mögliche negative Konsequenzen zu denken, die der Kauf des Shampoos für sie hat. Die positive (negative) Bewertung wurde mit einer 4-stufigen Skala mit den Endpunkten 1 (*überhaupt nicht positiv/negativ*) und 4 (sehr positiv/negativ) erfaßt und mit der Formel nach Thompson et al. (1995) zu einem Ambivalenzwert verrechnet (Griffin-Index): Ambivalenz = (P+N)/2-|P-N|. Die Ähnlichkeit der Bewertungen läßt sich durch den Ausdruck (4-|P-N|) und die Intensität der Bewertungen durch den Ausdruck (P+N)/2 abbilden.

Subjektive Schwierigkeit der Einstellungsbildung. Die subjektiv erlebte Schwierigkeit der Aufgabe, auf der Basis der vier Kriterien eine Einstellung zum Kauf des Shampoos zu bilden, wurde mit zwei Skalen erfaßt. Die Versuchsteilnehmer gaben die subjektive Schwierigkeit bezüglich der Aussage "Mich zu entscheiden, ob ich es gut oder schlecht finde, wenn ich dieses Shampoo kaufe, fiel mir ..." auf einer 7-stufigen Skala mit den Endpunkten 1 (*sehr leicht*) und 7 (*sehr schwer*) und bezüglich der Aussage "Mir eine Meinung zu bilden, ob ich es gut oder schlecht finde, dieses Shampoo zu kaufen, fand ich ..." auf einer 7-stufigen Skala mit den Endpunkten 1 (*sehr einfach*) und 7 (*sehr schwierig*) an. Die beiden Skalen wurden gemittelt (Alphas variieren von .84 bis .97).

Sicherheit der Einstellung. Die Sicherheit in die Einstellung zum Kauf des Shampoos wurde bezüglich der Aussage "In meiner Meinung, ob ich es gut oder schlecht finde, wenn ich das Shampoo kaufe, bin ich mir ..." mit einer 7-stufigen Skala mit den Endpunkten 1 (*völlig unsicher*) und 7 (*sehr sicher*) erfaßt.

9.6 Ergebnisse

9.6.1 Manipulationsüberprüfungen

Eine einfaktorielle Varianzanalyse mit der Reihenfolge der Persönlichkeitsfragebögen als unabhängige Variable und Need to Evaluate als abhängiger Variable ergab keinen signifikanten Effekt, $F(5,24) = 1.97$, *ns*. Es wurden zudem einfaktorielle Varianzanalysen mit der Reihenfolge der Produkte als unabhängiger und den zentralen abhängigen Variablen (Ambivalenzerleben, Griffin-Index, subjektive Schwierigkeit, Einstellungslatenz) gerechnet. Es ergaben sich keine signifikanten Effekte, $Fs < 1$.

Ambivalenz. Um zu prüfen, ob sich die Ambivalenz in den drei inkonsistenten Bedingungen von der positiven, negativen und neutralen Bedingung unterscheidet, wurde für beide abhängigen Variablen eine MANOVA gerechnet, da vergleichbare Mittelwertsunterschiede erwartet werden können. Die Mittelwerte und Standardabweichungen sind in Tabelle 13 aufgeführt, ebenso die entsprechenden einfachen Kontraste (Tabelle 13 zeigt zudem die univariaten F-Werte). Es ergab sich ein signifikanter Within-Subjects Effekt, Wilks' Lambda = 0.66, $p < .001$. Die einfachen Kontraste belegen, daß die Ambivalenz bezüglich beider Ambivalenzmaße in der *negativen* Bedingung signifikant geringer ausfiel als in den inkonsistenten Bedingung, $Fs(1,58) > 21.24$, $p < .001$ (Ambivalenzerleben) bzw. $Fs(1,58) > 13.60$, $p < .01$ (SIM). In der *positiven* Bedingung fiel die Ambivalenz signifikant geringer aus als in der moderat und der stark inkonsistenten Bedingung, $Fs(1,58) > 5.08$, $p < .01$ (Ambivalenzerleben) bzw. $Fs(1,58) > 7.39$, $p < .05$ (SIM). Entgegen der Vorhersage ließen sich zwischen der *neutralen* Bedingung und den drei inkonsistenten Bedingungen keine signifikanten Unterschiede beobachten, $Fs(1,58) < 2.28$, *ns* (Ambivalenzerleben) bzw. $Fs(1,58) < 2.96$, *ns* (SIM).

Ähnlichkeit und Intensität der positiven und negativen Bewertung. Um zu prüfen, ob sich die Intensität, nicht aber die Ähnlichkeit der positiven und negativen Bewertungstendenz (Komponenten des Griffin-Index) zwischen der neutralen und den inkonsistenten Bedingungen unterscheidet, wurden zwei einfaktorielle Varianzanalysen mit Meßwiederholung gerechnet (eine multivariate Analyse ist nicht sinnvoll, da keine gleichsinnigen Mittelwertsunterschiede erwartet werden.) Für die Ähnlichkeit der Bewertungen ergab die Varianzanalyse einen signifikanten Within-Subjects Effekt, $F(5,145) = 12.48$, $p < .001$. Die einfachen Kontraste zwischen den drei inkonsistenten und der *neutralen* Bedingung erwiesen sich als nicht signifikant, $Fs(1,58) < 3.38$, *ns*. Die Mittelwerte sind in Tabelle 14 dargestellt. Die einfaktorielle Varianzanalyse für die mittlere Intensität der Bewertungen ergab ebenfalls einen signifikanten Within-Subjects Effekt, $F(5,145) = 16.13$, $p < .001$. Es zeigte sich, daß die Intensität in der stark und in der moderat inkonsistenten Bedingung signifikant höher ausfiel als in der *neutralen* Bedingung, $Fs(1,58) > 34.63$, $p < .001$.

9.6.2 Einstellung

Die einfaktorielle Varianzanalyse mit Meßwiederholung über die Einstellung zum Kauf des Produkts erbrachte einen signifikanten Within-Subjects Effekt, $F(1,145) = 56.43$, $p < .001$. Die Mittelwerte können in Tabelle 13 abgelesen werden. Paarweise Kontraste zeigen, daß sich die Einstellung zwischen den drei inkonsistenten Produkten nicht signifikant unterscheidet, $Fs(1,58) < 1.91$, *ns*. Die Einstellungen zu dem stark, moderat und schwach inkonsistenten Produkt sind signifikant negativer als zu dem positiven Produkt, $Fs(1,58) > 82.06$, $p < .001$. Im Vergleich zu dem negativen Produkt sind die Einstellungen zu dem stark, moderat und schwach inkonsistenten Produkt signifikant positiver, $Fs(1,58) > 23.78$, $p < .001$. Zudem zeigte sich, daß die Einstellung zu dem stark, moderat und schwach inkonsistenten Produkt signifikant negativer ausfiel als die Einstellung zu dem neutralen Produkt, $F(1,58) = 9.04$, $p < .01$.

Tabelle 13: Mittelwerte und Standardabweichungen abhängiger Variablen

	Ambivalenzerleben		Griffin-Index		Subjektive Schwierigkeit		Latenz Einstellung[1]		Einstellung zum Kauf	
Bedingung	*M*	*SD*	*M*	*SD*	*M*	*SD*	*M*	*SD*	*M*	*SD*
Stark inkonsistent	3.50^{ab}	1.90	1.83^{a}	1.52	2.67^{a}	0.99	3.17^{a}	0.61	2.53^{a}	1.07
Moderat inkonsistent	3.89^{a}	1.68	1.78^{a}	1.32	2.77^{ab}	0.94	3.02^{ab}	0.55	2.81^{a}	1.16
Schwach inkonsistent	3.11^{bc}	1.40	1.28^{b}	1.00	2.83^{ab}	0.99	2.45^{c}	0.53	2.67^{a}	1.04
Positiv	2.36^{d}	1.41	0.70^{bcd}	1.41	1.93^{c}	0.98	2.77^{bd}	0.54	5.40	1.45
Negativ	1.76^{d}	0.53	0.33^{d}	1.05	1.60^{c}	0.77	2.73^{d}	0.34	1.51	0.44
Neutral	3.33^{ab}	1.21	1.32^{abc}	0.77	3.10^{b}	0.85	2.22^{c}	0.52	3.52	0.96
Univariates $F(5,145)$	10.41		7.93		12.72		12.69[2]		56.43	
Signifikanz	$p < .001$		$p < .001$		$p < .001$		$p < .001$		$p < .001$	

Anmerkungen. [1] Logarithmisch transformiert; [2] (1,140) Basisreaktionszeit als Kovariate; Mittelwerte pro Spalte, die kein gemeinsames Superskript aufweisen, unterscheiden sich signifikant, $p < .05$.

Tabelle 14: Intensität und Ähnlichkeit positiver und negativer Bewertungen

	Ähnlichkeit		Intensität	
Bedingung	*M*	*SD*	*M*	*SD*
Stark inkonsistent	2.67^{a}	0.99	3.17^{a}	0.61
Moderat inkonsistent	2.77^{ab}	0.94	3.02^{ab}	0.55
Schwach inkonsistent	2.83^{ab}	0.99	2.45^{c}	0.53
Positiv	1.93^{c}	0.98	2.77^{bd}	0.54
Negativ	1.60^{c}	0.77	2.73^{d}	0.34
Neutral	3.10^{b}	0.85	2.22^{c}	0.52
Univariates $F(5,145)$	12.48		16.13	
Signifikanz	$p < .001$		$p < .001$	

Anmerkung. Mittelwerte pro Spalte, die kein gemeinsames Superskript aufweisen, unterscheiden sich signifikant, $p < .05$.

9.6.3 Antwortlatenz der Einstellung

Um zu überprüfen, ob sich die Antwortlatenz der Einstellung zum Kauf des Produkts in Abhängigkeit von der evaluativen Konsistenz unterscheidet, wurde eine einfaktorielle Varianzanalyse mit Meßwiederholung gerechnet, mit der Basisreaktionszeit als Kovariat. Es zeigte sich ein signifikanter, um die Basisreaktionszeit bereinigter Within-Subjects Effekt, $F(1,140) = 12.69$, $p < .001$. Paarweise Kontraste zeigen, daß sich die Antwortlatenzen nicht signifikant zwischen den drei inkonsistenten Produkten unterschieden, $Fs(1,57) < 0.41$, *ns*. Die Antwortlatenz der Einstellung zum stark inkonsistenten Produkt war signifikant länger als bei dem negativen Produkt, $M = 1.83$ vs. $M = 1.49$, $F(1,57) = 6.58$, $p < .05$, unterschied sich aber entgegen der Erwartung nicht signifikant von dem positiven Produkt, $M = 1.54$, $F(1,57) = 3.66$, *ns*. Wie vorhergesagt, war die Antwortlatenz der Einstellung zum moderat inkonsistenten Produkt signifikant länger, $M = 1.85$, als die Antwortlatenz bei dem positiven und dem negativen Produkt, $F(1,57) = 4.28$, $p < .05$, bzw. $F(1,57) = 9.71$, $p < .01$. Die Antwortlatenz der Einstellung zum schwach inkonsistenten Produkt war ebenfalls signifikant länger, $M = 1.78$, als die Antwortlatenz bei dem positiven und dem negativen Produkt, $F(1,57) = 4.90$, $p < .05$, bzw. $F(1,57) = 10.17$, $p < .01$. Entgegen der Vorhersage unterschied sich die Antwortlatenz der drei inkonsistenten Produkte nicht signifikant von dem neutralen Produkt, $M = 1.83$, $Fs(1,57) < 0.19$, *ns*. Zudem zeigte sich, daß die Antwortlatenz sowohl bei dem positiven als auch dem negativen Produkt signifikant kürzer war als bei dem neutralen Produkt, $F(1,57) = 6.52$, $p < .05$, bzw. $F(1,57) = 13.80$, $p < .01$.

Da sich entgegen der Hypothese die Antwortlatenz der Einstellung zwischen den drei inkonsistenten Bedingungen und der neutralen Bedingung nicht signifikant unterschied, wurde innerhalb jeder

der sechs Bedingungen jeweils die Partialkorrelation zwischen der erlebten Ambivalenz und der Antwortlatenz, sowie zwischen dem Griffin-Index und der Antwortlatenz berechnet, wobei die Basisreaktionszeit auspartialisiert wurde. Die erlebte Ambivalenz korrelierte signifikant positiv mit der Antwortlatenz bei dem stark inkonsistenten Produkt, $r(27) = .59$, $p < .01$, und dem moderat inkonsistenten Produkt, $r(27) = .46$, $p < .05$, während sich keine signifikanten Beziehungen bei dem schwach inkonsistenten, $r(27) = .08$, *ns*, und dem neutralen Produkt zeigten, $r(27) = -.05$, *ns*. Die Korrelationskoeffizienten zwischen der stark inkonsistenten und der neutralen Bedingung unterscheiden sich signifikant, $z = 2.67$, $p < .01$, ebenso zwischen der moderat inkonsistenten und der neutralen Bedingung, $z = 2.01$, $p < .05$. Der Griffin-Index korrelierte signifikant positiv mit der Antwortlatenz bei dem stark inkonsistenten Produkt, $r(27) = .44$, $p < .05$, und dem moderat inkonsistenten Produkt, $r(27) = .51$, $p < .01$, während sich keine signifikanten Beziehungen bei dem schwach inkonsistenten, $r(27) = .12$, *ns*, und dem neutralen Produkt zeigten, $r(27) = -.05$, *ns*. Die Korrelationskoeffizienten in der stark inkonsistenten und der neutralen Bedingung unterscheiden sich signifikant, $z = 1.92$, $p < .05$ (einseitig), ebenso in der moderat inkonsistenten und der neutralen Bedingung, $z = 2.25$, $p < .05$.

9.6.4 Subjektive Schwierigkeit der Einstellungsbildung

Eine einfaktorielle Varianzanalyse mit Meßwiederholung über die subjektive Schwierigkeit der Einstellungsbildung ergab einen signifikanten Within-Subjects Effekt, $F(1,145) = 12.72$, $p < .001$. Paarweise Kontraste bezüglich der drei inkonsistenten Produkte zeigen, daß die subjektive Schwierigkeit bei dem moderat inkonsistenten Produkt signifikant höher ist als bei dem schwach inkonsistenten Produkt, $M = 3.72$ vs. $M = 3.05$, $F(1,58) = 4.31$, $p < .05$. Wie aus Tabelle 13 erkennbar ist, unterscheiden sich das stark und das moderat inkonsistente Produkt in bezug auf die subjektive Schwierigkeit nicht signifikant voneinander, $M = 3.30$ vs. $M = 3.72$, $F(1,58) = 1.50$, *ns*, ebensowenig das stark und das schwach inkonsistente Produkt, $M = 3.30$ vs. $M = 3.05$, $F(1,58) = 0.44$, *ns*. Die subjektive Schwierigkeit fiel hingegen bei dem positiven Produkt signifikant niedriger aus, $M = 2.10$, als bei dem stark, moderat und schwach inkonsistenten Produkt, $F(1,58) = 6.24$, $p < .05$, $F(1,58) = 10.81$, $p < .01$ und $F(1,58) = 5.16$, $p < .05$. Bei dem negativen Produkt war die subjektive Schwierigkeit ebenfalls signifikant niedriger, $M = 1.27$, als bei dem stark, moderat und schwach inkonsistenten Produkt, $F(1,58) = 27.47$, $p < .001$, $F(1,58) = 39.81$, $p < .001$ und $F(1,58) = 44.38$, $p < .05$. Die subjektive Schwierigkeit fiel sowohl bei dem positiven als auch dem negativen Produkt signifikant niedriger aus als bei dem neutralen Produkt, $M = 3.48$, $F(1,58) = 14.69$, $p < .01$, bzw. $F(1,58) = 57.12$, $p < .001$, während sie sich zwischen den inkonsistenten und dem neutralen Produkt nicht signifikant unterschied, $Fs(1,58) < 1.42$, *ns*.

9.6.5 Vorhersage der Antwortlatenz der Einstellung

Die nachfolgenden multiplen Regressionen wurden über die sechs Produkte hinweg berechnet. Dabei wurden jeweils die experimentellen Bedingungen und die Basisreaktionszeit statistisch kontrolliert. Diese Mediationsanalysen nach Baron und Kenny (1986) sollen zeigen, daß ein eventuell bestehender Effekt der Ambivalenz auf die Antwortlatenz der Einstellung durch die subjektiv erlebte Schwierigkeit der Einstellungsbildung vermittelt wird.

In bezug auf die erlebte Ambivalenz als Prädiktor der Antwortlatenz ergaben die multiplen Regressionen, daß die erlebte Ambivalenz sowohl die Antwortlatenz der Einstellung, $\beta = .49$, $p < .001$, als auch die subjektive Schwierigkeit vorhersagte, $\beta = .80$, $p < .001$. Die subjektive Schwierigkeit hatte einen signifikanten Einfluß auf die Antwortlatenz, $\beta = .52$, $p < .001$. Wenn die Antwortlatenz der Einstellung gleichzeitig aus der erlebten Ambivalenz und der subjektiven Schwierigkeit vorhergesagt wurde, zeigte sich nach wie vor ein signifikanter Einfluß der subjektiven Schwierigkeit, $\beta = .33$ $p < .01$.

Der Effekt der erlebten Ambivalenz schwächte sich deutlich ab, $\beta = .24$, $p < .05$, blieb aber signifikant. Die Basisreaktionszeit übte einen signifikanten Einfluß aus, $\beta = .30$, $p < .001$, während die Produktvariable keinen signifikanten Einfluß hatte, $\beta = -.04$, *ns*, $F(4,175) = 19.79$, $p < .001$. Die Ergebnisse der multiplen Regressionen sind in Abbildung 12 dargestellt.

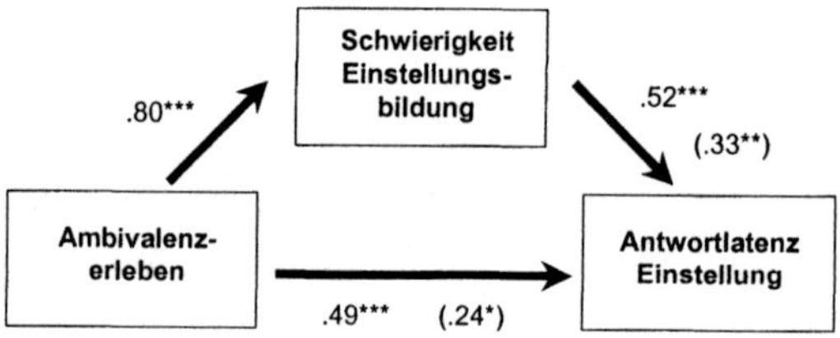

Abbildung 12: Ergebnis der Mediationsanalyse für die erlebte Ambivalenz. Koeffizienten in Klammern sind Semipartialkoeffizienten. *** $p < .001$, ** $p < .01$, * $p < .05$.

In bezug auf den Griffin-Index als Prädiktor zeigten die multiplen Regressionen, daß die Ambivalenz sowohl die Antwortlatenz der Einstellung, $\beta = .44$, $p < .001$, als auch die subjektive Schwierigkeit vorhersagte, $\beta = .54$, $p < .001$. Wenn die Antwortlatenz der Einstellung gleichzeitig aus dem Griffin-Index und der subjektiven Schwierigkeit vorhergesagt wurde, zeigte sich nach wie vor ein signifikanter Einfluß der subjektiven Schwierigkeit, $\beta = .38$ $p < .001$. Der Effekt des Griffin-Index schwächte sich erwartungsgemäß ab, $\beta = .25$, $p < .01$, blieb aber signifikant. Die Basisreaktionszeit übte einen signifikanten Einfluß aus, $\beta = .27$, $p < .001$, während die Produktvariable keinen signifikanten Einfluß hatte, $\beta = -.02$, *ns*, $F(4,175) = 21.51$, $p < .001$ (siehe Abbildung 13).

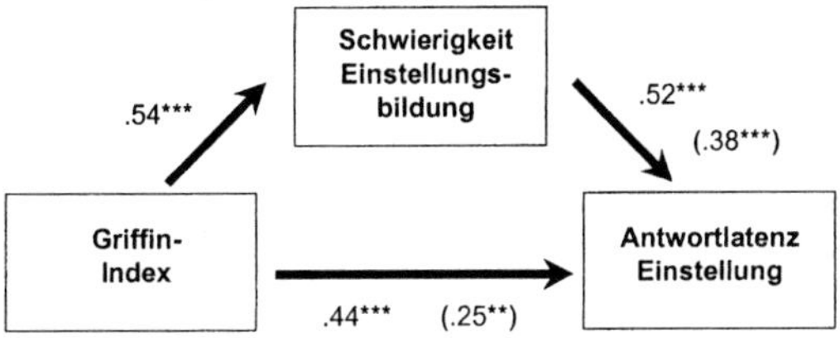

Abbildung 13: Ergebnis der Mediationsanalyse für den Griffin-Index. Koeffizienten in Klammern sind Semipartialkoeffizienten. *** $p < .001$, ** $p < .01$, * $p < .05$.

Um zu ermitteln, welche Anteile des Effekts des Griffin-Index auf die Antwortlatenz der Ähnlichkeit und der Intensität der Komponenten zuzuschreiben sind, wurde die Antwortlatenz in einer multiplen Regression simultan durch die Ähnlichkeit und die Intensität derGriffin-Komponenten vorhergesagt, wobei die Bedingungsvariable (β = -.09, *ns*) und die Basisreaktionszeit ($\beta = .17, p < .01$) kontrolliert wurden. Dabei erwies sich die Ähnlichkeit gegenüber der Intensität als bessererPrädiktor, $\beta = .56, p < .001$, vs. $\beta = -.16, p < .05$. Deshalb wurde für die Ähnlichkeit als Prädiktor ebenfalls eine Mediationsanalyse berechnet. Die Ähnlichkeit der Bewertungen erwies sich als signifikanterPrädiktor der Antwortlatenz der Einstellung, $\beta = .41, p < .001$, und der subjektiven Schwierigkeit, $\beta = .57, p < .001$. Wenn die Antwortlatenz der Einstellung gleichzeitig aus der Ähnlichkeit und der subjektiven Schwierigkeit vorhergesagt wurde, zeigte sich nach wie vor ein signifikanter Einfluß der subjektiven Schwierigkeit, $\beta = .40$ $p < .001$. Der Effekt der Ähnlichkeit schwächte sich ab, $\beta = .20, p < .05$, blieb aber signifikant. Die Basisreaktionszeit übte einen signifikanten Einfluß aus, $\beta = .28, p < .001$, während die Produktvariable keinen signifikanten Einfluß hatte, β = -.04, *ns*, $F(4,175) = 20.18, p < .001$ (siehe Abbildung 14).

Um zu prüfen, ob sich die Antwortlatenz durch die konflikthafte und die dominante Reaktion vorhersagen läßt, wurde zunächst überprüft, ob sich für die konflikthafte Reaktion eine kritische Schwelle beobachten läßt, die eine Berechnung des Schwellenmodells der Ambivalenz nach Priester und Petty (1996) erlaubt. Deshalb wurde für jede Stufe von C die Korrelation zwischen der dominanten Reaktion (D) und der erlebten Ambivalenz berechnet, wobei die Bedingungsvariable jeweils kontrolliert wurde. Die Korrelation für C = 2 lag bei $r = -.34, p < .01$, für C = 3 bei $r = -.34, p < .01$, und bei C = 4 bei $r = -.50, p < .001$. Bei C = 5 war D konstant. Daraus folgt, daß keine kritische Schwelle für C besteht und deshalb kein Ambivalenzmodell nach Priester und Petty (1996) berechnet werden kann. Statt dessen wurde die Antwortlatenz simultan aus der konflikthaften und der dominanten Reaktion vorhergesagt, wobei die Bedingungsvariable (β= -.09, *ns*) und die Basisreaktionszeit (β = -.17, *p*

< .01) kontrolliert wurde. Dabei erwies sich die konflikthafte Reaktion als besserer Prädiktor, $\beta = .44$, $p < .001$ vs. $\beta = -.18$, $p < .01$. Deshalb wurde für die konflikthafte Reaktion als Prädiktor ebenfalls eine Mediationsanalyse berechnet. Die konflikthafte Reaktion erwies sich als signifikanter Prädiktor der Antwortlatenz der Einstellung, $\beta = .40$, $p < .001$, und der subjektiven Schwierigkeit, $\beta = .45$, $p < .001$. Wenn die Antwortlatenz der Einstellung gleichzeitig aus der konflikthaften Reaktion und der subjektiven Schwierigkeit vorhergesagt wurde, zeigte sich nach wie vor ein signifikanter Einfluß der subjektiven Schwierigkeit, $\beta = .41$ $p < .001$. Der Effekt der konflikthaften Reaktion schwächte sich ab, $\beta = .23$, $p < .01$, blieb aber signifikant. Die Basisreaktionszeit übte einen signifikanten Einfluß aus, $\beta = .27$, $p < .001$, während die Produktvariable keinen signifikanten Einfluß hatte, $\beta = -.02$, *ns*, $F(4,175) = 21.27$, $p < .001$ (siehe Abbildung 15).

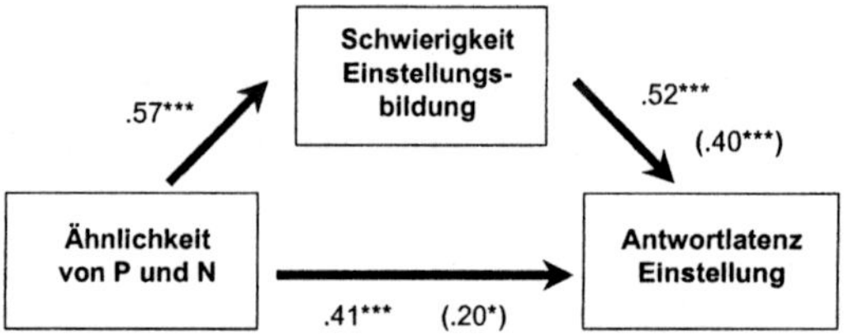

Abbildung 14: Ergebnis der Mediationsanalyse für die Ähnlichkeit der positiven (P) und negativen Bewertung (N). Koeffizienten in Klammern sind Semipartialkoeffizienten. *** $p < .001$, ** $p < .01$, * $p < .05$.

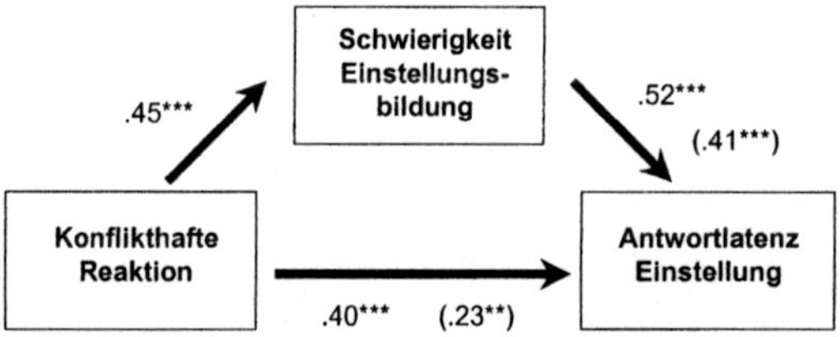

Abbildung 15: Ergebnis der Mediationsanalyse für die konflikthafte Reaktion. Koeffizienten in Klammern sind Semipartialkoeffizienten. *** $p < .001$, ** $p < .01$, * $p < .05$.

Tabelle 15 zeigt die Interkorrelationen der unabhängigen und abhängigen Variablen über die sechs experimentellen Bedingungen hinweg.

Tabelle 15: Mittlere Korrelationen zwischen abhängigen Variablen

	1	2	3	4	5	6	7
1. Erlebte Ambivalenz	_	.50***	.49***	.17*	.80***	-.65***	.49***
2. Griffin-Index		_	.87***	.57***	.55***	-.54***	.44***
3. Ähnlichkeit[1]			_	.10	.58***	-.56***	.40***
4. Mittlere Intensität[2]				_	.12	.14	.20**
5. Schwierigkeit Einstellungsbildung					_	-.74***	.52***
6. Sicherheit der Einstellung						_	-.49***
7. Antwortlatenz Einstellung[3]							_

Anmerkungen. [1] 4-|P-N|; [2] (P+N)/2; P = positive Bewertung; N = negative Bewertung; [3] Die Basisreaktionszeit wurde auspartialisiert.

9.6.6 Need to Evaluate

Um die Hypothese zu überprüfen, daß die Persönlichkeitsdimension Need to Evaluate die Höhe der Ambivalenz moderiert, wurde eine zweifaktorielle Varianzanalyse mit Meßwiederholung für die sechs Produkte und dem 2-stufigen Faktor NE gerechnet. Zu diesem Zweck wurde die gesamte Stichprobe anhand eines Median-Splits in zwei Gruppen mit niedrigem vs. hohem NE unterteilt. Die Varianzanalyse mit der erlebten Ambivalenz als abhängige Variable ergab eine signifikante Interaktion von Konsistenz und NE, $F(5,140) = 4.31, p < .01$. Der univariate F-Test für NE war ebenfalls signifikant. Die erlebte Ambivalenz war bei Personen mit hohem NE signifikant höher als bei Personen mit niedrigem NE, $M = 3.33$ vs. $M = 2.60$, $F(1,28) = 9.93, p < .01$. Die Interaktion ist in Abbildung 16 dargestellt und die Mittelwerte können in Tabelle 16 abgelesen werden. Es wurde eine Serie von paarweisen Kontrasten gerechnet, bei der die Mittelwerte für niedriges und hohes NE für jedes der sechs Produkte miteinander verglichen wurden. Es zeigte sich, daß bei dem stark inkonsistenten Produkt Personen mit hohem NE eine signifikant höhere Ambivalenz erleben, $M = 4.42$, als Personen mit niedrigem NE, $M = 2.45$, $F(1,28) = 10.61, p < .01$. Personen mit hohem NE erlebten zudem bei dem schwach inkonsistenten Produkt signifikant höhere Ambivalenz als Personen mit niedrigem NE, $M = 3.77$ vs. $M = 2.36$, $F(1,28) = 9.98, p < .01$. Alle weiteren Kontraste erwiesen sich als nicht signifikant, $Fs(1,28) < 4.47$, *ns*.

Die Varianzanalyse mit dem Griffin-Index als abhängige Variable ergab ebenfalls eine signifikante Interaktion von Konsistenz und NE, $F(5,140) = 2.85, p < .05$. Der univariate F-Test für NE war ebenfalls signifikant. Der Griffin-Index war bei Personen mit hohem NE signifikant höher als bei Personen mit niedrigem NE, $M = 1.42$ vs. $M = 0.98$, $F(1,28) = 4.67, p < .05$. Es wurde eine Serie von paarweisen Kontrasten gerechnet, bei der die Mittelwerte für niedriges und hohes NE für jedes der sechs Produkte miteinander verglichen wurden (siehe Abbildung 17). Es zeigte sich, daß bei dem stark inkonsistenten Produkt bei Personen mit hohem NE der Griffin-Index signifikant höher ausfiel, M = 2.56, als bei Personen mit niedrigem NE, $M = 1.00$, $F(1,28) = 10.56$, $p < .01$. Alle weiteren Kontraste erwiesen sich als nicht signifikant, $Fs(1,28) < 4.17$, *ns*.

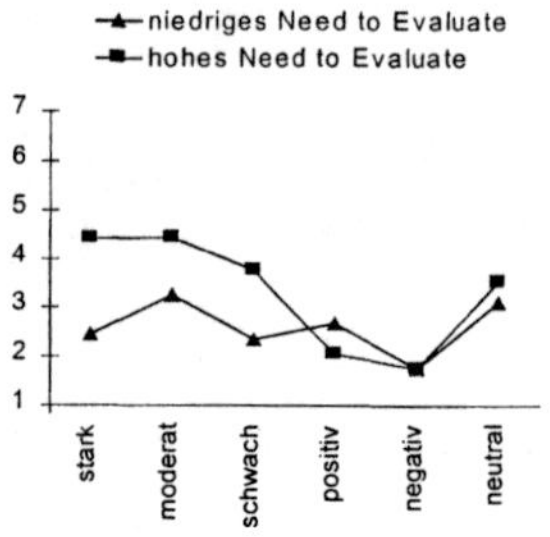

Abbildung 16: Ergebnis der Varianzanalyse mit Meßwiederholung für die erlebte Ambivalenz.

Da die subjektive Schwierigkeit der Einstellungsbildung ebenfalls durch Need to Evaluate moderiert werden sollte, wurde eine Varianzanalyse mit der subjektiven Schwierigkeit der Einstellungsbildung als abhängige Variable gerechnet. Es zeigte sich eine signifikante Interaktion von Konsistenz und NE, $F(5,140) = 2.58$, $p < .05$. Der univariate F-Test für NE war ebenfalls signifikant. Die subjektive Schwierigkeit war bei Personen mit hohem NE signifikant höher als bei Personen mit niedrigem NE, $M = 3.21$ vs. $M = 2.37$, $F(1,28) = 6.23$, $p < .05$. Paarweise Kontraste ergaben, daß Personen mit hohem NE bei dem stark inkonsistenten Produkt die Einstellungsbildung signifikant als schwieriger erlebten, $M = 4.03$, als Personen mit niedrigem NE, $M = 2.46$, $F(1,28) = 4.34$, $p < .05$, und ebenso bei dem schwach inkonsistenten Produkt, $M = 3.66$ vs. $M = 2.36$, $F(1,28) = 6.71$, $p < .05$. Zudem erlebten Personen mit hohem NE bei dem neutralen Produkt die Einstellungsbildung signifikant als schwieriger im Vergleich zu Personen mit hohem NE, $M = 4.09$ vs. $M = 2.79$, $F(1,28) = 4.81$, $p < .05$. Die Interaktion ist in Abbildung 18 dargestellt.

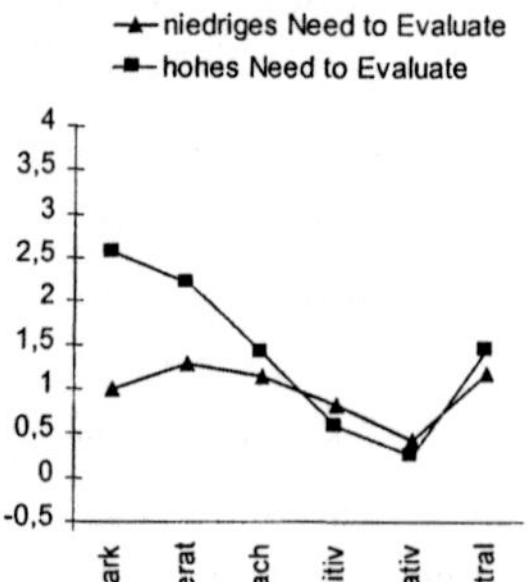

Abbildung 17: Ergebnis der Varianzanalyse mit Meßwiederholung für den Griffin-Index (SIM).

Analog wurde eine Varianzanalyse mit der Antwortlatenz der Einstellung als abhängige Variable gerechnet, bei der die Basisreaktionszeit als Kovariat berücksichtigt wurde. Es zeigte sich eine signifikante Interaktion von Konsistenz und NE, $F(5,135) = 2.73$, $p < .05$. Paarweise Kontraste ergaben, daß Personen mit hohem NE bei dem stark inkonsistenten Produkt eine signifikant längere Antwortlatenz aufwiesen, $M = 2.01$, als Personen mit niedrigem NE, $M = 1.61$, $F(1,28) = 6.48$, $p < .01$. Alle weiteren Kontraste erwiesen sich als nicht signifikant, $Fs(1,28) < 2.81$, *ns*. Die Interaktion ist in Abbildung 19 dargestellt.

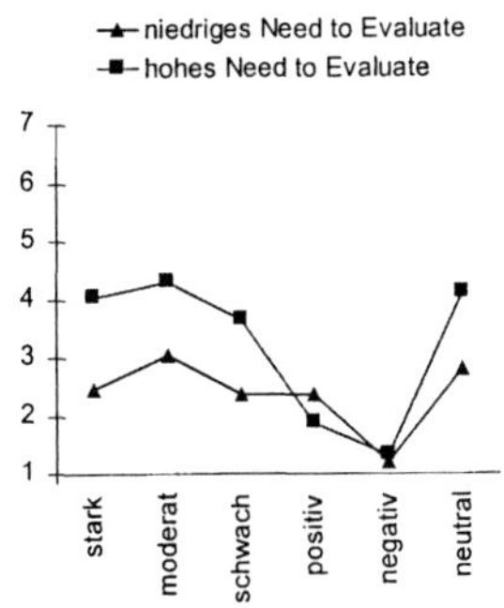

Abbildung 18: Ergebnis der Varianzanalyse mit Meßwiederholung für die subjektive Schwierigkeit der Einstellungsbildung.

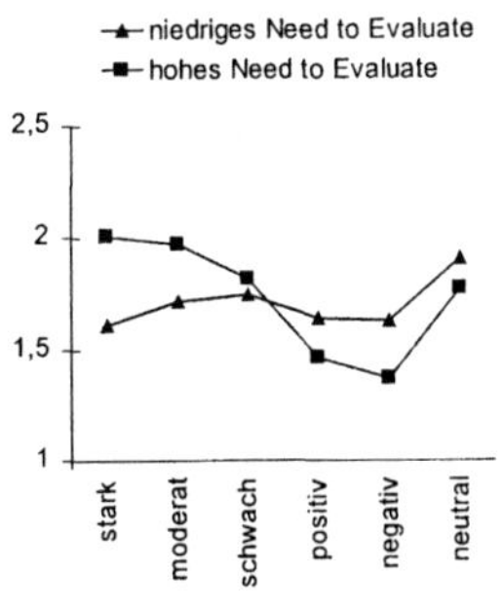

Abbildung 19: Ergebnis der Varianzanalyse mit Meßwiederholung für die Antwortlatenz der Einstellung.

Tabelle 16. Mittelwerte abhängiger Variablen in Abhängigkeit von Need to Evaluate

	Ambivalenz-erleben		Subjektive Schwierigkeit		Latenz Einstellung[1]	
Need to Evaluate (NE)	*Niedrig*	*Hoch*	*Niedrig*	*Hoch*	*Niedrig*	*Hoch*
Bedingung						
Stark inkonsistent	2.45	4.42	2.46	4.03	1.61	2.01
Moderat inkonsistent	3.26[a]	4.44[a]	3.04[a]	4.31[a]	1.72[a]	2.00[a]
Schwach inkonsistent	2.36	3.77	2.36	3.66	1.75[b]	1.82[b]
Positiv	2.69[b]	2.06[b]	2.36[b]	1.88[b]	1.64[c]	1.46[c]
Negativ	1.76[c]	1.75[c]	1.21[c]	1.31[c]	1.63[d]	1.37[d]
Neutral	3.10[d]	3.54[d]	2.79	4.09	1.91[e]	1.77[e]
NE:						
Univariates $F(1,28)$	9.93, $p < .01$		6.23, $p < .05$		1.21, *ns*[2]	
NE x *Konsistenz*:						
Univariates $F(1,140)$	4.31, $p < .01$		2.58, $p < .05$		2.73, $p < .05$[3]	

Anmerkungen. NE = Need to Evaluate; [1] Logarithmisch transformiert; [2,3] Basisreaktionszeit als Kovariate; Mittelwerte abhängiger Variablen pro Zeile, die kein gemeinsames Superskript aufweisen, unterscheiden sich signifikant, $p < .05$.

9.7 Diskussion der Ergebnisse

Aus dem Modell der Einstellungsbildung wurde vorhergesagt, daß die Antwortlatenz von Einstellungen zu unvertrauten Objekten bei evaluativ inkonsistenter Information länger ist als bei positiver, negativer oder neutraler Information, da es bei Inkonsistenz schwieriger sein sollte eine dominante Bewertungstendenz herauszubilden. Die Überprüfung der Manipulation ergab, daß sowohl die erlebte Ambivalenz als auch die operativ gemessene Ambivalenz (SIM; Thompson et al., 1995) in der stark und der moderat inkonsistenten Bedingung höher ausfiel als in der positiven und der negativen Bedingung. Die Ambivalenz war in der schwach inkonsistenten Bedingung zwar höher als in der negativen Bedingung, aber nicht signifikant verschieden von der positiven Bedingung. Das GTM von Priester und Petty (1996) konnte nicht bestimmt werden, da sich keine kritische Schwelle ermitteln ließ.

Entgegen der Vorhersage fiel die Ambivalenz in der neutralen Bedingung nicht geringer aus als in den inkonsistenten Bedingungen. Die erlebte Ambivalenz war in der neutralen Bedingung zudem signifikant höher als in der positiven und der negativen Bedingung. Dieses Ergebnis ist zunächst überraschend, da aufgrund der neutralen Implikation eine geringe Ambivalenz zu erwarten gewesen wäre. Eine genauere Betrachtung der Determinanten der Ambivalenz des SIM zeigt jedoch, daß die neutrale Bedingung durch eine hohe Ähnlichkeit der positiven und negativen Bewertung gekennzeichnet ist, daß aber andererseits diese beiden Bewertungen schwächer sind als in der stark und der moderat inkonsistenten Bedingung. Obwohl sich hier die grundsätzliche Annahme des SIM, daß Ambivalenz bei vergleichbarer Ähnlichkeit eine Funktion der Intensität ist, bestätigt, kann allein aufgrund der Intensität nicht zwischen neutralen und inkonsistenten Bedingungen differenziert werden. Dies gilt ebenso für das GTM. Obwohl die konflikthafte Reaktion in den inkonsistenten Bedingungen stärker als in der neutralen Bedingung ist, unterscheidet sich die erlebte Ambivalenz nicht signifikant.

Entgegen der Vorhersage unterschieden sich die drei inkonsistenten Bedingungen von der neutralen Bedingung weder im Hinblick auf die subjektive Schwierigkeit noch im Hinblick auf die Antwortlatenz der Einstellung. Die Varianzanalysen zu der erlebten Ambivalenz und dem SIM ergaben keine signifikanten Unterschiede in der Ambivalenz zwischen den inkonsistenten und der neutralen Bedingung. Entsprechende Partialkorrelationen in den einzelnen Bedingungen zeigen jedoch, daß nur in der moderat und der stark inkonsistenten Bedingung signifikante Korrelationen von Ambivalenz und Antwortlatenz der Einstellung zu beobachten waren, die zudem signifikant höher waren als in der neutralen Bedingung. In der schwach inkonsistenten Bedingung trat ebenfalls kein signifikanter Zusammenhang auf. Wie erwartet, war die subjektive Schwierigkeit der Einstellungsbildung in den drei inkonsistenten Bedingungen signifikant höher als in der positiven und der negativen Bedingung. Dieses Ergebnis bestätigt die Annahme, daß die Aufgabe, eine Einstellung zu einem unvertrauten Objekt zu bilden, bei evaluativer Inkonsistenz der Informationen subjektiv schwieriger ist als bei überwiegend positiver oder negativer Information. Entsprechend länger fielen auch die Antwortlatenzen der Einstellung in den inkonsistenten im Vergleich zu der positiven und der negativen Bedingung aus.

Anhand von multiplen Regressionen wurde über die experimentellen Bedingungen hinweg überprüft, ob die subjektive Schwierigkeit der Bildung einer Einstellung einen Effekt der Ambivalenz auf die Antwortlatenz vermittelt. Dabei zeigte sich, daß sowohl der Griffin-Index als auch die erlebte Ambivalenz den vorhergesagten Einfluß auf die Antwortlatenz hatten und beide Ambivalenzmaße die subjektive Schwierigkeit vorhersagten, wobei die erlebte Ambivalenz einen deutlich stärkeren Einfluß hatte. Die Antwortlatenzen waren um so länger, je höher die Ambivalenz ausfiel. Wie erwartet, vermittelte die subjektive Schwierigkeit bei beiden Ambivalenzmaßen den Effekt der Ambivalenz auf die Antwortlatenz der Einstellung. Je höher die subjektive Schwierigkeit ausfiel, desto länger war die Antwortlatenz der Einstellung. Der Effekt der Ambivalenz schwächte sich deutlich ab, wenn die subjektive Schwierigkeit als zusätzlicher Prädiktor berücksichtigt wurde, blieb aber dennoch signifikant. Das bedeutet, daß Ambivalenz einen direkten Einfluß auf die Antwortlatenz hat, der nicht durch die subjektive Schwierigkeit vermittelt wird.

Durch multiple Regressionen konnte zudem gezeigt werden, daß einerseits die Ähnlichkeit der positiven und der negativen Bewertungstendenz ein besserer Prädiktor der Antwortlatenz als die Intensität dieser Bewertungstendenzen und andererseits die konflikthafte Reaktion ein besserer Prädiktor als die dominante Reaktion ist. Diese Ergebnisse stützen die Ambivalenzmodelle von Thompson et al. (1995) und Priester und Petty (1996) und liefern zur gleichen Zeit weitergehende Erkenntnisse. Zum einen scheint es angemessen, der Ähnlichkeit der Bewertungstendenzen im Modell von Thompson et al. (1995) ein stärkeres Gewicht zuzuweisen als der Intensität der Bewertungstendenzen. Bisher werden beide Komponenten gleich gewichtet und erlebte Ambivalenz als lineare Funktion der Ähnlichkeit und der Intensität definiert. Zum anderen deutet das Ergebnis, daß die Antwortlatenz sowohl durch die konflikthafte als auch durch die dominante Reaktion vorhergesagt werden kann - mit einem Übergewicht der konflikthaften Reaktion - an, daß das Schwellenmodell von Priester und Petty (1996) als Spezialfall zu betrachten ist, da keine kritische Schwelle ermittelt werden konnte. Je stärker die konflikthafte Reaktion war, desto länger fiel die Antwortlatenz der Einstellung aus und je stärker die dominante Tendenz war, desto kürzer fiel die Antwortlatenz aus. Dieses Ergebnis bestätigt die im Modell der Bildung neuer Einstellungen getroffene Annahme, daß eine Einstellungsbildung auf der Basis relevanter Informationen um so mehr Zeit in Anspruch nimmt, je stärker zwei entgegengesetzte Bewertungstendenzen miteinander konkurrieren.

Als Beleg für das Modell der Bildung neuer Einstellungen und insbesondere die Annahme, daß bei evaluativer Inkonsistenz das Herausbilden einer dominanten Bewertungstendenz schwieriger ist als bei positiver, negativer oder neutraler Information, sind die Interaktionen der evaluativen Konsistenz mit *Need to Evaluate* zu betrachten. Wie die entsprechenden Varianzanalysen zeigen, erleben Personen mit der dispositionellen Neigung, spontan bewertend auf Objekte, Personen usw. zu reagieren und spontan Einstellungen zu bilden, eine höhere Ambivalenz, wenn die Informationen zu dem Einstellungsobjekt evaluativ inkonsistent ist und empfinden das Bilden einer Einstellung als um so schwieriger, je inkonsistenter die Informationen zu dem Objekt sind. Daraus läßt sich schließen, daß Personen mit hohem Need to Evaluate im Vergleich zu Personen mit geringem Need to Evaluate aufgrund ihrer motivationalen Haltung leichter evaluative Inkonsistenz entdecken und sensibler für die Konflikthaftigkeit sind. Im Hinblick auf die beobachtete Reliabilität der Need to Evaluate-Skala muß einschränkend erwähnt werden, daß eine Überarbeitung der deutschen Übersetzung notwendig erscheint. Die geringe Reliabilität geht möglicherweise auf die homogene Stichprobe dieser Untersuchung zurück.

Konsequenterweise ist es für Personen mit hohem Need to Evaluate schwieriger, auf der Basis evaluativ inkonsistenter Informationen eine Einstellung zu bilden als auf der Basis konsistenter Informationen und sie benötigen mehr Zeit für die Bildung einer Einstellung, wenn die Attribute evaluativ inkonsistent sind. Demgegenüber formen sie bei Konsistenz eine Einstellung sogar schneller und entsprechen damit ihrem Bedürfnis, schnell zu einer eindeutig positiven oder negativen Bewertung zu kommen. Wenn die über ein unvertrautes Einstellungsobjekt verfügbare Information evaluativ weitgehend konsistent ist, begünstigen die aufgrund der Disposition spontan initiierten kognitiven Prozesse das Ausbilden eine Bewertungstendenz, während bei evaluativer Inkonsistenz zunächst stärker Ambivalenz erlebt wird und die bewertenden kognitiven Prozesse eine verzögerte Einstellungsbildung zur

Folge haben. Die Ergebnisse in bezug auf Need to Evaluate können als Konstrukt-Validierung betrachtet werden und gleichzeitig als Beleg dafür interpretiert werden, daß Need to Evaluate auch in bisher nicht spezifizierten Bedingungen, nämlich bei der expliziten Bildung neuer Einstellungen, begründbare Effekte hat.

Ebenso erklärungsbedürftig wie aufschlußreich ist das Ergebnis, daß sich die subjektive Schwierigkeit und die Antwortlatenz in der neutralen Bedingung nicht von den inkonsistenten Bedingungen unterscheidet. Der fehlende Zusammenhang zwischen Ambivalenz und der Antwortlatenz der Einstellung in der neutralen Bedingung deutet darauf hin, daß Personen in der neutralen Bedingung bei der Einstellungsabgabe aus einem anderen Grund als der erlebten Ambivalenz in bezug auf ihre Einstellung zögerlich und unschlüssig waren. Möglicherweise geht die subjektive Schwierigkeit der Bildung einer Einstellung in der neutralen Bedingung auf eine wahrgenommene Ambiguität der Information zurück. Ambig bedeutet, daß die Implikation "weder gut noch schlecht" wenig Evidenz für eine Einstellung bietet, obwohl jede einzelne Information für sich genommen evaluativ eindeutig ist.

In der Literatur finden sich mehrere Auffassungen von Ambiguität. Danach kann Ambiguität auftreten, wenn (1) zu wenig Informationen über einen Einstellungsgegenstand verfügbar sind (Prislin & Ouellette, 1996), (2) einzelne, verfügbare Informationen keine eindeutige evaluative Implikation aufweisen (Stapel, Koomen & Zeelenberg, 1998), (3) sie keine oder nur eine geringe Relevanz für eine Einstellung besitzen (Kruglanski & Thompson, im Druck), oder (4) wenn die einzelnen Informationen eindeutige evaluative Implikationen aufweisen, aber die Implikationen entgegengesetzt sind und damit das Gesamt an Informationen keine eindeutige Schlußfolgerung zuläßt (Bohner, Chaiken & Hunyadi, 1994; Chaiken & Maheswaran, 1994; Schuette & Fazio, 1995).

Die hier berichteten Ergebnisse gehen über die Befunde in Untersuchung 3 und 4 hinaus. Zum einen belegen sie direkt die vermittelnde Rolle der subjektiven Schwierigkeit bei der Bildung von neuen Einstellungen. Zum anderen belegen sie, daß die Antwortlatenz der Einstellung von der Stärke der konflikthaften Reaktion bzw. der Ähnlichkeit beider Bewertungstendenzen determiniert wird. Weder in der schwach inkonsistenten, positiven, negativen noch in der neutralen Bedingung konnte ein signifikanter Zusammenhang von Ambivalenz und Antwortlatenz beobachtet werden, sondern nur in der moderat und der stark inkonsistenten Bedingung. Damit erweitert diese Untersuchung den bisherigen Kenntnisstand über die Struktur ambivalenter Einstellungen und mögliche Effekte der Ambivalenz auf die kognitive Zugänglichkeit von Einstellungen (Bargh et al., 1992). Des weiteren läßt sich eine Unterscheidung zwischen Ambivalenz und Neutralität begründen. Ambivalente Einstellungen sind in ihrer Tendenz neutral, beruhen jedoch nicht auf neutralen, sondern auf evaluativ inkonsistenten Informationen.

9.8 Appendix

Deutsche Übersetzung der Need to Evaluate-Skala (Jarvis & Petty, 1996).

1. Ich bilde mir zu allem eine Meinung.
2. Ich vermeide es lieber, extreme Standpunkte zu beziehen.
3. Für mich ist es sehr wichtig, eindeutige Meinungen zu haben.
4. Ich will bei allem ganz genau wissen, was gut und was schlecht daran ist.
5. Bei komplexen Fragen bevorzuge ich es häufig, einen neutralen Standpunkt einzunehmen.
6. Wenn mich etwas nicht betrifft, ergründe ich gewöhnlich nicht, ob es gut oder schlecht ist.
7. Es gefällt mir, neue Dinge sehr zu mögen oder abzulehnen.
8. Bei vielen Dingen habe ich keine Vorlieben.
9. Es stört mich, neutral zu bleiben.
10. Selbst wenn mich etwas persönlich nicht betrifft, habe ich gerne eine klare Meinung.
11. Ich habe zu wesentlich mehr Dingen eine Meinung als die meisten anderen Leute.
12. Ich habe lieber eine eindeutige Meinung als überhaupt keine.
13. Ich achte sehr darauf, ob etwas gut oder schlecht ist.
14. Ich bilde mir nur dann eine eindeutige Meinung, wenn ich es muß.
15. Ich bestimme bei neuen Dingen gern, ob sie wirklich gut oder schlecht sind.
16. Gegenüber vielen wichtigen Themen bin ich ziemlich gleichgültig.

Antwortformat: -3 (*völlig unzutreffend*) bis +3 (*trifft genau zu*).

X. Zusammenfassende Diskussion der Ergebnisse

Unter Ambivalenz ist das gleichzeitige Bestehen einer positiven und einer negativen Bewertungstendenz gegenüber einem Objekt, einer Person oder einer Verhaltensweise zu verstehen (Cacioppo et al., 1997; Kaplan, 1972; Priester & Petty, 1996; Thompson et al., 1995). Im einleitenden Teil dieser Arbeit wurden verschiedene Methoden der Ambivalenzmessung vorgestellt und miteinander verglichen, im Hinblick auf ihre Validität und ihre implizit oder explizit zugrundeliegenden Annahmen über das subjektive Erleben von Ambivalenz. Als wesentliches Bestimmungsmerkmal ambivalenter Einstellungen wurde evaluative Inkonsistenz der Datenbasis einer Einstellung herausgehoben. Diese Datenbasis kann affektive, kognitive oder verhaltensbezogene Elemente umfassen. Ambivalenz wurde auf der Basis einer eigens erarbeiteten Klassifikation als Merkmal der Stärke einer Einstellung eingeordnet und von anderen Merkmalen der Einstellungsstärke abgegrenzt. Anschließend wurden verschiedene theoretische Modelle der Einstellungsänderung vorgestellt und ein Modell der Bildung neuer Einstellungen entworfen.

Die erste Untersuchung war auf bereits bestehende Einstellungen ausgerichtet und hatte drei Ziele. Erstens sollten verschiedene Methoden der Ambivalenzmessung am Kriterium des psychologischen Unbehagens validiert werden. Die Annahme, daß Ambivalenz mit psychologischem Unbehagen assoziiert sein könnte, beruht auf den Befunden zweier verschiedener Forschungslinien. Einerseits konnten Hass et al. (1992) belegen, daß Ambivalenz mit einer negativen Stimmung verbunden ist, wenn die Ambivalenz salient ist. Diese Forschung konzentriert sich auf Einstellungen gegenüber sozialen Gruppen, in der Regel ethnische Minoritäten (Katz & Hass, 1988; Maio et al., 1996; Monteith, 1996). Während Ambivalenz nach Ansicht dieser Autoren auf die Koexistenz positiver und negativer Meinungen über eine soziale Gruppe zurückgeht, resultiert psychologisches Unbehagen aus einer erlebten Diskrepanz von spezifischen Meinungen (beispielsweise negative Meinungen gegenüber schwarzen Amerikanern) und einer bestimmten Ethik (humanistisch-egalitär), die mit diesen Meinungen als unvereinbar betrachtet wird.

Andererseits belegen Untersuchungen von Cacioppo et al. (1997), daß Ambivalenz stärker mit einer negativen als mit einer positiven Aktivierungsfunktion verbunden ist. Dieses sogenannte *Negativitätsbias* ambivalenter Einstellungen konnte beispielsweise bei der Beurteilung fiktiver Personen gefunden werden, über die positive und negative Informationen vorgegeben wurden. Auf der Basis dieser Ergebnisse wurde in Untersuchung 1 vorhergesagt, daß insbesondere subjektiv erlebte Ambivalenz mit einem negativen, einstellungsbezogenen Affekt verbunden sein sollte. Um zu zeigen, daß dieser Zusammenhang auch für Einstellungen gilt, die nicht notwendigerweise, wie bei Katz und Hass (1988), durch Werte oder ethische Haltungen determiniert werden, wurde die Einführung der Europäischen Währungsunion als Einstellungsobjekt ausgewählt. In Anlehnung an die frühe Forschung zur kognitiven Dissonanz (Festinger, 1957) wurde psychologisches Unbehagen direkt durch eine Selbstbeschreibung (vgl. Elliot & Devine, 1994) erfaßt. Damit wurde psychologisches Unbehagen als subjektives Erleben konzipiert und gleichzeitig spezifischer als die momentane Stimmung erfaßt (vgl. Hass et al., 1992; Monteith, 1996).

Die Ergebnisse von Untersuchung 1 belegen klar, daß der einstellungsbezogene Affekt um so negativer ausfällt, je höher die Ambivalenz ist. Dieser Zusammenhang zeigte sich besonders deutlich bei der subjektiv erlebten Ambivalenz. Für operative Ambivalenzmaße, die auf einer Berechnung der Ambivalenz auf der Basis der getrennt erfaßten positiven und negativen Bewertungstendenz beruhen, konnten ebenfalls signifikante Zusammenhänge aufgezeigt werden. Als operative Maße wurden das Similarity-Intensity Modell (SIM) von Thompson et al. (1995) und das Gradual Threshold Modell (GTM) von Priester und Petty (1996) verwendet. Dabei erwies sich entgegen der Annahme von Priester und Petty (1996) oder Bassili (1996) keines der operativen Maße der subjektiv erlebten Ambivalenz als überlegen.

Das zweite Anliegen von Untersuchung 1 bestand darin, einen moderierenden Einfluß der Ambivalenz auf die kognitive Zugänglichkeit von Einstellungen nachzuweisen. Deshalb wurde die Antwortlatenz der Einstellung zur Europäischen Währungsunion erfaßt. Die Einstellung selbst wurde anhand von bipolaren Ratingskalen gemessen und nicht, wie bei Reaktionszeitstudien üblich, anhand von zwei möglichen Antwortoptionen (beispielsweise schlecht vs. gut). Bisher konnten erst wenige Studien einen negativen Zusammenhang von Ambivalenz und kognitiver Zugänglichkeit der Einstellung belegen (Bargh et al., 1992; Fazio & Powell, 1992, zitiert in Fazio, 1995). Diese Befunde beruhen allerdings auf einer Messung der Ambivalenz durch das Conflicting Reactions Modell (CRM) von Kaplan (1972). Da das CRM aber aus verschiedenen Gründen zu kritisieren ist (siehe Breckler, 1994; Priester & Petty, 1996), wurde in Untersuchung 1 die Einstellungslatenz nicht nur aus der subjektiv erlebten Ambivalenz, sondern auch aus dem SIM und dem GTM vorhergesagt.

Dabei zeigte sich erwartungsgemäß, daß die Antwortlatenz der Einstellung um so länger ausfiel, je höher die Ambivalenz war. Dieser Befund fiel für die subjektiv erlebte Ambivalenz deutlicher aus als für die operativen Maße. Es muß zudem betont werden, daß der negative Zusammenhang von Ambivalenz und Einstellungslatenz auch dann Bestand hatte, wenn weitere Merkmale der Einstellungsstärke (Extremheit der Einstellung und Sicherheit der Einstellung) statistisch kontrolliert wurden. Sowohl für die Extremheit als auch für die Sicherheit konnten jeweils signifikante Einflüsse auf die Einstellungslatenz ermittelt werden. Je extremer eine Einstellung und je höher die Sicherheit in eine Einstellung war, desto kürzer fiel die Antwortlatenz der Einstellung aus.

Die Ergebnisse zum Einfluß der Ambivalenz auf die Einstellungslatenz belegen nicht nur, daß Ambivalenz als eigenständiges Merkmal der Einstellungsstärke zu betrachten ist, sondern stützen zugleich die Annahme, daß längere Antwortlatenzen bei ambivalenten Einstellungen durch die evaluativ inkonsistente Datenbasis ambivalenter Einstellungen zustande kommen. Die Struktur der Einstellung zur Europäischen Währungsunion zeichnete sich durch gleich große Anteile an positiven und negativen Meinungen aus. Im Unterschied zu Bargh et al. (1992) und Fazio und Powell (1992; zitiert in Fazio, 1995), wird die längere Antwortlatenz ambivalenter Einstellungen durch eine notwendige *Integration* einer bereits bestehenden Einstellung mit momentan kognitiv zugänglichen Meinungen erklärt (vgl. Erber et al., 1995; Wilson & Hodges, 1992). Je inkonsistenter die Datenbasis einer Einstellung ist, desto eher ist eine solche Integration notwendig. Dieser Prozeß erfordert Zeit und führt mit hoher Wahrscheinlichkeit zu moderat ausgeprägten Einstellungen. Diese geringere Extremheit ambivalenter Einstellungen ist jedoch keineswegs mit Neutralität gleichzusetzen, da eine neutrale Einstellung auch aufgrund fehlender Meinungen zustande kommen kann (Converse, 1970; Fazio, 1995). Die Interpretation von Bargh et al. (1992), daß eine der beiden konkurrierenden Bewertungstendenzen unterdrückt bzw. eine Entscheidung zwischen zwei Antwortoptionen getroffen werden muß (vgl. Judd & Brauer, 1995), ist demgegenüber als paradigmengebundene Erklärung zu kritisieren. Im Unterschied zu bipolaren Einstellungsskalen erlauben bzw. erfordern zwei Antwortoptionen keine Integration gegensätzlicher Bewertungstendenzen.

Sind ambivalente Einstellungen aufgrund längerer Antwotlatenzen als "schwache" Einstellungen zu bezeichnen? Die vorläufige Antwort muß nein lauten, da gezeigt werden konnte, daß die Antwortlatenz der Einstellung nicht synonym mit der Stärke einer Einstellung ist und sich Ambivalenz nicht gut, wie Bargh et al. (1992) selbst einräumen, mit dem Konzept der Einstellungsstärke als Assoziation von Einstellungsobjekt und dessen Bewertung verknüpfen läßt. Die Stärke einer Einstellung bestimmt sich auch durch mögliche Konsequenzen einer Einstellung (Krosnick & Petty, 1995; Pomerantz et al., 1995). Zu diesen Konsequenzen zählen beispielsweise die Resistenz bei Persuasion, die zeitliche Stabilität und die Vorhersagbarkeit von Verhalten aus Einstellungen (Petty et al., 1995). Es wurde in der Einleitung zu Untersuchung 1 angedeutet, daß ambivalente Einstellungen möglicherweise resistenter als nicht-ambivalente Einstellungen sind, da die kognitive Struktur ambivalenter Einstellungen bereits positive und negative Aspekte einschließt und aus diesem Grund das Generieren von Gegenargumenten leichter fallen sollte als bei einer einseitigen Struktur (vgl. Greenwald, 1968; McGuire & Papageorgis, 1961; Sorrentino et al., 1988).

Wenn auf der anderen Seite Ambivalenz beispielsweise anläßlich einer Messung von Einstellungen eine sorgfältige Integration inkonsistenter Aspekte auslöst, könnten ambivalente Einstellungen in der Folge zeitlich ebenso stabil sein wie Einstellungen, die auf einer weitgehend positiven *oder* negativen Datenbasis beruhen. Wenn ambivalente Einstellungen jedoch nicht erneut kritisch überdacht werden, müßten sie aufgrund ihrer evaluativ heterogenen Struktur eine gewisse Instabilität zeigen und über einen längeren Zeitraum schlechter mit Verhalten korrespondieren als nicht-ambivalente Einstellungen. Dies sollte um so eher der Fall sein, je stärker der verhaltensbezogene Kontext variiert.

Die dritte Frage, die in Untersuchung 1 gestellt und untersucht wurde, bezieht sich konsequenterweise auf die Richtung der Verarbeitung einstellungsrelevanter Informationen. Aus konsistenztheoretischer Sicht (Liberman & Chaiken, 1991; Tesser, 1978) könnte ein Grund für die möglicherweise größere Stabilität nicht-ambivalenter Einstellungen gegenüber ambivalenten Einstellungen darin liegen, daß eine generelle Tendenz besteht, die eigene Einstellung kognitiv zu schützen, indem inkonsistente Informationen verstärkt widerlegt, reinterpretiert oder ignoriert werden (Edwards & Smith, 1996; Lord et al., 1979). Es wurde vorhergesagt, daß Ambivalenz eher zu einer offenen, unvoreingenommenen Verarbeitung relevanter Informationen führen sollte, während bei einer eindeutig positiven oder negativen Einstellung eine Tendenz bestehen sollte, vornehmlich Informationen aufzusuchen, die zur bestehenden Einstellung konsistent sind und diese in einer Richtung zu verarbeiten, die die eigene Einstellung stützt.

Um diese Annahme zu überprüfen, wurde anstelle einer persuasiven Kommunikation eine Informationssuche angeboten. Eine Informationssuche hat gegenüber einer persuasiven Kommunikation, bei der Rezipienten in der Regel mit Argumenten *und* einer Einstellungsposition konfrontiert werden, den Vorteil, daß eine Aktivierung bestimmter Motive (z.B. *defense motivation*, Chen et al., 1996) eher unwahrscheinlich ist und somit Effekte der Einstellungsstruktur von diesen Motiven getrennt auftreten können. Es zeigte sich entsprechend der Hypothese, daß bei hoher Ambivalenz die Positivität kognitiver Reaktionen auf relevante Informationen davon unbeeinflußt war, ob anfänglich eher eine positive oder eine negative Einstellung existierte. Bei geringer Ambivalenz zeigte sich hingegen eine klare Tendenz, die Informationen in Richtung der bisherigen Einstellung zu bewerten. Die kognitiven Reaktionen fielen positiver aus, wenn die anfängliche Einstellung positiv war und negativ, wenn sie negativ war. Dieses *bias* zeigte sich bei hoher Ambivalenz nicht.

In den nachfolgend berichteten vier Untersuchungen stand die Verarbeitung relevanter Informationen zu unvertrauten Einstellungsobjekten im Vordergrund. Im einleitenden Teil dieser Arbeit wurden verschiedene theoretische Modelle der Einstellungsänderung referiert, darunter das Modell der Elaborationswahrscheinlichkeit (Petty & Cacioppo, 1986) und das Heuristisch-Systematische Modell (Chaiken et al., 1989). In diesen beiden sogenannten Zweiprozeßmodellen werden zwei Modi oder Strategien der Verarbeitung unterschieden. Bei geringer Motivation oder Fähigkeit des Rezipienten einer persuasiven Kommunikation ist eine periphere oder auf kognitiven Heuristiken beruhende Verarbeitung wahrscheinlich, die mit einem geringen kognitiven Aufwand verbunden ist und sich direkt auf die Einstellung auswirkt, ohne daß die Inhalte einer Kommunikation intensiv verarbeitet werden.

Bei hinreichender Fähigkeit und hoher Motivation ist hingegen eine zentrale oder systematische Verarbeitung einstellungsrelevanter Informationen wahrscheinlich. Bei zentraler oder systematischer Verarbeitung ist die Qualität inhaltlicher Argumente bestimmend für die Einstellung, da sich Rezipienten intensiv mit den Inhalten auseinandersetzen. Unter bestimmten Bedingungen können periphere und zentrale (Petty & Cacioppo, 1986) bzw. heuristische und systematische Verarbeitung (Chaiken et al., 1989) parallel ablaufen oder in ihrer Wirkung auf die Einstellung in Wechselwirkung treten. Die Möglichkeit einer solchen Interaktion wird vor allem im HSM von Chaiken et al. (1989) betont.

Sowohl das ELM als auch das HSM eignen sich prinzipiell auch für Vorhersagen bei neu zu bildenden Einstellungen, obwohl beide Modelle ursprünglich auf Einstellungsänderung ausgerichtet waren. In dieser Arbeit wurde das HSM als Rahmenmodell für die Untersuchungen zur Einstellungsbildung herangezogen, da es gegenüber dem ELM präzisere Aussagen zur Motivation zu systematischer Verarbeitung macht. Das Suffizienzprinzip des HSM (Bohner et al., 1995; Chaiken et al., 1989) besagt, daß Menschen grundsätzlich bestrebt sind, eine subjektiv hinlängliche Sicherheit in die eigene Einstellung zu haben. Das bedeutet, daß ein bestimmter Grad an Sicherheit bezüglich der sachlichen Angemessenheit einer Einstellung angestrebt wird. Die angestrebte Sicherheit sollte beispielsweise um so höher sein, je höher die persönliche Relevanz eines Einstellungsgegenstands ist.

Der angestrebten Sicherheit steht die in einer Situation gegebene, tatsächliche Sicherheit der Einstellung gegenüber. Diese tatsächliche Sicherheit sollte gering ausfallen, wenn beispielsweise der Inhalt (bzw. die Valenz) von Argumenten der Einstellungsposition eines Kommunikators widerspricht (Maheswaran & Chaiken, 1991) oder wenn die einstellungsrelevanten Informationen evaluativ inkonsistent sind (Jonas et al., 1997). Die Motivation zu systematischer Verarbeitung ist nach Ansicht von Chaiken et al. (1989) eine Funktion der Diskrepanz von angestrebter und tatsächlicher Sicherheit der Einstellung. Je größer die Diskrepanz ausfällt, desto höher sollte die Motivation sein. Und wenn diese Diskrepanz groß ist, dann sollte die angestrebte Sicherheit eher durch systematische als durch heuristische Verarbeitung allein erreichbar sein (Bohner et al., 1995).

Im theoretischen Teil dieser Arbeit wurde ein Modell der Bildung neuer Einstellungen skizziert. Dieses Modell bezieht einerseits eher formale Theorien der Einstellungsbildung (z.B. Anderson, 1991; Fishbein & Ajzen, 1975; Ostrom & Upshaw, 1968; Tourangeau & Rasinski, 1988) und andererseits Modelle der Einstellungsänderung (z.B. Chaiken, 1987; Petty & Cacioppo, 1986) ein. Darüber hinaus werden bestimmte Annahmen getroffen, die insbesondere der Möglichkeit Rechnung tragen, daß die Erfahrungsbasis einer neu zu bildenden Einstellung evaluativ inkonsistent sein kann. Dieses Modell wurde aus zwei Gründen entwickelt. Zum einen kann aus diesem Modell der Befund von Jonas et al. (1997) erklärt werden, daß evaluativ inkonsistente Information zu einem unvertrauten Einstellungsobjekt mit einer geringeren tatsächlichen Sicherheit der Einstellung verbunden ist als evaluativ konsistente Information. Zum anderen kann aus dem Modell erklärt werden, warum die Antwortlatenz von Einstellungen bei einer evaluativ inkonsistenten Datenbasis länger sein sollte als bei einer konsistenten Basis.

Der Kern des Modells besteht in der Annahme, daß Personen bestrebt sind, möglichst schnell eine dominante Tendenz auszubilden. Die dominante Tendenz zeigt die Richtung der Bewertung eines Einstellungsobjekts an. Wenn die Informationen zu einem Einstellungsobjekt überwiegend negativ sind, weist die dominante Tendenz eine negative Bewertung aus und eine positive Bewertung, wenn die Informationen überwiegend positive Implikationen haben. In diesen beiden Fällen sollte es verhältnismäßig einfach sein, zu einer klaren Einstellung zu kommen. Wenn allerdings die Informationen gleichermaßen positive und negative Implikationen haben, sollte das Herausbilden einer dominanten Tendenz entsprechend schwieriger sein. Um das Bestreben in diesem Fall zu unterstützen, sollte mit höherer Wahrscheinlichkeit eine kognitive Elaboration der relevanten Informationen erfolgen. Eine zentrale oder systematische Verarbeitung sollte das Herausbilden einer dominanten Tendenz erleichtern.

Warum sollte die tatsächliche Sicherheit der Einstellung bei evaluativ inkonsistenten Informationen geringer sein als bei evaluativ konsistenten Informationen? Die geringere Sicherheit bei evaluativ inkonsistenten Informationen ergibt sich unmittelbar aus der Schwierigkeit, eine dominante Tendenz herauszubilden. Wenn man gleichzeitig positive und negative Aspekte eines Einstellungsobjekts erkennt, sollte es spontan verhältnismäßig schwer fallen, eine sachlich angemessene Einstellung zu äußern, da zunächst zwei konkurrierende Bewertungstendenzen bestehen. Bildlich gesprochen pendelt man zunächst zwischen einer eher positiven und einer eher negativen Einstellung hin und her. Um dieser unsicheren Situation zu entkommen, kann durch systematische Verarbeitung der Informationen versucht werden, eine dominante Tendenz herauszubilden. Die Verarbeitung der Informationen sollte deshalb verstärkt darauf ausgerichtet sein, die evaluativen Implikationen zu prüfen und durch eine subjektive Gewichtung oder durch Vergleiche mehrerer Aspekte im Hinblick auf deren Relevanz für die Einstellung ein positives oder negatives Übergewicht zu erhalten.

In Untersuchung 2 wurden zu einem unvertrauten Einstellungsobjekt (Rechtsschutzversicherung) sechs Attribute vorgegeben, die entweder evaluativ inkonsistent (drei sehr positive und drei sehr negative Attribute), konsistent-positiv (sechs positive Attribute) oder konsistent-negativ (sechs sehr negative Attribute) waren (vgl. Jonas et al., 1997). Zwischen der Präsentation der Attribute und der Messung der Einstellung hatten die Versuchsteilnehmer Zeit, sich Gedanken zu den Attributen der Versicherung zu machen. Es zeigte sich zum einen erwartungsgemäß, daß die *vor* der kognitiven Elaboration erfaßte tatsächliche Sicherheit der Einstellung bei evaluativer Inkonsistenz geringer war als bei Konsistenz. Zum anderen wurden die Attribute bei evaluativer Inkonsistenz intensiver verarbeitet als bei Konsistenz. Eine differenziertere Betrachtung der attributbezogenen kognitiven Reaktionen ergab zudem, daß bei evaluativer Inkonsistenz mehr explizite Bewertungen und mehr vergleichende Gewichtungen vorgenommen wurden als bei Konsistenz. Dieser Effekt der evaluativen Inkonsistenz auf die Intensität der Verarbeitung konnte in Untersuchung 4 bestätigt werden, bei der das (unvertraute) Einstellungsobjekt eine Lebensversicherung war.

Da in dem Modell der Bildung neuer Einstellungen das Herausbilden einer dominanten Tendenz auf eine Integration relevanter Informationen ausgerichtet ist (die im Falle von evaluativer Konsistenz sehr einfach sein sollte), wurde in Untersuchung 3 und 4 bei der Messung der Einstellung zusätzlich die Antwortlatenz festgehalten. Die Einstellungslatenz sollte einen direkten Hinweis auf die Integration relevanter Informationen liefern und deshalb bei evaluativer Inkonsistenz länger sein als bei Konsistenz. Diese Hypothese beruht auf der Annahme, daß die Integration inkonsistenter Informationen mehr Zeit in Anspruch nimmt als die Integration konsistenter Informationen, da es verhältnismäßig schwierig sein sollte, aus evaluativ gegensätzlichen Informationen eine dominante Tendenz herauszukristallisieren, die in eine summarische Einstellung transformiert werden kann.

Sowohl in Untersuchung 3 als auch in Untersuchung 4 konnte gezeigt werden, daß die Einstellungslatenz bei evaluativer Inkonsistenz signifikant länger ausfällt als bei Konsistenz. Da die kognitive Elaboration vor der Einstellungsmessung erfolgt war, sind diese längeren Antwortlatenzen primär auf den Prozeß der Integration der Informationen zu einer summarischen Einstellung zurückzuführen. Darüber hinaus konnte in diesen beiden Untersuchungen gezeigt werden, daß die tatsächliche Sicherheit der Einstellung den Effekt der Ambivalenz auf die Einstellungslatenz wenigstens teilweise vermittelt. Der Befund, daß mit einer geringeren tatsächlichen Sicherheit längere Einstellungslatenzen verbunden sind, spiegelt einerseits die Unsicherheit bei der Integration evaluativ inkonsistenter Elemente wider und andererseits die Tendenz, aufgrund der geringeren Sicherheit eine intensivere kognitive Verarbeitung der Informationen zu initiieren.

Untersuchung 5 belegt zudem direkt, daß die subjektive Schwierigkeit der Einstellungsbildung für längere Einstellungslatenzen bei evaluativer Inkonsistenz verantwortlich ist. Je höher die subjektive Schwierigkeit war, desto länger fielen die Antwortlatenzen der Einstellung aus. Die subjektive Schwierigkeit erwies sich darüber hinaus als Mediator der Ambivalenz. Wenn die subjektive Schwierigkeit kontrolliert wurde, verringerte sich der Effekt der Ambivalenz (sowohl für subjektiv erlebte als auch für operativ erfaßte Ambivalenz) deutlich. In Untersuchung 5, bei der jeder Versuchsteilnehmer zu sechs verschiedenen Shampoos eine Einstellung bilden sollte, wurde außerdem eine neutrale Bedingung realisiert, bei der die vier Attribute eines Shampoos jeweils eine mittlere Ausprägung hatten. Eine mittlere Ausprägung auf einem bipolaren Kontinuum bedeutet, daß die Attribute "weder gut noch schlecht" implizieren. Zudem wurden drei verschiedene inkonsistente Bedingungen umgesetzt, die sich im Grad der evaluativen Inkonsistenz unterschieden (de facto zeigte sich in der schwach inkonsistenten Bedingung eine geringere Ambivalenz als in der moderat und der stark inkonsistenten Bedingung, während sich letztere nicht unterschieden).

Dem Modell der Einstellungsbildung zufolge sollte die Einstellungslatenz in dieser neutralen Bedingung kürzer ausfallen als in den evaluativ inkonsistenten Bedingungen, da einheitlich neutrale Informationen zu einer neutralen Bewertung führen müßten, ohne daß eine intensive Verarbeitung oder zeitaufwendige Integration der Informationen erforderlich ist. Diese Annahme ließ sich allerdings nicht bestätigen. Die neutrale Bedingung unterschied sich von den inkonsistenten Bedingungen weder im Hinblick auf die Ambivalenz noch auf die Einstellungslatenz. Allerdings zeigte sich, als Bestätigung des Modells, nur in der moderat und der stark inkonsistenten Bedingung ein signifikanter Zusammenhang von Ambivalenz und Einstellungslatenz, während in der schwach inkonsistenten und der neutralen Bedingung kein Zusammenhang erkennbar war. Untersuchung 5 geht in bezug auf die Ergebnisse zur Einstellungslatenz über Untersuchung 3 und 4 hinaus, da gezeigt werden konnte, daß die Persönlichkeitsdimension *Need to Evaluate* (Kruglanski et al., 1993) nicht nur die Höhe der Ambivalenz sondern auch die Einstellungslatenz beeinflußte.

Das Konstrukt Need to Evaluate steht für die Stärke der allgemeinen Tendenz, spontan bewertend zu reagieren und spontan Einstellungen zu bilden, d.h. schnell festzustellen, ob Objekte, Personen, Themen usw. als positiv oder negativ zu bewerten sind. Deshalb wurde in bezug auf Einstellungen zu unvertrauten Objekten angenommen, daß Personen mit hohem Need to Evaluate bei evaluativer Inkonsistenz längere Einstellungslatenzen aufweisen sollten als Personen mit niedrigem Need to Evaluate. Es zeigte sich, daß Personen mit hohem Need to Evaluate bei evaluativer Inkonsistenz eine stärkere Ambivalenz empfanden als Personen mit niedrigem Need to Evaluate und längere Antwortlatenzen der Einstellung aufwiesen. Bei Konsistenz unterschied sich die Höhe der Ambivalenz hingegen nicht in Abhängigkeit von Need to Evaluate, aber dafür fiel die Antwortlatenz der Einstellung bei hohem Need to Evaluate kürzer aus als bei niedrigem Need to Evaluate. Diese Ergebnisse belegen, daß die Tendenz, spontan zu bewerten bzw. spontan Einstellungen zu bilden, je nach dem, ob die vorliegenden Informationen evaluativ konsistent oder inkonsistent sind, unterschiedliche Effekte auf die Ambivalenz und die Einstellungslatenz hat.

Die berichteten Befunde in bezug auf die Intensität der Verarbeitung und die Einstellungslatenz bei evaluativer Inkonsistenz lassen sich relativ gut mit dem Heuristisch-Systematischen Modell von Chaiken et al. (1989) verbinden. Es sollte allerdings auch klar geworden sein, daß die Vorhersagen nicht allein auf dem HSM beruhen, sondern zusätzliche Annahmen nötig sind. Das Suffizienzprinzip hat durch die vermittelnde Rolle der tatsächlichen Sicherheit der Einstellung bei der Vorhersage der Einstellungslatenz eine gewisse Bestätigung erfahren, obwohl der Effekt der Ambivalenz auf die Einstellungslatenz durch das HSM nicht ohne weiteres möglich ist und bisher nicht postuliert wurde.

In bezug auf die Motivation zu systematischer Verarbeitung bestand ein weiteres, wesentliches Anliegen der vorliegenden Arbeit darin, neben dem Suffizienzprinzip des HSM eine weitere Determinante der systematischen Verarbeitung zu untersuchen. Dabei handelt es sich um die wahrgenommene Selbstwirksamkeit. Die wahrgenommene Selbstwirksamkeit wurde von Bandura (1977) als subjektive Überzeugung definiert, eine bestimmte Handlung erfolgreich ausführen zu können. Obwohl es einige Arbeiten zur Rolle der wahrgenommenen Selbstwirksamkeit bei kognitiven Aufgaben gibt (z.B. Bandura & Jourdan, 1991; Lent et al., 1997; Sanna & Pusecker, 1994), wurde dieses Konstrukt bisher noch nicht angemessen auf die systematische Verarbeitung einstellungsrelevanter Informationen angewendet. Eine Ausnahme bildet die Untersuchung von Bohner et al. (1998), bei der die wahrgenommene Selbstwirksamkeit allerdings nicht direkt auf die kognitiven Operationen bei der systematischen Verarbeitung bezogen wurde.

Chaiken (1987) bzw. Chaiken et al. (1989) deuten die mögliche Rolle der wahrgenommenen Selbstwirksamkeit bei der systematischen Verarbeitung an, in dem sie einen unabhängig vom Suffizienzprinzip wirksamen Einfluß postulieren. Diese Annahme konnte in Untersuchung 2 bestätigt werden. In Untersuchung 2 wurde die wahrgenommene Selbstwirksamkeit bezüglich der Bewertung, der Gewichtung und der Integration einstellungsrelevanter Informationen erfaßt. Bei der Vorhersage der kognitiven Verarbeitung dieser Informationen zeigte sich, daß die wahrgenommene Selbstwirksamkeit neben der evaluativen Konsistenz einen signifikanten Beitrag zur Vorhersage des relativen Anteils expliziter Bewertungen und relationaler Gewichtungen an der Gesamtzahl kognitiver Reaktionen leistete. Je höher die wahrgenommene Selbstwirksamkeit war, desto intensiver wurde verarbeitet. Wenn die evaluative Konsistenz und die wahrgenommene Selbstwirksamkeit kontrolliert wurden, zeigte sich zudem für die Diskrepanz von angestrebter und tatsächlicher Sicherheit der Einstellung kein Effekt auf die Intensität der Verarbeitung.

Dieser Befund konnte zumindest in Untersuchung 4, in der die wahrgenommene Selbstwirksamkeit experimentell manipuliert wurde, repliziert werden. Für die wahrgenommene Selbstwirksamkeit zeigte sich neben der evaluativen Konsistenz ein signifikanter Haupteffekt auf die Intensität der Verarbeitung. Bei hoher wahrgenommener Selbstwirksamkeit wurde intensiver verarbeitet als bei geringer wahrgenommener Selbstwirksamkeit. Diese Ergebnisse bestätigen, daß die wahrgenommene Selbstwirksamkeit bei der Bildung oder Änderung von Einstellungen als bedeutsamer Prädiktor zu betrachten ist. Darüber hinaus konnte gezeigt werden, daß die Einstellungsbildung bei hoher wahrgenommener Selbstwirksamkeit eher auf einer systematischen Verarbeitung beruht als bei geringer wahrgenommener Selbstwirksamkeit. In Untersuchung 3 und 4 ließ sich nur bei hoher wahrgenommener Selbstwirksamkeit ein signifikanter Einfluß der Positivität der kognitiven Reaktionen auf die Einstellung beobachten, selbst wenn die Valenz der Attribute des Einstellungsobjekts kontrolliert wurden. Diese vermittelnde Rolle der Positivität der kognitiven Reaktionen ließ sich bei geringer wahrgenommener Selbstwirksamkeit nicht beobachten.

In der Literatur zur Einstellungsänderung wird ein signifikanter Einfluß der kognitiven Reaktionen auf die (geänderte) Einstellung als Beleg für eine intensive Verarbeitung betrachtet (z.B. Greenwald, 1968; McGuire, 1969; Romero et al., 1996). Ein solcher Zusammenhang sollte vor allem bei hoher Motivation und hinreichender Fähigkeit zu beobachten sein (Chaiken, 1980; Petty & Cacioppo, 1986). Vor diesem Hintergrund erscheint der Befund, daß die subjektive Überzeugung, bestimmte kognitive Operationen, die eine systematische bzw. zentrale Verarbeitung charakterisieren, erfolgreich ausführen zu können, einen moderierenden Einfluß auf diesen Zusammenhang hat, äußerst plausibel. In bezug auf bereits bestehende Einstellungen konnten Bohner et al. (1998) zeigen, daß die Qualität von Argumenten in einer Persuasionssituation nur bei hoher wahrgenommener Selbstwirksamkeit einen Effekt auf die Einstellung hatte.

In der vorliegenden Arbeit konnte allerdings nicht nur gezeigt werden, daß die wahrgenommene Selbstwirksamkeit die systematische Verarbeitung beeinflußt, sondern darüber hinaus in zwei Untersuchungen (3 und 4) belegt werden, daß auch die Einstellungslatenz durch die wahrgenommene Selbstwirksamkeit beeinflußt wird. Dabei erwies sich die wahrgenommene Selbstwirksamkeit als Moderator der evaluativen Konsistenz von Objektattributen. Bei evaluativer Inkonsistenz und hoher wahrgenommener Selbstwirksamkeit fiel die Einstellungslatenz länger aus als bei evaluativer Inkonsistenz und geringer wahrgenommener Selbstwirksamkeit. Einen umgekehrten Einfluß hatte die wahrgenommene Selbstwirksamkeit bei Konsistenz. Bei Konsistenz und hoher wahrgenommener Selbstwirksamkeit fiel die Antwortlatenz kürzer aus als bei Konsistenz und geringer wahrgenommener

Selbstwirksamkeit. Diese Wechselwirkung läßt sich so interpretieren, daß bei evaluativer Inkonsistenz eine hohe wahrgenommene Selbstwirksamkeit dazu führt, daß mit mehr Anstrengung und mit einer größeren Persistenz versucht wird, eine sachlich angemessene Einstellung zu bilden, da bei hoher wahrgenommener Selbstwirksamkeit das dazu notwendige Vertrauen in die eigenen Fähigkeiten größer ist als bei geringer wahrgenommener Selbstwirksamkeit. Bei Konsistenz ist die Integration der Informationen leicht zu bewerkstelligen. Deshalb sollte in diesem Fall eine Einstellung bei hoher wahrgenommener Selbstwirksamkeit schneller ausgeformt werden als bei geringer wahrgenommener Selbstwirksamkeit, weil bei hoher wahrgenommener Selbstwirksamkeit keine Notwendigkeit zu aufwendiger kognitiver Verarbeitung gesehen wird.

Im theoretischen Teil dieser Arbeit wurde großes Augenmerk auf die Messung von Ambivalenz gerichtet. Bei der Unterscheidung in operative und subjektive Meßmethoden wurde hervorgehoben, daß nach Ansicht mancher Autoren (Priester & Petty, 1996; Thompson et al., 1995) operative Methoden herangezogen werden können, um die subjektiv erlebte Ambivalenz vorherzusagen. Dabei wird teilweise explizit angenommen, daß operative Methoden im Hinblick auf die Vorhersagbarkeit von Effekten der Ambivalenz der subjektiv erlebten Ambivalenz überlegen sind (Bassili, 1996; Priester & Petty, 1996). Die Befunde der hier vorgestellten Arbeit stützen diese Annahme jedoch nicht. Mindestens drei Punkte sprechen eher für die Verwendung eines subjektiven Ambivalenzmaßes. Erstens konnte gezeigt werden, daß die subjektiv erlebte Ambivalenz eine höhere Test-Retest-Reliabilität aufweist als operative Methoden (Untersuchung 1). Zweitens erwies sich die subjektiv erlebte Ambivalenz teilweise als besserer Prädiktor für vermittelnde und abhängige Variablen (beispielsweise in Untersuchung 1 und 5). Drittens zeigte sich, daß die den operativen Modellen zugrundeliegenden Annahmen nur begrenzt zutreffen. So konnte beispielsweise für das GTM von Priester und Petty (1996) in Untersuchung 5 keine kritische Schwelle ermittelt werden. Zudem konnte in dieser Untersuchung, zumindest für die Einstellungslatenz als abhängige Variable, belegt werden, daß einzelne Komponenten der operativen Modelle ein deutliches Übergewicht bei der Vorhersage haben. So erwies sich im SIM (Thompson et al., 1995) die Ähnlichkeit der positiven und der negativen Bewertungstendenz gegenüber der Intensität als stärkerer Prädiktor der Einstellungslatenz. Diese Befunde stützen einerseits das skizzierte Modell der Bildung neuer Einstellungen, lassen aber andererseits den Schluß zu, daß a priori formulierte operative Modelle der Ambivalenz nur begrenzt gültig sind.

Literaturverzeichnis

Abelson, R. P. (1988). Conviction. *American Psychologist, 43,* 267-275.

Aiken, L. S. & West, S. G. (1991). *Multiple Regression: Testing and interpreting interactions*. Newbury Park: Sage.

Ainsworth, M. D. S., Blehar, M. C., Waters, E. & Wall, S. (1978). *Patterns of attachment: A psychological study of the strange situation*. Hillsdale, NJ: Erlbaum.

Ajzen, I. & Fishbein, M. (1977). Attitude-behavior relations: A theoretical analysis and review of empirical research. *Psychological Bulletin, 84,* 888-918.

Ajzen, I. (1988). *Attitudes, personality, and behavior*. Chicago: Dorsey Press.

Ajzen, I. & Madden, T. J. (1986). Prediction of goal-directed behavior: Attitudes, intentions, and perceived behavioral control. *Journal of Experimental Social Psychology, 22,* 453-474.

Allport, G. W. (1935). Attitudes. In C. Murchison (Ed.), *Handbook of social psychology* (pp. 798-884). Worchester, Mass: Clark University Press.

Anderson, N. H. (1991). Cognitive theory of judgment and decision. In N.H. Anderson (Ed.), *Contributions to information integration theory* (Vol. 1, pp.105-142). Hillsdale, NJ: Erlbaum.

Areni, C. S. & Lutz, R. J. (1988). The role of argument quality in the elaboration likelihood model. *Advances in Consumer Research, 15*, 197-203.

Aronson, E. (1969). The theory of cognitive dissonance: A current perspective. In L. Berkowitz (Ed.), *Advances in Experimental Social Psychology* (Vol. 4, pp. 1-34). San Diego, CA: Academic.

Atkinson, J. W. (1964). *An introduction to motivation*. Princeton, NJ: Van Nostrand.

Bandura, A. (1977). Self-efficacy: Toward a unifying theory of behavioral change. *Psychological Review*, 84, 191-215.

Bandura, A. (1986). *Social foundations of thought and action. A social cognitive theory*. Englewood Cliffs, NJ: Prentice Hall.

Bandura, A. (1989). Regulation of cognitive processes through perceived self-efficacy. *Developmental Psychology, 25,* 729-735.

Bandura, A. (1992). Exercise of personal agency through the self-efficacy mechanism. In R. Schwarzer (Ed.), *Self-efficacy: Thought control of action* (pp. 3-38). Washington, D.C.: Hemisphere.

Bandura, A. (1997). *Self-efficacy: The excercise of control*. NY: Freeman.

Bandura, A. & Adams, N. E. (1977). Analysis of self-efficacy theory of behavioral change. *Cognitive Therapy and Research, 1,* 287-308.

Bandura, A. & Cervone, D. (1983). Self-evaluative and self-efficacy mechanisms governing the motivational effects of goal systems. *Journal of Personality and Social Psychology, 45*, 1017-1028.

Bandura, A. & Jourden, F. J. (1991). Self-regulatory mechanisms governing the impact of social comparison on complex decision making. *Journal of Personality and Social Psychology, 60*, 941-951.

Bandura, A., Reese, L. & Adams, N. E. (1982). Microanalysis of action and fear as a function of differential levels of perceived self-efficacy. *Journal of Personality and Social Psychology, 43*, 5-21.

Bargh, J. A., Chaiken, S., Govender, R. & Pratto, F. (1992). The generality of the automatic attitude activation effect. *Journal of Personality and Social Psychology, 62*, 893-912.

Baron, R. M. & Kenny, D. A. (1986). The moderator-mediator variable distinction in social psychological research: Conceptual, strategic, and statistical considerations. *Journal of Personality and Social Psychology, 51*, 1173-1182.

Bartholomew, K. & Horowitz, L. (1991). Attachment styles among young adults: A test of a four-category model. *Journal of Personality and Social Psychology, 61*, 226-244.

Bassili, J. N. (1996). Meta-judgmental versus operative indexes of psychological attributes: The case of measures of attitude strength. *Journal of Personality and Social Psychology, 71*, 637-653.

Bassili, J. N. & Fletcher, J. F. (1991). Response-time measurement in survey research: A method for CATI and a new look at non-attitudes. *Public Opinion Quaterly, 55*, 331-346.

Bell, D. W., Esses, V. M. & Maio, G. R. (1996). The utility of open-ended measures to assess intergroup ambivalence. *Canadian Journal of Behavioral Science, 28*, 12-18.

Bem, D. J. (1972). Self-perception theory. In L. Berkowitz (Ed.), *Advances in experimental social psychology* (Vol. 6, pp. 1-62). San Diego, CA. Academic Press.

Biek, M., Wood, W. & Chaiken, S. (1996). Working knowledge, cognitive processing, and attitudes: On the determinants of bias. *Personality and Social Psychology Bulletin, 22*, 547-556.

Bless, H., Bohner, G., Schwarz, N. & Strack, F. (1990). Mood and persuasion: A cognitive response analysis. *Personality and Social Psychology Bulletin, 16*, 331-345.

Bless, H., Wänke, M., Bohner, G., Fellhauer, R. F. & Schwarz, N. (1994). Need for Cognition: Eine Skala zur Erfassung von Engagement und Freude bei Denkaufgaben. *Zeitschrift für Sozialpsychologie, 25*, 147-154.

Bleuler, E. (1911). Vortrag über Ambivalenz. *Zentralblatt für Psychoanalyse, 1*, 266-268.

Bobko, P. (1986). A solution to some dilemmas when testing hypotheses about ordinal interactions. *Journal of Applied Psychology, 71*, 323-326.

Bohner, G., Chaiken, S. & Hunyadi, P. (1994). The role of mood and message ambiguity in the interplay of heuristic and systematic processing. *European Journal of Social Psychology, 24,* 207-221.

Bohner, G., Moskowitz, G. B. & Chaiken, S. (1995). The interplay of heuristic and systematic processing of social information. In W. Stroebe & M. Hewstone (Eds.), *European Review of Social Psychology* (Vol. 6, pp. 33-68). Chichester, UK: Wiley.

Bohner, G., Rank, S., Reinhard, M.-A., Einwiller, S. & Erb, H.-P. (1998). Motivational determinants of systematic processing: Expectancy moderates effects of desired confidence on processing effort. *European Journal of Social Psychology, 28,* 185-206.

Bouffard-Bouchard, T. (1990). Influence of self-efficacy on performance in a cognitive task. *Journal of Social Psychology, 130,* 353-363.

Bowlby, J. (1969). *Attachment and loss: Attachment* (Vol. 1). London: Hogarth.

Breckler, S. J. (1994). A comparison of numerical indexes for measuring attitude ambivalence. *Educational and Psychological Measurement, 54,* 350-365.

Breckler, S. J. & Wiggins, E. C. (1989). Affect versus evaluation in the structure of attitudes. Journal of Experimental Social Psychology, 25, 253-271.

Brehm, J. W. (1966). *A theory of psychological reactance.* San Diego, CA: Academic Press.

Brehm, J. W. & Cohen, A. R. (1962). *Explorations in cognitive dissonance.* NY: Wiley.

Brendl, M. C. & Higgins, T. E. (1996). Principles of judging valence: What makes events positive or negative? In M. P. Zanna (Ed.), *Advances in Experimental Social Psychology* (Vol. 28, pp. 95-160). NY: Academic Press.

Brömer, P. (1998). Ambivalent attitudes and information processing. *Swiss Journal of Psychology, 57,* 225-234.

Brömer, P. (1998). Einstellungen gegenüber unvertrauten Objekten: Selbstwirksamkeit bestimmt die Intensität der Verarbeitung relevanter Produktattribute. *Zeitschrift für Sozialpsychologie, 29,* 124-133.

Brömer, P. (im Druck). Einstellungsbildung: Erlebte Ambivalenz, subjektive Schwierigkeit und Antwortlatenz bei evaluativ inkonsistenten, konsistenten und neutralen Informationen. *Zeitschrift für Experimentelle Psychologie.*

Braiker, H. B. & Kelly, H. H. (1979). Conflict in the development of close relationships. In R. L. Burgess & T. L. Huston (Eds.), Social exchange in developing relationships (pp. 135-168). NY: Academic Press.

Brock, T. C. (1967). Communication discrepancy and intent to persuade as determinants of counterargument production. *Journal of Experimental Social Psychology, 3,* 296-309.

Cacioppo, J. T., Gardner, W. L. & Berntson, G. G. (1997). Beyond bipolar conceptualizations and measures: The case of attitudes and evaluative space. *Personality and Social Psychology Review, 1,* 3-25.

Cacioppo, J. T. & Petty, R. E. (1979). Effects of message repetition and position on cognitive response, recall, and persuasion. *Journal of Personality and Social Psychology, 37,* 97-109.

Cacioppo, J. T. & Petty, R. E. (1982). The Need for Cognition. *Journal of Personality and Social Psychology, 42,* 116-131.

Cacioppo, J. T. & Petty, R. E. (1984). The Need for Cognition: Relationship to attitudinal processes. In R. P. McGlynn, J. E. Maddux, C. D. Stoltenberg & J. H. Harvey (Eds.), *Social perception in clinical and counseling psychology* (pp. 113-119). Lubbock, TX: Texas Tech Press.

Chaiken, S. (1980). Heuristic versus systematic information processing and the use of source versus message cues in persuasion. *Journal of Personality and Social Psychology, 39,* 752-766.

Chaiken, S. (1987). The heuristic model of persuasion. In M. P. Zanna, J. M. Olson, & C. P. Herman (Eds.), *Social influence: The Ontario Symposium* (Vol. 5, pp. 3-39). NJ: Erlbaum.

Chaiken, S. & Baldwin, M. W. (1981). Affective-cognitive consistency and the effect of salient behavioral information on the self-perception of attitudes. *Journal of Personality and Social Psychology, 41,* 1-12.

Chaiken, S. & Eagly, A. H. (1976). Communication modality as a determinant of message persuasiveness and comprehensibility. *Journal of Personality and Social Psychology, 34,* 605-614.

Chaiken, S., Giner-Sorolla, R. & Chen, S. (1996). Beyond accuracy. Defense and impression motives in heuristic and systematic information processing. In P. M. Gollwitzer & J. T. Bargh (Eds.), *The psychology of action* (pp. 553-578). NY: Guilford.

Chaiken, S., Liberman, A. & Eagly, A. H. (1989). Heuristic and systematic information processing within and beyond the persuasion context. In J. S. Uleman & J. A. Bargh (Eds.), *Unintended thought* (pp. 212-252). New York: Guilford.

Chaiken, S. & Maheswaran, D. (1994). Heuristic processing can bias systematic processing: Effects of source credibility, argument ambiguity, and task importance on attitude judgment. *Journal of Personality and Social Psychology, 66,* 460-473.

Chaiken, S., Pomerantz, E. M. & Giner-Sorolla, R. (1995). Structural consistency and attitude strength. In R. E. Petty & J. A. Krosnick (Eds.), *Attitude strength: Antecedents and consequences* (pp. 387-412). Hillsdale, NJ: Erlbaum.

Chaiken, S. & Stangor, C. (1987). Attitudes and attitude change. *Annual Review of Psychology, 38,* 575-630.

Chaiken, S., Wood, W. & Eagly, A. H. (1996). Principles of persuasion. In E. T. Higgins & A. W. Kruglanski (Eds.), *Social psychology. Handbook of basic principles* (pp. 702-742). NY: Guilford.

Chaiken, S. & Yates, S. (1985). Affective-cognitive consistency and thought induced attitude polarization. *Journal of Personality and Social Psychology, 49,* 1470-1481.

Chen, S., Shechter, D. & Chaiken, S. (1996). Getting at the truth or getting along: Accuracy- versus impression-motivated heuristic and systematic processing. *Journal of Personality and Social Psychology*, 71, 262-275.

Cialdini, R. B. & Petty, R. E. (1981). Anticipatory opinion effects. In R. E. Petty, T. M. Ostrom & T. C. Brock (Eds.), *Cognitive responses in persuasion* (pp. 217-235). Hillsdale, NJ: Erlbaum.

Cialdini, R. B., Trost, M. R. & Newsom, J. T. (1995). Preference for Consistency: The development of a valid measure and the discovery of surprising behavioral implications. *Journal of Personality and Social Psychology, 69,* 318-328.

Cohen, A. R. (1957). Need for cognition and order of communication as determinants of opinion change. In C. I. Hovland (Ed.), *The order of presentation in persuasion* (pp. 79-99). New Haven, CT: Yale University Press.

Cohen, J. & Cohen, P. (1983). *Applied multiple regression/correlation analysis for the behavioral sciences*. Hillsdale, NJ: Erlbaum.

Cooper, J. & Fazio, R. H. (1984). A new look at dissonance theory. In L. Berkowitz (Ed.), *Advances in Experimental Social Psychology* (Vol. 17, pp. 229-266). San Diego, CA: Academic Press.

Converse, P. E. (1970). Attitudes and non-attitudes: Continuation of a dialogue. In R. E. Tufte (Ed.), *The quantitative analysis of social problems* (pp. 168-189). Reading, MA: Addison-Wesley.

Crano, W. D. (1997). Vested interest, symbolic politics, and attitude-behavior consistency. *Journal of Personality and Social Psychology, 72,* 485-491.

Davidson, A. R., Yantis, S., Norwood, M. & Montano, D. E. (1985). Amount of information about the attitude object and attitude-behavior consistency. *Journal of Personality and Social Psychology, 49,* 1184-1198.

Devine, P. G., Monteith, M. J., Zuwerink, J. R. & Elliot, A. J. (1991). Prejudice with and without compunction. *Journal of Personality and Social Psychology, 60*, 817-830.

Doll, J. & Ajzen, I. (1992). Accessibility and the stability of predictors in the theory of planned behavior. *Journal of Personality and Social Psychology, 63,* 754-765.

Dovidio, J. F. & Fazio, R. H. (1992). New technologies for the direct and indirect assessment of attitudes. In Tanur, J. M. (Ed.), *Questions about questions: Inquiries into the cognitive bases of surveys* (pp. 204-237). New York: Sage.

Eagly, A. H. (1974). Comprehensibility of persuasive arguments as a determinant of opinion change. *Journal of Personality and Social Psychology, 29*, 758-773.

Eagly, A. H. & Chaiken, S. (1984). Cognitive theories of persuasion. In L. Berkowitz (Ed.), *Advances in Experimental Social Psychology* (Vol. 17, pp. 267-359).

Eagly, A. H. & Chaiken, S. (1993). *The psychology of attitudes*. Fort Worth, TX: Harcourt Brace Jovanovich.

Eagly, A. H. & Chaiken, S. (1995). Attitude strength, attitude structure, and resistance to change. In R. E. Petty & J. A. Krosnick (Eds.), *Attitude strength: Antecedents and consequences* (pp. 413-432). Hillsdale, NJ: Erlbaum.

Eagly, A. H., Mladinic, A. & Otto, S. (1994). Cognitive and affective bases of attitudes toward social groups and social policies. *Journal of Experimental Social Psychology, 30,* 113-137.

Eagly, A. H. & Warren, R. (1976). Intelligence, comprehension, and opinion change. *Journal of Personality, 44*, 226-242.

Edwards, K. & Smith, E. E. (1996). A disconfirmation bias in the evaluation of arguments. *Journal of Personality and Social Psychology, 71,* 5-24.

Elliot, A. J. & Devine, P. G. (1994). On the motivational nature of cognitive dissonance: Dissonance as psychological discomfort. *Journal of Personality and Social Psychology, 67,* 382-394.

Erber, M. W., Hodges, S. S. & Wilson, T. D. (1995). Attitude strength, attitude stability, and the effects of analyzing reasons. In R. E. Petty & J. A. Krosnick (Eds.), *Attitude strength: Antecedents and consequences* (pp. 433-454). Hillsdale, NJ: Erlbaum.

Esses, V. M., Haddock, G. & Zanna, M. P. (1993). Values, Stereotypes, and emotions as determinants of intergroup attitudes. In D. M. Mackie & D. L. Hamilton (Eds.), *Affect, cognition, and stereotyping: Interactive processes in group perception* (pp. 137-166). New York: Academic.

Fabrigar, L. R., Priester, J. R., Petty, R. E. & Wegener, D. T. (1998). The impact of attitude accessibility on elaboration of persuasive messages. *Personality and Social Psychology Bulletin, 24,* 339-352.

Fazio, R. H. (1986). How do attitudes guide behavior? In R. M. Sorrentino & E. T. Higgins (Eds.), *Handbook of motivation and cognition: Foundations of social behavior* (pp. 204-243). New York: Guilford.

Fazio, R. H. (1987). Self-perception theory: A current perspective. In M. P. Zanna, J. M. Olson & C. P. Herman (Eds.), *Social influence: The Ontario Symposium* (pp. 129-150). Hillsdale, NJ: Erlbaum.

Fazio, R. H. (1990). A practical guide to the use of response latency in social psychology research. In C. Hendrick & M. S. Clark (Eds.), *Research methods in personality and social psychology* (pp. 74-97). Newbury Park, CA: Sage.

Fazio, R. H. (1995). Attitudes as object-evaluation associations: Determinants, consequences, and correlates of attitude accessibility. In R. E. Petty & J. A. Krosnick (Eds.), *Attitude strength: Antecedents and consequences* (pp. 247-282). Hillsdale, NJ: Erlbaum.

Fazio, R. H., Chen, J., McDonel, E. C. & Sherman, S. J. (1982). Attitude accessibility, attitude-behavior consistency, and the strength of the object-evaluation association. *Journal of Experimental Social Psychology, 18,* 339-357.

Fazio, R. H., Powell, M. C. & Williams, C. J. (1989). The role of attitude accessibility in the attitude-to-behavior process. *Journal of Consumer Research, 16,* 280-288.

Fazio, R. H., Sanbonmatsu, D. M., Powell, M. C. & Kardes, F. R. (1986). On the automatic activation of attitudes. *Journal of Personality and Social Psychology, 50,* 229-238.

Feather, N. T. (1959). Subjective probability and decision under uncertainty. *Psychological Review, 66,* 150-164.

Feather, N. T. (Ed., 1982). *Expectations and actions: Expectancy-value models in psychology.* Hillsdale, NJ: Erlbaum.

Festinger, L. (1957). *A theory of cognitive dissonance.* Stanford, CA: Stanford University Press.

Festinger, L. & Carlsmith, J. M. (1959). Cognitive consequences of forced compliance. *Journal of Abnormal and Social Psychology, 58,* 203-210.

Fishbein, M. (1963). An investigation of the relationships between beliefs about an object and attitude towards that object. *Human Relations, 16,* 233-239.

Fishbein, M. & Ajzen, I. (1975). *Belief, attitude, intention, and behavior: An introduction to theory and research.* Reading, MA: Addison-Wesley.

Fishbein, M. & Ajzen, I. (1981). Acceptance, yielding and impact: Cognitive processes in persuasion. In R. E. Petty, T. M. Ostrom & T. C. Brock (Eds.), *Cognitive responses in persuasion* (pp. 339-359). Hillsdale, NJ: Erlbaum.

Fiske, S. T. & Taylor, S. E. (1991). *Social cognition* (2nd ed.). NY: McGraw-Hill.

Freud, S. (1926). Inhibitions, symptoms, and anxiety. In J. Strachey (Ed.), *The complete works of Sigmund Freud* (Vol. 20). London: Hogarth Press.

Friedrich, J. Fetherstonhaugh, D., Casey, S. & Gallagher, D. (1996). Argument integration and attitude change: Suppression effects in the integration of one-sided arguments that vary in persuasiveness. *Personality and Social Psychology Bulletin, 22,* 179-191.

Giner-Sorolla, R. & Chaiken, S. (1997). Selective use of heuristic and systematic processing under defense motivation. *Personality and Social Psychology Bulletin, 23,* 84-97.

Greenwald, A. G. (1968). Cognitive learning, cognitive response to persuasion, and attitude change. In A. G. Greenwald, T. C. Brock & T. M. Ostrom (Eds.), *Psychological foundations of attitudes* (pp. 147-170). San Diego, CA: Academic Press.

Greenwald, A. G. & Banaji, M. R. (1995). Implicit social cognition: Attitudes, self-esteem, and stereotypes. *Psychological Review, 102,* 4-27.

Hass, R. G., Katz, I., Rizzo, N., Bailey, J. & Moore, L. (1992). When racial ambivalence evokes negative affect, using a disguised measure of mood. *Personality and Social Psychology Bulletin, 18,* 786-797.

Haugtvedt, C. P. & Petty, R. E. (1992). Personality and persuasion: Need for cognition moderates the persistence and resistance of attitude changes. *Journal of Personality and Social Psychology, 63,* 308-319.

Hazan, C. & Shaver, P. (1987). Romantic love conceptualized as an attachment process. *Journal of Personality and Social Psychology, 52,* 511-524.

Heider, F. (1946). Attitudes and cognitive organization. *Journal of Psychology, 21,* 107-112.

Hodges, S. D. & Wilson, T. D. (1993). Effects of analyzing reasons on attitude change: The moderating role of attitude accessibility. *Social Cognition, 11,* 353-366.

Hovland, C. I., Janis, I. L. & Kelley, L. L. (1953). *Communication and persuasion: Psychological studies of opinion change.* New Haven, CT: Yale University Press.

Hovland, C. I., Lumsdaine, A. A. & Sheffield, F. D. (1949). *Experiments on mass communication.* Princeton, NJ: Princeton University Press.

Insko, C. A. (1964). Primacy versus recency in persuasion as a function of the timing of arguments and measures. *Journal of Abnormal and Social Psychology, 69,* 381-391.

Insko, C. A. (1965). Verbal reinforcement of attitude. *Journal of Personality and Social Psychology, 2,* 621-623.

Janis, I. L. & Feshbach, S. (1953). Effects of fear-arousing communications. *Journal of Abnormal and Social Psychology, 48,* 78-92.

Janis, I. L. & King, B. T. (1954). The influence of role playing on opinion change. *Journal of Abnormal and Social Psychology, 49,* 211-218.

Janis, I. L. & Mann, L. (1968). A conflict-theory approach to attitude change and decision making. In A. G. Greenwald, T. C. Brock & T. M. Ostrom (Eds.), *Psychological foundations of attitudes* (pp. 327-360). NY. Academic Press.

Jarvis, W. B. G. & Petty, R. E. (1996). The need to evaluate. *Journal of Personality and Social Psychology, 70,* 172-194.

Jonas, K., Diehl, M. & Brömer, P. (1997). Effects of attitudinal ambivalence on information processing and attitude-intention consistency. *Journal of Experimental Social Psychology, 33,* 190-210.

Judd, C. M. & Brauer, M. (1995). Repetition and evaluative extremity. In R. E. Petty & J. A. Krosnick (Eds.), *Attitude strength: Antecedents and consequences* (pp. 43-71). Hillsdale, NJ: Erlbaum.

Kaplan, K. J. (1972). On the ambivalence-indifference problem in attitude theory and measurement: A suggested modification of the semantic differential technique. *Psychological Bulletin, 77,* 361-372.

Katz, I. (1960). The functional approach to the study of attitudes. *Public Opinion Quaterly, 24,* 163-204.

Katz, I. & Hass, R. G. (1988). Racial ambivalence and american value conflict: Correlational and priming studies of dual cognitive structures. *Journal of Personality and Social Psychology, 55,* 893-905.

Katz, I., Wackenhut, J. & Hass, G. R. (1986). Racial ambivalence, value duality, and behavior. In J. F. Dovidio & S. L. Gaertner (Eds.), *Prejudice, discrimination, and racism* (pp. 35-59). New York: Academic Press.

Kelman, H. C. (1961). Processes of opinion change. *Public Opinion Quaterly, 25,* 57-78.

Kelley, H. H. (1967). Attribution theory in social psychology. In D. Levine (Ed.), *Nebraska Symposium on Motivation* (Vol. 15, pp. 192-238). Lincoln: University of Nebraska Press.

Kelley, H. H. & Thibaut, J. W. (1978). *Interpersonal relations: A theory of interdependence.* NY: Wiley.

Killeya, L. A. & Johnson, B. T. (1998). Experimental induction of biased systematic processing: The direct-thought technique. *Personality and Social Psychology Bulletin, 24,* 17-33.

Klein, M. (1957). *Envy and gratitude and other works.* London: Tavistock.

Klopfer, F. J. & Madden, T. M. (1980). The middlemost choice on attitude items: Ambivalence, neutrality, or uncertainty? *Personality and Social Psychology Bulletin, 6,* 97-101.

Krosnick, J. A., Betz, A. L., Jussim, L. J. & Lynn, A. R. (1992). Subliminal conditioning of attitudes. *Personality and Social Psychology Bulletin, 18,* 152-162.

Krosnick, J. A., Boninger, D. S., Chuang, Y. C., Berent, M. K. & Carnot, C. G. (1993). Attitude strength: One construct or many related constructs? *Journal of Personality and Social Psychology, 65,* 1132-1151.

Krosnick, J. A. & Petty, R. E. (1995). Attitude strength: An overview. In R. E. Petty & J. A. Krosnick (Eds.), *Attitude strength: Antecedents and consequences* (pp. 1-24). Hillsdale, NJ: Erlbaum.

Kruglanski, A. W., Webster, D. M. & Klem, A. (1993). Motivated resistance and openness to persuasion in the presence or absence of prior information. *Journal of Personality and Social Psychology, 65,* 861-876.

Kruglanski, A. W. & Thompson, E. P. (im Druck). Persuasion by single route: A view from the unimodel. *Psychological Inquiry.*

Lavine, H., Thomsen, C. J., Zanna, M. P. & Borgida, E. (1998). On the primacy of affect in the determination of attitudes and behavior: The moderating role of affective-cognitive ambivalence. *Journal of Experimental Social Psychology, 34,* 398-421.

Lee, C. & Bobko, P. (1994). Self-efficacy beliefs: Comparison of five measures. *Journal of Applied Psychology, 79,* 364-369.

Leippe, M. R. & Eisenstadt, D. (1994). Generalization of dissonance reduction: Decreasing prejudice through induced compliance. *Journal of Personality and Social Psychology, 67,* 395-413.

Lent, R. W., Brown S. D. & Gore, P. A. (1997). Discriminant and predictive validity of academic self-concept, academic self-efficacy, and mathematics-specific self-efficacy. *Journal of Counseling Psychology, 44,* 307-315.

Lewin, K. (1951). *Field theory in social science.* NY: Harper.

Liberman, A. & Chaiken, S. (1991). Value conflict and thought-induced attitude change. *Journal of Experimental Social Psychology, 27,* 203-216.

Liberman, A. & Chaiken, S. (1992). Defense processing of personally relevant health messages. *Personality and Social Psychology Bulletin, 18,* 669-679.

Locke, E. A., Frederick, E., Lee, C. & Bobko, P. (1984). Effect of self-efficacy, goals, and task strategies on task performance. *Journal of Applied Psychology, 69,* 241-251.

Locke, E. A. & Latham, G. P. (1990). *A theory of goal setting and task performance.* Englewoods Cliffs, NJ: Prentice Hall.

Lord, C. G., Ross, L. & Lepper, M. R. (1979). Biased assimilation and attitude polarization: The effects of prior theories on subsequently considered evidence. *Journal of Personality and Social Psychology, 37,* 2098-2109.

Lumsdaine, A. A. & Janis, I. L. (1953). Resistance to "counterpropaganda" produced by one-sided and two-sided "propaganda" presentations. *Public Opinion Quaterly, 17,* 311-318.

MacDonald, T. K. & Zanna, M. P. (1998). Cross-dimension ambivalence toward social groups: Can ambivalence affect intentions to hire feminists? *Personality and Social Psychology Bulletin, 24,* 427-441.

Mackie, D. M. & Asuncion, A. G. (1990). On-line and memory-based modification of attitudes: Determinants of message recall-attitude change correspondence. *Journal of Personality and Social Psychology, 59,* 5-16.

Maddux, J. E., Norton, L. W. & Stoltenberg, C. D. (1986). Self-efficacy expectancy, outcome expectancy, and outcome value: Relative effects on behavioral intentions. *Journal of Personality and Social Psychology 51,* 783-789.

Maheswaran, D. & Chaiken, S. (1991). Promoting systematic processing in low-motivation settings: Effect of incongruent information on processing and judgment. *Journal of Personality and Social Psychology 61,* 13-25.

Maheswaran, D., Mackie, D. M. & Chaiken, S. (1992). Brand name as a heuristic cue: The effects of task importance and expectancy confirmation on consumer judgments. *Journal of Consumer Psychology, 1,* 317-336.

Maio, G. R., Bell, D. W. & Esses, V. M. (1996). Ambivalene and persuasion: The processing of messages about immigrant groups. *Journal of Experimental Social Psychology, 32,* 513-536.

McGuire, W. J. (1957). Order of presentation as a factor in "conditioning" persuasiveness. In C. I. Hovland (Ed.), *The order of presentation in persuasion* (pp. 98-114). New Haven, CT: Yale University Press.

McGuire, W. J. (1962). Persistence of the resistance to persuasion induced by various types of prior belief defenses. *Journal of Abnormal and Social Psychology, 64*, 241-248.

McGuire, W. J. (1964). Inducing resistance to persuasion: Some contemporary approaches. In L. Berkowitz (Ed.), *Advances in Experimental Social Psychology* (Vol. 1, pp. 191-229). San Diego, CA: Academic Press.

McGuire, W. J. (1968). Personality and attitude change: An information-processing theory. In A. G. Greenwald, T. C. Brock & T. M. Ostrom (Eds.), *Psychological foundations of attitudes* (pp. 171-196). San Diego, CA: Academic Press.

McGuire, W. J. (1969). The nature of attitudes and attitude change. In G. Lindzey & E. Aronson (Eds.), *The handbook of social psychology* (2rd ed., Vol. 3, pp. 136-314). NJ: Erlbaum.

McGuire, W. J. (1985). Attitudes and attitude change. In G. Lindzey & E. Aronson (Eds.), *Handbook of Social Psychology* (3rd ed., Vol. 2, pp. 233-346). NY: Random House.

McGuire, W. J. & Papageorgis, D. (1961). The relative efficacy of various types of prior belief-defense in producing immunity against persuasion. *Journal of Abnormal and Social Psychology, 62*, 327-337.

Millar, M. & Tesser, A. (1986). Effecs of affective and cognitive focus on the attitude-behavior relationship. *Journal of Personality and Social Psychology, 51*, 270-276.

Miller, N. E. (1944). Experimental studies of conflict. In J. McV. Hunt (Ed.), *Personality and the behavior disorders*, (Vol. 1, pp. 431-465). NY: The Ronald Press Comp.

Miller, N. & Campbell, D. T. (1959). Recency and primacy in persuasion as a function of the timing of speeches and measurements. *Journal of Abnormal and Social Psychology, 59*, 1-9.

Monteith, M. J. (1996). Contemporary forms of prejudice-related conflict: In search of a nutshell. *Personality and Social Psychology Bulletin, 22*, 461-473.

Moore, M. (1980). Validation of the attitude toward any practice scale through the use of ambivalence as a moderator variable. *Educational and Psychological Measurement, 40*, 205-208.

Osgood, C. E., Suci, G. J. & Tannenbaum, P. H. (1957). *The measurement of meaning*. Urbana: University of Illinois Press.

Ostrom, T. M. & Upshaw, H. S. (1968). Psychological perspective and attitude change. In A. G. Greenwald, T. C. Brock & T. M. Ostrom (Eds.), *Psychological foundations of attitudes* (pp. 217-242). NY. Academic Press.

Petty, R. E. & Cacioppo, J. T. (1977). Forwarning, cognitive responding, and resistance to persuasion. *Journal of Personality and Social Psychology, 35*, 645-655.

Petty, R. E. & Cacioppo, J. T. (1979). Issue involvement can increase or decrease persuasion by enhancing message-relevant cognitive responses. *Journal of Personality and Social Psychology, 37*, 1915-1926.

Petty, R. E. & Cacioppo, J. T. (1980). Effects of issue involvement on attitudes in an advertising context. In G. Gorn & M. Goldberg (Eds.), *Proceedings of the Division 23 program* (pp. 75-79). Montreal: Division 23 of the American Psychological Association.

Petty, R. E. & Cacioppo, J. T. (1981). *Attitudes and persuasion: Classic and contemporary approaches*. Dubuque, IA: Brown.

Petty, R. E. & Cacioppo, J. T. (1984). The effects of involvement on responses to argument quantity and quality: Central and peripheral routes to persuasion. *Journal of Personality and Social Psychology, 46*, 69-81.

Petty, R. E. & Cacioppo, J. T. (1986). The Elaboration Likelihood Model of persuasion. In L. Berkowitz (Ed.), *Advances in Experimental Social Psychology* (Vol. 19, pp. 123-205). New York: Academic.

Petty, R. E. & Cacioppo, J. T. (1990). Involvement and persuasion: Tradition versus Integration. *Psychological Bulletin, 107*, 367-374.

Petty, R. E., Cacioppo, J. T. & Goldman, R. (1981). Personal involvement as a determinant of argument-based persuasion. *Journal of Personality and Social Psychology, 41*, 847-855.

Petty, R. E., Cacioppo, J. T. & Schumann, D. W. (1983). Central and peripheral routes to advertising effectiveness: The moderating role of involvement. *Journal of Consumer Research, 10*, 135-146.

Petty, R. E., Haugtvedt, C. P. & Smith, S. M. (1995). Elaboration as a determinant of attitude strength: Creating attitudes that are persistent, resistant, and predictive of behavior. In R. E. Petty & J. A. Krosnick (Eds.), *Attitude strength: Antecedents and consequences* (pp. 93-130). Hillsdale, NJ: Erlbaum.

Petty, R. E. & Jarvis, W. B. G. (1996). An individual difference perspective on assessing cognitive processes. In N. Schwarz & S. Sudman (Eds.), *Answering questions: Methodology for determining cognitive and communicative processes in survey research* (pp. 221-257). San Francisco, CA: Jossey-Bass.

Petty, R. E., Jarvis, W. B. G. & Evans, L. M. (1996). Recurrent thought: Implications for attitudes and persuasion. In R. S. Wyer, JR (Ed.), *Ruminative thoughts. Advances in Social Cognition* (Vol. 9, pp. 145-164). NJ: Erlbaum.

Petty, R. E., Ostrom, T. M. & Brock, T. C. (1981). Historical foundations of the cognitive response approach to attitudes and persuasion. In R. E. Petty, T. M. Ostrom & T. C. Brock (Eds.), *Cognitive responses in persuasion* (pp. 5-29). Hillsdale, NJ: Erlbaum.

Petty, R. E., Priester, J. R. & Wegener, D. T. (1994). Cognitive processes in attitude change. In R. S. Wyer & T. K. Srull (Eds.), *Handbook of social cognition* (Vol. 2, pp. 69-142). Hillsdale, NJ: Erlbaum.

Petty, R. E., Schumann, D. W., Richman, S. A. & Strathman, A. J. (1993). Positive mood and persuasion: Different roles for affect under high and low elaboration conditions. *Journal of Personality and Social Psychology, 64,* 5-20.

Petty, R. E. & Wegener, D. T. (1998). Matching versus mismatching attitude functions: Implications for scrutiny of persuasive messages. *Personality and Social Psychology Bulletin, 24,* 227-240.

Petty, R. E., Wells, G. L. & Brock, T. C. (1976). Distraction can inhance or reduce yielding to propaganda: Thought disruption versus effort justification. *Journal of Personality and Social Psychology, 34,* 874-884.

Pomerantz, E. M., Chaiken, S. & Tordesillas, R. S. (1995). Attitude strength and resistance process. *Journal of Personality and Social Psychology, 69,* 408-419.

Pratkanis, A. R. (1988). The attitude heuristic and selective fact identification. *British Journal of Social Psychology, 27,* 257-263.

Priester, J. R. & Petty, R. E. (1995). Source attributions and persuasion: Perceived honesty as a determinant of message scrutiny. *Personality and Social Psychology Bulletin, 21,* 637-654.

Priester, J. R. & Petty, R. E. (1996). The gradual threshold model of ambivalence: Relating the positive and negative bases of attitudes to subjective ambivalence. *Journal of Personality and Social Psychology, 71,* 431-449.

Prislin, R. & Ouellette, J. (1996). When it is embedded, it is potent: Effects of general attitude embeddedness on formation of specific attitudes and behavioral intentions. *Personality and Social Psychology Bulletin, 22,* 845-861.

Prislin, R., Wood, W. & Pool, G. J. (1998). Structural consistency and the deduction of novel from existing attitudes. *Journal of Experimental Social Psychology, 34,* 66-89.

Rokeach, M. (1973). *The nature of human values.* NY: Free Press.

Romero, A. A., Agnew, C. R. & Insko, C. A. (1996). The cognitive mediation hypothesis revisited: An empirical response to methodological and theoretical criticism. *Personality and Social Psychology Bulletin, 22,* 651-665.

Rosenberg, M. J. (1956). Cognitive structure and attitudinal affect. *Journal of Abnormal and Social Psychology, 53,* 367-372.

Rosenberg, M. J. (1968). Hedonism, inauthenticity, and other goads toward expansion of a consistency theory. In R. P. Abelson, E. Aronson, W. J. McGuire, T. M. Newcomb, M. J. Rosenberg & P. H. Tannenbaum (Eds.), *Theories of cognitive consistency: A sourcebook* (pp. 73-111). Chicago: Rand McNally.

Rotter, J. B. (1966). Generalized expectancies for internal versus external control of reinforcement. *Psychological Monographs, 80,* 1-28.

Sanna, L. J. & Pusecker, P. A. (1994). Self-efficacy, valence of self-evaluation, and performance. *Personality and Social Psychology Bulletin, 20,* 82-92.

Schuette, R. A. & Fazio, R. H. (1995). Attitude accessibility and motivation as determinants of biased processing: A test of the MODE model. *Personality and Social Psychology Bulletin, 21,* 704-710.

Schwarz, N., Bless, H., Strack, F., Klumpp, G., Rittenauer-Schatka, H. & Simons, A. (1991). Ease of retrieval as information: Another look at the availability heuristic.*Journal of Personality and Social Psychology, 61,* 195-202.

Schwarz, N. & Clore, G. L. (1996). Feelings and phenomenal experiences. In E. T. Higgins & A. W. Kruglanski (Eds.), *Social psychology. Handbook of basic principles* (pp. 433-465). NY: Guilford.

Scott, W. A. (1966). Measures of cognitive structure. *Multivariate Behavior Research, 1,* 391-395.

Sherif, M. & Hovland, C. I. (1961). *Social Judgment: Assimilation and contrast effects in communication and attitude change.* New Haven, CT: Yale University Press.

Sherif, C. W. & Sherif, M. (1967). *Attitude, ego-involvement, and change.* NY: Wiley.

Sherman, J. W. & Hamilton, D. L. (1994). On the formation of interitem associative links in person memory. *Journal of Experimental Social Psychology, 30,* 203-217.

Silverman, L. H. (1983). The subliminal psychodynamic activation method: Overview and comprehensive listing of studies. In J. M. Masling (Ed.), *Empirical studies of psychoanalytic theories* (Vol. 1). Hillsdale, NJ: The Analytic Press.

Sorrentino, R. M., Bobocel, D. R., Gitta, M. Z., Olson, J. M. & Hewitt, E. C. (1988). Uncertainty orientation and persuasion: Individual differences in the effect of personal relevance on social judgments. *Journal of Personality and Social Psychology, 55,* 357-371.

Smith, M. B. (1947). The personal setting of public opinions: A study of attitudes toward Russia. *Public Opinion Quaterly, 11,* 507-523.

Staats, A. W. & Staats, C. K. (1958). Attitudes established by classical conditioning. *Journal of Abnormal and Social Psychology, 57,* 37-40.

Stapel, D. A. & Koomen, W. & Zeelenberg, M. (1998). The impact of accuracy motivation on interpretation, comparison, and correction processes: Accuracy x knowledge effects.*Journal of Personality and Social Psychology, 74,* 878-893.

Stiftung Warentest (1996). *Finanztest* (2). Berlin: Autor.

Tesser, A. (1978). Self-generated attitude change: In L. Berkowitz (Ed.), *Advances in Experimental Social Psychology* (Vol. 11, pp. 43-71). NY: Academic.

Tesser, A., Martin, L. & Mendolia, M. (1995). The impact of thought on attitude extremity and attitude-behavior consistency. In R. E. Petty & J. A. Krosnick (Eds.), *Attitude strength: Antecedents and consequences* (pp. 73-92). Hillsdale, NJ: Erlbaum.

Terry, D. J. & O'Leary, E. O. (1995). The theory of planned behavior: The effects of perceived behavioural control and self-efficacy. *British Journal of Social Psychology, 34,* 199-220.

Tetlock, P. E., Skitka, L. & Boettger, R. (1989). Social and cognitive strategies for coping with countability: Conformity, complexity, and bolstering. *Journal of Personality and Social Psychology, 57,* 632-640.

Thompson, M. M. & Holmes, J. G. (1996). Ambivalence in close relationships. Conflicted cognitions as a catalyst for change. In R. M. Sorrentino & E. T. Higgins (Eds.), *Handbook of Motivation and Cognition* (Vol. 3, pp. 497-530). NY: Guilford Press.

Thompson, M. M., Naccarato, M. E. & Parker, K. (1989). Measuring cognitive needs: The development and validation of the personal need for structure (PNS) and personal fear of invalidity (PFI) measures. *Paper presented at the annual meeting of the Canadian Psychological Association, Halifax.*

Thompson, M. M. & Zanna, M. P. (1995). The conflicted individual: Personality-based and domain-specific antecedents of ambivalent social attitudes. *Journal of Personality, 63,* 259-288.

Thompson, M. M., Zanna, M. P. & Griffin, D. W. (1995). Let's not be indifferent about (attitudinal) ambivalence. In R. E. Petty & J. A. Krosnick (Eds.), *Attitude strength: Antecedents and consequences* (pp. 361-386). Hillsdale, NJ: Erlbaum.

Thurstone, L. L. (1928). Attitudes can be measured. *American Journal of Sociology, 33,* 529-554.

Tourangeau, R. & Rasinski, K. A. (1988). Cognitive processes underlying context effects in attitude measurement. *Psychological Bulletin, 103,* 299-314.

Tourangeau, R., Rasinski, K. A., Bradburn, N. & D'Andrade, R. (1989). Belief accessibility and context effects in attitude measurement. *Journal of Experimental Social Psychology, 25,* 401-421.

Tourangeau, R., Rasinski, K. A. & D'Andrade, R. (1991). Attitude structure and belief accessibility. *Journal of Experimental Social Psychology, 27,* 48-75.

Vallacher, R. R., Nowak, A. & Kaufman, J. (1994). Intrinsic dynamics of social judgment. *Journal of Personality and Social Psychology, 67,* 20-34.

Van Lange, P. A. M., Otten, W., DeBruin, E. M. N. & Joireman, J. A. (1997). Development of prosocial, individualistic, and competitive orientations: Theory and preliminary evidence. *Journal of Personality and Social Psychology, 73,* 733-746.

Van Lange, P. A. M., Rusbult, C. E., Drigotas, S. M., Arriaga, X. B., Wittcher, B. S. & Cox, C. L. (1997). Willingness to sacrifice in close relationships. *Journal of Personality and Social Psychology, 72,* 1373-1395.

Vroom, V. H. (1964). *Work and motivation*. NY: Wiley.

Wänke, M., Bohner, G. & Jurkowitsch, A. (1997). There are many reasons to drive a BMW: Does imagined ease of argument generation influence attitudes? *Journal of Consumer Research, 24*, 170-177.

Webster, D. M. & Kruglanski, A. W. (1994). Individual differences in need for cognitive closure. *Journal of Personality and Social Psychology, 67*, 1049-1062.

Wegener, D. T. & Petty, R. E. (1996). Effects of mood on persuasion processes: Enhancing, reducing, and biasing scrutiny of attitude-relevant information. In L. L. Martin & A. Tesser (Eds.), *Striving and feeling. Interactions among goals, affect, and self-regulation* (pp. 329-362). Hillsdale, NJ: Erlbaum.

Weiss, W. (1968). Test of an assumption in cognitive consistency theories. *Psychological Reports, 23*, 541-542.

Wilson, T. D. (1990). Self-persuasion via self-reflection. In J. Olson & M. P. Zanna (Eds.), *Self-inference processes: The Ontario Symposium* (Vol. 6, pp. 43-67). Hillsdale, NJ: Erlbaum.

Wilson, T. D. & Hodges, S. D. (1992). Attitudes as temporary constructions. In L. L. Martin & A. Tesser (Eds.), *The construction of social judgment* (pp. 37-65). Hillsdale, NJ: Erlbaum.

Wilson, T. D., Kraft, D. & Dunn, D. S. (1989). The disruptive effects of explaining attitudes: The moderating effect of knowledge about the attitude object. *Journal of Experimental Social Psychology, 25*, 379-400.

Wood, W. (1982). Retrieval of attitude-relevant information from memory: Effects on susceptibility to persuasion and on intrinsic motivation. *Journal of Personality and Social Psychology, 42*, 798-810.

Wood, W., Kallgren, C. A. & Preisler, R. M. (1985). Access to attitude-relevant information in memory as a determinant of persuasion: The role of message attributes. *Journal of Experimental Social Psychology, 21*, 73-85.

Zajonc, R. B. (1968). Attitudinal effects of mere exposure. *Journal of Personality and Social Psychology, 9*, 1-27.

Zanna, M. P., Fazio, R. H. & Ross, M. (1994). The persistence of persuasion. In R. C. Schank & E. Langer (Eds.), *Beliefs, reasoning, and decision making* (pp. 347-362). Hillsdale, NJ: Erlbaum.

Zanna, M. P. & Rempel, J. K. (1988). Attitudes: A new look at an old concept. In D. Bar-Tal & A. W. Kruglanski (Eds.), *The social psychology of knowledge* (pp. 315-334). Cambridge: Cambridge University Press.

Zuwerink, J. R. & Devine, P. G. (1996). Attitude importance and resistance to persuasion: It's not just the thought that counts. *Journal of Personality and Social Psychology, 70*, 931-944.

Verzeichnis der Tabellen

Verzeichnis der Abbildungen